宋撫州本春秋公羊經傳解詁

漢 何休撰 唐 陸德明釋文

宋淳熙間撫州公使庫刻紹熙四年重修印本

第一册

山東人民出版社·濟南

圖書在版編目（CIP）數據

宋撫州本春秋公羊經傳解詁 /（漢）何休撰；（唐）陸德明釋文 .— 濟南：山東人民出版社，2024.3

（儒典）

ISBN 978-7-209-14382-0

Ⅰ. ①宋… Ⅱ. ①何… ②陸… Ⅲ. ①《公羊傳》- 注釋 Ⅳ. ① K225.04

中國國家版本館 CIP 數據核字（2024）第 037884 號

項目統籌：胡長青
責任編輯：劉　晨
裝幀設計：武　斌
項目完成：文化藝術編輯室

宋撫州本春秋公羊經傳解詁
〔漢〕何休撰　〔唐〕陸德明釋文

主管單位　山東出版傳媒股份有限公司
出版發行　山東人民出版社
出 版 人　胡長青
社　　址　濟南市市中區舜耕路517號
郵　　編　250003
電　　話　總編室（0531）82098914
　　　　　市場部（0531）82098027
網　　址　http://www.sd-book.com.cn
印　　裝　山東華立印務有限公司
經　　銷　新華書店

規　　格　16開（160mm×240mm）
印　　張　35.25
字　　數　282千字
版　　次　2024年3月第1版
印　　次　2024年3月第1次
ISBN　978-7-209-14382-0
定　　價　84.00圓（全二册）

《儒典》選刊工作團隊

學術顧問　杜澤遜　李振聚　徐　泳

項目統籌　胡長青

責任編輯　劉　晨　劉嬌嬌　張艷艷

呂士遠　趙　菲　劉一星

前言

中國是一個文明古國、文化大國，中華文化源遠流長，博大精深。在中國歷史上影響較大的是孔子創立的儒家思想，因此整理儒家經典、注解儒家經典，爲儒家經典的現代化闡釋提供权威、典范、精粹的典籍文本，是推進中華優秀傳統文化創造性轉化、創新性發展的奠基性工作和重要任務。

中國經學史是中國學術史的核心，歷史上創造的文本方面和經解方面的輝煌成果，大量失傳了。西漢是經學的第一個興盛期，除了當時非主流的《詩經》毛傳以外，其他經師的注釋後來全部失傳了。東漢的經解衹有鄭玄、何休等少數人的著作留存下來，其餘也大都失傳了。南北朝至隋朝興盛的義疏之學，其成果僅有皇侃《論語疏》幸存於日本。五代時期精心校刻的《九經》、北宋時期國子監重刻的《九經》以及校刻的單疏本，也全部失傳。南宋國子監刻的單疏本，我國僅存《周易正義》、《爾雅疏》、《春秋公羊疏》（三十卷殘存七卷）、《春秋穀梁疏》（十二卷殘存七卷），日本保存了《尚書正義》、《毛詩正義》、《禮記正義》（七十卷殘存八卷）、《周禮疏》（日本傳抄本）、《春秋公羊疏》（日本傳抄本）、《春秋正義》（日本傳抄本）。南宋兩浙東路茶鹽司刻八行本，我國保存下來的有《周禮疏》、《禮記正義》、《春秋左傳正義》（紹興府刻）、《論語注疏解經》（二十卷殘存十卷）、《孟子注疏解經》（存臺北『故宫』），日本保存有《周易注疏》《尚書正義》（凡兩部，其中一部被清楊守敬購歸）。南宋福建刻十行本，我國僅存《春秋穀梁注疏》、《春秋左傳注疏》（六十卷，一半在大陸，一半在臺灣），日本保存有《毛詩注疏》《春秋左傳注疏》。從這些情況可以看出，經書代表性的早期注釋和早期版本國内失傳嚴重，有的僅保存在東鄰日本。

鑒於這樣的現實，一百多年來我國學術界、出版界努力搜集影印了多種珍貴版本，但是在系統性、全面性和準確性方面都還存在一定的差距。例如唐代開成石經共十二部經典，石碑在明代嘉靖年間地震中受到損害，明代萬曆初年西安府學等學校師生曾把損失的文字補刻在另外的小石上，立於唐碑之旁。近年影印出版唐石經拓本多次，都是以唐代石刻與明代補刻割裂配補的裱本爲底本。由於明代補刻采用的是唐碑的字形，這種配補本難以區分唐刻與明代補刻，不便使用，亟需單獨影印唐碑拓本。

爲把幸存於世的、具有代表性的早期經解成果以及早期經典文本收集起來，系統地影印出版，我們規劃了《儒典》編纂出版項目。

《儒典》出版後受到文化學術界廣泛關注和好評，爲了滿足廣大讀者的需求，現陸續出版平裝單行本。共收録一百十一種元典，共計三百九十七册，收録底本大體可分爲八個系列：經注本（以開成石經、宋刊本爲主。開成石經僅有經文，無注，但它是用經注本删去注文形成的）、經注附釋文本、纂圖互注本、單疏本、八行本、十行本、宋元人經注系列、明清人經注系列。

《儒典》是王志民、杜澤遜先生主編的。本次出版單行本，特請杜澤遜、李振聚、徐泳先生幫助酌定選目。特此説明。

二〇二四年二月二十八日

目録

第一册

第二册

漢司空掾任城樊何休序

昔者孔子有云吾志在春秋行在孝經此二學者聖人之極致治世之要務也傳春秋者非一本據亂而作其中多非常異義可怪之論說者疑惑至有倍經任意反傳違戾者其勢雖問不得不廣是以講誦師言至於百萬猶有不解時加釀嘲辭援引他經失其句讀以無爲有甚可閔笑者不可勝記也是以治古學貴文章者謂之俗儒至使賈逵緣隙奮筆以爲公羊可奪左

氏可興恨先師觀聽不決多隨二創此世之餘事斯豈非守文持論敗績失據之過哉余竊悲之久矣往者略依胡毋音無生條例多得其正故遂隱括使就繩墨焉

春秋公羊經傳解詁隱公第一

何休學

元年春王正月元年者何諸據疑問所不知故曰者何君之始年也以常録即位知君之始年君魯侯隱公也年者十二月之摠號春秋書十二月稱年是也變一為元元者氣也無形以起有形以分造起天地天地之始也故上無所繫而使春繫之也不言公言君之始年者王者諸侯皆稱君所以通其義於王者惟王者然後改元立號春秋託新王受命於魯故因以録即位明王者當繼天奉元養成萬物春者

何獨在王上故 孰不知問 歲之始也 以上繫元年在王正月之上知歲之始也春者天地開辟之端養生之首法象所出四時本名也昏斗指東方曰春指南方曰夏指西方曰秋指北方曰冬歲者總號其成功之稱尚書以閏月定四時成歲是也 王者孰謂 孰誰也欲言時王則無事欲言先王又無謚故問誰謂 謂文王也 以上繫王於春知謂文王也文王周始受命之王天之所命故上繫天端方陳受命制正月故假以爲王法不言謚者法其生不法其死與後王共之人道之始也 曷爲先言王而後言正月 据下秋七月天王先言月而後言王 王正月也 以上繫於王知王者受命布政施教所制月也王者受命必徙居處改正朔易服色殊徽號變犧牲異器械明受之於天不受之於人夏以斗建寅之月爲正平旦爲朔法物見色尚黑殷以斗建丑之月爲正雞鳴爲朔法物牙色尚白周以斗建子之月爲正夜半爲朔法物萌色尚赤 何言乎王正月 据定公有王無正月 大一統也 統者始也總繫之辭夫王者始受命改制布政施教於天下自公侯至於庶人自山川至於草木昆蟲莫不一一繫於正月故云政教之始 公何以不言即位

据文公言即位也即位者一國之始政莫大於正始故春秋以元之氣正天之端以天之端正王之政以王之政正諸侯之即位以諸侯之即位正竟内之治諸侯不上奉王之政則不得即位故先言正月而後言即位政不由王出則不得為政故先言王而後言正月也王者不承天以制號令則無法故先言春而後言王天不深正其元則不能成其化故先言元而後言春五者同日並見相須成體乃天人之大本萬物之所繫不可不察也

成公意也以不有正月而去即位知其成公意

何成乎公之意据刺欲救紀而後不能

公將平國而反之桓平治也時廢桓立隱不平故曰平反還之

曷為反之桓据已立也

桓幼而貴隱長而卑長者已冠也禮年二十見正而冠士冠禮曰嫡子冠於阼以著代也醮於客位加有成也三加彌尊諭其志也冠而字之敬其名也公侯之有冠禮夏之末造也天子之元子猶士也天下無生而貴者

其為尊卑也微母俱媵也

國人莫知國人謂國中凡人莫知者言惠公不早分別也禮男子年六十閉房無世子則命貴公子將薨亦如之

隱長又賢此以上皆

道立隱所緣 諸大夫扳隱而立之 扳引也諸大夫立隱不起者在春秋前明王者受命
不追治前事孔子曰不教而殺謂之虐不戒視成謂之暴 隱於是焉而辭立 辭讓也言
隱欲讓 則未知桓之將必得立也 是時公子非一 且如桓
立 且如假設之辭 則恐諸大夫之不能相幼君也 隱見諸大
夫背正而立己不正恐其不能相之 故凡隱之立為桓立也 凡者凡上所慮二事
皆不可故於是己立欲須桓長大而歸之故曰為桓立明其本無受國之心故不書即位所以起其讓也 隱長
又賢何以不宜立 据賢繆公與大夫獿且長以得立 立適以長
不以賢立子以貴不以長 適謂適夫人之子尊無與敵故以齒子謂左右
媵及姪娣之子位有貴賤又防其同時而生故以貴也禮適夫
人無子立右媵右媵無子立左媵左媵無子立嫡姪娣嫡姪娣
無子立右媵姪娣右媵姪娣無子立左媵姪娣質家親親先立
娣文家尊尊先立姪嫡子有孫而死質家親親先立弟文家尊

尊先立孫其雙生也質家据見立先生文家据本意立後生皆所以防愛爭桓何以貴据俱公子
也母貴也据桓母右媵母貴則子何以貴据俱言公子子
以母貴以母秩次立也母以子貴禮妾子立則母得爲夫人夫人成風是也三
月公及邾婁儀父盟于眜及者何與也若曰公與
邾婁盟也會及暨皆與也都解經上會及暨也曷爲或言會
或言及或言暨會猶最也最聚也直自若平時聚會無他深淺意也
最之爲言聚若今聚民爲投最及猶汲汲也暨猶暨暨也及
我欲之暨不得已也我者謂魯也內魯故言我舉及暨者明當隨意善惡而原
之欲之者善重惡深不得已者善輕惡淺所以原心定罪儀父者何邾婁之君
也以言公及不諱知爲君也何以名据齊侯以祿父爲名字也以當褒知爲字曷爲

稱字據諸侯當稱爵襃之也以宿與微者盟書卒知與公盟當襃之有土嘉之曰襃無土建國曰封稱字所以爲襃之者儀父本在春秋前失爵在名例爾曷爲襃之據功不見爲其與公盟也爲其始與公盟盟者殺生歃血詛命相誓以盟約束也傳不足言託始者儀父比宿滕薛最在前嫌獨爲儀父發始下三國意不見故顧之與公盟者衆矣曷爲獨襃乎此據戎齊侯莒人皆與公盟傳不足託始故復據衆也因其可襃而襃之春秋王魯託隱公以爲始受命王因儀父先與隱公盟可假以見襃賞之法故云爾此其爲可襃柰何漸進也漸者物事之端先見之辭去惡就善曰進譬若隱公受命而王諸侯有倡始先歸之者當進而封之以率其後不言先者亦爲所襃者法明當積漸深知聖德灼然之後乃往不可造次陷於不義眜者何地期也會盟戰皆錄地其所期處重期也凡書盟者惡之也爲其約誓大甚朋黨深背之生患禍重胥命於蒲善近正是也君大夫盟例日惡不信也此月者隱推讓以立邾婁慕義而來相親信故爲小信辭也大信者

時柯之盟是也魯稱公者臣子心所欲尊號其君父公者五等之爵最尊王者探臣子心欲尊其君父使得稱公故春秋以臣子書葬者皆稱公于者於也凡以事定地者加于例以地定事者不加于例夏五月鄭伯克段于鄢克之者何加之者問訓詁并問施于之爲殺之也殺之則曷爲謂之克大鄭伯之惡也以弗克納大郤缺之善知加克大鄭伯之惡也曷爲大鄭伯之惡據晉侯殺其世子申生不加克以大之母欲立之己殺之如勿與而已矣如即不如齊人語也加克者有嫌也段無弟文稱君甚之不明又段當國嫌鄭伯殺之無惡故變殺言克明鄭伯爲人君當如傳辭不當自己行誅殺使執政大夫當誅之克者詁爲殺亦爲能惡其能忍戾母而親殺之禮公族有罪有司讞于公公曰宥之及三宥不對走出公又使人赦之以不及反命公素服不舉而爲之變如其倫之喪無服親哭之段者何鄭伯之弟也殺母弟故直稱君何以不稱弟據天王殺其弟年夫稱弟當國也

欲當國爲之君故如其意使如國君氏上鄭所以見段之逆其地何據齊人殺無知不地當國也齊人殺無知何以不地據俱欲當國也在內也在內雖當國不地也其不當國而見殺者當以殺大夫書無取於地也其當國者殺於國內禍已絕故亦不地不當國雖在外亦不地也明當國者在外乃地爾爲其將交連鄰國復爲內難故錄其地明當急誅之不當國雖在外禍輕故不地也月者責臣子不以時討與段州吁同例不從討賊辭者主惡以失親親故書之

秋七月天王使宰咺來歸惠公仲子之賵宰者何官也以周公加宰知爲官也咺者何名也別何之者以有宰周公本嫌宰爲官曷爲以官氏據石尚宰士也天子上士以名氏通中士以官錄下士略稱人惠公者何隱之考也生稱父死稱考入廟稱禰仲子者何桓之母也以無謚也仲字子姓婦人以姓配字不忘本也因示不適

同姓生稱母死稱妣何以不稱夫人此難生時之稱也据秦人來歸僖公成風之襚成風稱謚今仲子無謚知生時不稱夫人桓未君也賵者何喪事有賵賵者蓋以馬以乘馬束帛此道周制也以馬者謂士不備四也禮既夕曰公賵玄纁束帛兩馬是也乘馬者謂大夫以上備四也禮大夫以上至天子皆乘四馬所以通四方也天子馬曰龍高七尺以上諸侯曰馬高六尺以上卿大夫士曰駒高五尺以上束帛謂玄三纁二玄三法天纁二法地因取足以共事車馬曰賵貨財曰賻衣被曰襚此者春秋制也賵猶覆也賻猶助也皆助生送死之禮襚猶遺也遺是助死之禮知生者賵賻知死者贈襚桓未君則諸侯曷爲來賵之据非禮隱爲桓立故以桓母之喪告于諸侯經言王者賵赴告王者可知故傳但言諸侯然則何言爾成公意也尊貴桓母以赴告天子諸侯彰桓當立得事之宜故善而書仲子所以起其意

成其賢其言來何据歸含且賵不言來不及事也比於去來爲不及事時以葬事畢無所復施故云爾夫來所以爲及事者若已在於內者其言惠公仲子何据歸含且賵不言主名兼之兼之非禮也禮不賵妾既善而賵之當各使一使所以異尊卑也言之賵者起兩賵也何以不言及仲子据及者別公夫人尊卑文也仲子即卑稱也仲子微也比夫人微故不得並及公也月者爲內恩錄之也諸侯不月比於王者輕會葬皆同例言天王者時吳楚上僭稱王王者不能正而上自繫於天也春秋不正者因以廣是非稱使者王尊敬諸侯之意也王者據土與諸侯分職俱南面而治有不純臣之義故異姓謂之伯舅叔舅同姓謂之伯父叔父言歸者與使有之辭也天地所生非一家之有有無當相通所傳聞之世外小惡不書書者來接內也春秋王魯以魯爲天下化首明親來被王化漸漬禮義者在可備責之域故從內小惡舉也主書者從不及事也九月及宋人盟于宿孰及之內之微者也內者謂魯也微者謂士也不名者略微也大者正小者治近者說遠者來是以春秋上刺王公

下畿卿大夫而逮士庶人宋稱人者亦微者也魯不稱人者自内之辭也宿不出主名者主國主名與可知故省文明宿當自首其榮辱也微者盟例時不能專正故責略之此月者隱公賢君雖使微者有可采取故録也

冬十有二月祭伯來祭伯者何天子之大夫也以無所繫言來也何以不稱使據凡伯稱使奔也奔者走也以不稱使而無事知其奔奔則曷爲不言奔據齊慶封來言奔王者無外言奔則有外之辭也言奔則與外大夫來奔同文故去奔明王者以天下爲家無絶義主書者以罪舉内外皆書者重乖離之禍也當春秋時廢選舉之務置不肖於位輒退絶之以生過失至於君臣忿爭出奔國家之所以昬亂社稷之所以危亡故皆録之録所奔者爲受義者明當受賢者不當受惡人也祭者采邑也伯者字也天子上大夫字尊尊之義也月者爲下卒也當案下例當蒙上月日不出奔例時一月二事月當在上十言有二者起十復有二非十二之二

公子益師卒何以不日據臧孫辰書日遠也孔子所不見所

見異辭所聞異辭所傳聞異辭所見者謂昭定哀已與父時事也所聞者謂文宣成襄王父時事也所傳聞者謂隱桓莊閔僖高祖曾祖時事也異辭者見恩有厚薄義有深淺時恩衰義缺將以理人倫序人類因制治亂之法故於所見之世恩已與父之臣尤深大夫卒有罪無罪皆日録之丙申季孫隱如卒是也於所聞之世王父之臣恩少殺大夫卒無罪者日録有罪者不日略之叔孫得臣卒是也於所傳聞之世高祖曾祖之臣恩淺大夫卒有罪無罪皆不日略之也公子益師無駭卒是也於所傳聞之世見治起於衰亂之中用心尚麤觕故内其國而外諸夏先詳内而後治外録大略小内小惡書外小惡不書大國有大夫小國略稱人内離會書外離會不書是也於所聞之世見治升平内諸夏而外夷狄書外離會小國有大夫宣十一年秋晋侯會狄於攢函襄二十三年邾婁鼻我來奔是也至所見之世著治大平夷狄進至於爵天下遠近小大若一用心尤深而詳故崇仁義譏二名晋魏萬多仲孫何忌是也所以三世者禮爲父母三年爲祖父母期爲曾祖父母齊衰三月立愛自親始故春秋据哀録隱上治祖禰所以二百四十二年者取法十二公天數備足著治法式又因周道始壞絶於惠隱之際主所以卒大夫者

明君當隱痛之也君敬臣則臣自重君愛臣則臣自盡公子者氏也益師者名也諸侯之子稱公子公子之子稱公孫

二年春公會戎于潛（凡書會者惡其虛內務恃外好也古者諸侯非朝時不得踰竟所傳聞之世外離會不書書內離會者春秋王魯明當先自詳正躬自厚而薄責於人故略外也王者不治夷狄錄戎者來者勿拒去者勿追東方曰夷南方曰蠻西方曰戎北方曰狄朝聘會盟例皆時）夏五月莒人入向入者何得而不居也（入者以兵入也已得其國而不居故云爾凡書兵者正不得也外內深淺皆舉之者因重兵害衆兵動則怨結禍構更相報償伏尸流血無已時諸侯擅興兵不爲大惡者保伍連帥本有用兵征伐之道魯入杞不諱是也入例時傷害多則月）無駭帥師入極無駭者何展無駭也何以不氏（據公子遂帥師入杞氏公子也）貶（貶猶損也）曷爲貶（據公子遂俱用兵入杞不貶也）疾始滅也（以下終其身不氏知貶疾始滅非但起入爲滅）始滅昉於此乎（昉適也齊人語據傳言撥亂世）前此矣（前此者在春秋前謂

宋滅郜是也）前此則曷爲始乎此託始焉爾（焉爾猶於是也）曷爲託始焉爾（據戰伐不言託始）春秋之始也（春秋託王者始起所當誅也言疾始滅者諸滅復見不復貶皆從此取法所以省文也）此滅也其言入何（據齊師滅譚不言入）内大惡諱也（明魯臣子當爲君父諱滅例月不復出月者與上同）秋八月庚辰公及戎盟于唐（後不月當案下例當蒙上月日不相犯日者爲後背隱而善桓能自復爲唐之盟）九月紀履緰來逆女紀履緰者何紀大夫也（以逆女不稱使知爲大夫）何以不稱使（據宋公使公孫壽來納幣稱使）婚禮不稱主人（爲養廉遠恥也）然則曷稱稱諸父兄師友宋公使公孫壽來納幣則其稱主人何辭窮也辭窮者何無

母也 禮有母母當命諸父兄師友稱諸父兄師友以行宋公無母莫使命之辭窮故自命之自命之則不得不稱使 然則紀有母乎曰有 以不稱使知有母 有則何以不稱母 據非主人何不稱母通使文 母不通也 禮婦人無外事但得命諸父兄師友稱諸父兄師友以行母命不得達故不得稱母通使文所以遠別也 外逆女不書此何以書 據伯姬歸于宋不書逆人 譏 譏猶譴也 何譏爾譏始不親迎也 禮所以必親迎者所以示男先女也於廟者告本也夏后氏逆於庭殷人逆於堂周人逆於戶 始不親迎昉於此乎前此矣 以惠公妃匹不正不嫌無前也 前此則曷爲始乎此託始焉爾 焉爾猶於是也 曷爲託始焉爾 據納幣不託始 春秋之始也 春秋正夫婦之始也夫婦正則父子親父子親則君臣和君臣和則天下治故夫婦者人道之始王教之端內逆女常書外逆女但疾始不常書者明當先自正躬自厚而薄責於人故略外也 女

曷爲或稱女或稱婦或稱夫人女在其國稱女未離父母之辭紀履緰來逆女是也在塗稱婦在塗見夫服從之辭公子結媵陳人之婦是也入國稱夫人入國則尊尊有臣子之辭夫人姜氏入是也紀無大夫書紀履緰者重婚禮也月者不親迎例月重録之親迎例時冬十月伯姬歸于紀伯姬者何内女也以無所繫也不稱公子者婦人外成不得獨繫父母其言歸何据去父母國也婦人謂嫁曰歸婦人生以父母爲家嫁以夫爲家故謂嫁曰歸明有二歸之道書者父母恩録之也禮男之將取三日不舉樂思嗣親也女之將嫁三夜不息燭思相離也内女歸例月恩録之紀子伯莒子盟于密紀子伯者何無聞焉爾言無聞者春秋有改周受命之制孔子畏時遠害又知秦將燔詩書其説口授相傳至漢公羊氏及弟子胡母生等乃始記於竹帛故有所失也十有二月乙卯夫人子氏薨夫人子氏者何

隱公之母也以不書葬何以不書葬據姒氏書葬成公意也何成乎公之意據已去即位子將不終為君故母亦不終為夫人也時隱公卑其母不以夫人禮葬之以妾禮葬之以卑下桓母無終為君之心得事之宜故善而不書葬所以起其意而成其賢子者姓也夫人以姓配號義與仲子同書薨者為隱公恩録痛之也日者恩録之公夫人皆同例也

鄭人伐衛書者與入向同侵伐圍入例皆時

三年春王二月二月三月皆有王者二月殷之正月也三月夏之正月也王者存二王之後使統其正朔服其服色行其禮樂所以尊先聖通二統師法之義恭讓之禮於是可得而觀之己巳日有食之何以書諸言何以書者問主書記異也異者非常可怪先事而至者是後衛州吁弒其君完諸侯初僭魯隱係獲公子翬進諂謀日食則曷為或日或不

日或言朔或不言朔曰某月某日朔日有食之者食正朔也桓三年秋七月壬辰朔日有食之是也此象君行外彊内虚是故日月之行無遲疾食不失正朔也其或日或不日或失之前或失之後失之前者朔在前也謂二日食己巳日有食之是也此象君行暴急外見畏故日行疾月行遲過朔乃食失正朔於前也失之後者朔在後也謂晦日食莊公十八年三月日有食之是也此象君行懦弱見陵故日行遲月行疾未至朔而食失正朔於後也不言月食之者其形不可得而覩也故疑言日有食之孔子曰多聞闕疑愼言其餘則寡尤不傳天下異者從王内録可知也三月庚戌天王崩平王也何以不書葬据書葬桓王天子記崩不記葬必其時也至尊無所屈也諸侯記卒記葬有天子存存在不得必其時也設有王后崩當越紼而奔喪不得必其時故恩録之

曷爲或言崩或言薨天子曰崩大毀壞之辭諸侯曰薨小毀壞之辭大夫曰卒卒猶終也士曰不祿不祿無祿也皆所以别尊卑也葬不别者從恩殺略也書崩者爲天下恩痛王者也記諸侯卒葬者王者亦當加之以恩禮故爲恩錄夏四月辛卯尹氏卒尹氏者何天子之大夫也以尹氏立王子朝也其稱尹氏何据宰渠氏官劉卷卒名貶曷爲貶据俱卒也譏世卿世卿者父死子繼也貶去名言氏者起其世也若曰世世尹氏也世卿非禮也禮公卿大夫士皆選賢而用之卿大夫任重職大不當世爲其秉政久恩德廣大小人居之必奪君之威權故尹氏世立王子朝齊崔氏世弒其君光君子疾其末則正其本見譏於卒者亦不可造次無故驅逐必因其遇卒絶之明君案見勞授賞則衆譽不能進無功案見惡行誅則衆讒不能退無罪外大夫不卒此何以卒据原仲不卒天王崩諸侯之主也時天王崩魯隱往奔喪尹氏主儐贊諸侯與隱交接而卒恩隆於王

者則加禮録之故爲隱恩録痛之日者恩録之明當有恩禮 秋武氏子來求賻

武氏子者何天子之大夫也其稱武氏子何據宰渠氏官仍叔不稱氏尹氏不稱子譏何譏爾父卒子未命也時雖世大夫緣孝子之心不忍便當父位故順古先試一年乃命於宗廟武氏子父新死未命而便爲大夫薄父子之恩故稱氏言子見未命以譏之 何以不稱使據南季稱使 當喪未君也當喪謂天子也未君者未三年也未可居君位稱使也故絕正其義與毛伯同 武氏子來求賻何以書不但言何以書者嫌以主覆問上所以說二事不問求賻 譏何譏爾喪事無求求賻非禮也主爲求賻書也禮本爲有財者制有則送之無則致哀而已不當求求則皇皇傷孝子之心 蓋通于下云爾者嫌天子財多不當求下財少可求故明皆不當求之 八月庚辰宋公和卒不言薨者春秋王魯死當有王文聖人之

爲文辭孫順不可言崩故貶外言卒所以褒内也宋稱公者殷後也王者封二王後地方百里爵稱公客待之而不臣也詩云有客宿宿有客信信是也冬十有二月齊侯鄭伯盟于石門癸未葬宋繆公葬者曷爲或日或不日不及時而日渴葬也不及時不及五月也禮天子七月而葬同軌畢至諸侯五月而葬同盟至大夫三月而葬同位至士踰月外姻至孔子曰葬於北方北首三代之達禮也之幽之故也渴喻急也乙未葬齊孝公是也不及時而不日慢葬也慢葬不能以禮葬也八月葬蔡宣公是也過時而日隱之也隱痛也痛賢君不得以時葬丁亥葬齊桓公是也過時而不日謂之不能葬也解緩不能以時葬夏四月葬衛桓公是也當時而不日正也六月葬陳惠公是也當時而日危不得葬也此當時何危爾宣公謂繆公曰以

吾愛與夷則不若愛女以爲社稷宗廟主則與夷不若女盍終爲君矣與夷者宣公之子繆公者宣公之弟宣公死繆公立繆公逐其二子莊公馮與左師勃曰左師官勃名也爾爲吾子生毋相見死毋相哭所以遠絕之與夷復曰復報先君之所爲不與臣國而納國乎君者以君可以爲社稷宗廟主也今君逐君之二子而將致國乎與夷此非先君之意也且使子而可逐則先君其逐臣矣繆公曰先君之不爾逐可知矣爾女也可知者欲使我反國吾立乎此攝也暫攝行君事不得傳與子也謙辭終致國乎與夷莊公馮弒與

夷馮與督共弑殤公在桓二年危之於此者死乃反國非至賢之君不能不爭也故君子大
居正明脩法守正最計之要者宋之禍宣公爲之也言死而讓開爭原也
繆公亦死而讓得爲功者反正也外小惡不書録渴隱者明諸侯卒王者當加恩意憂勞其國所以哀死閔患也
四年春王二月莒人伐杞取牟婁牟婁
者何杞之邑也以上有伐杞外取邑不書此何以
書据楚子伐宋取彭城不書疾始取邑也外小惡不書以外見疾始著取邑以自廣大比
於貪利差爲重故先治之也內取邑常書外但疾始不常書者義與上逆女同不傳託始者前此有滅不嫌無取邑當託始明故
省文也取邑例時戊申衛州吁弑其君完曷爲以國
氏据齊公子商人弑其君舍氏公子當國也與段同義日者從外赴辭以賊聞例夏公
及宋公遇于清遇者何不期也一君出一君

要之也古者有遇禮爲朝天子若朝罷朝卒相遇于塗近者爲主遠者爲賓稱先君以相接所以崇禮讓絶慢易也當春秋時出入無度禍亂姦宄多在不虞無故卒然相要小人將以生心故重而書之所以防禍原也言及者起公要之明非常遇也地者重録之遇例時宋公陳侯蔡人衛人伐鄭秋翬帥師會宋公陳侯蔡人衛人伐鄭翬者何公子翬也以入桓稱公子何以不稱公子貶曷爲貶據叔老會鄭伯伐許不貶與弑公也弑者殺也臣弑君之辭以絶隱之篇貶知與弑公也其與弑公柰何公子翬諂乎隱公諂猶佞也謂隱公曰百姓安子諸侯説子盍終爲君矣隱曰吾否否不也吾使脩塗裘吾將老焉塗裘者邑名也將老焉者將辟桓居之以自終也故南面之君勢不可復爲臣故云爾不

以成公意者隱本爲桓守國國邑皆桓之有不當取以自爲也公子翬恐若其言聞乎桓於是謂桓曰吾爲子口隱矣口猶口語相發動也隱曰吾不反也桓曰然則奈何曰請作難難兵難也弒隱公謚者傳家所加於鍾巫之祭焉弒隱公也鍾者地名也巫者事鬼神禱解以治病請福者也男曰覡女曰巫傳道此者以起淫祀之亡無福

九月衛人殺州吁于濮其稱人何据晉殺大夫里克俱弒君賊不稱人討賊之辭也討者除也明國中人人得討之所以廣忠孝之路書者善之也討賊例時此月者久之也

冬十有二月衛人立晉晉者何公子晉也以下有衛侯晉卒又言立立者何立者不宜立也諸侯立不言立此獨言立明不宜立之辭其稱人何据尹氏立王子朝也衆立

之之辭也晉得衆國中人人欲立之然則孰立之石碏立之石碏立之則其稱人何據尹氏立王子朝不稱人衆之所欲立也衆雖欲立之其立之非也凡立君爲衆衆皆欲立之

嫌得立無惡故使稱人見衆言立也明下無廢上之義聽衆立之爲立篡也不剌嗣子失位者時未尙貴典主得權重也月者大國篡例月小國時立納入皆爲篡卒日葬月達於春秋爲大國例主書從受立也

五年春公觀魚于棠何以書譏何譏爾遠也公曷爲遠而觀魚據浚洙也登來之也登讀言得來得來之者齊人語也齊人名求得爲得來作登來者其言大而急由口授也百金之魚公張之解言登來之意也百金猶百萬也古者以金重一斤若今萬錢矣張謂張罔罟障谷之屬也登來之者何弟子未解其言大小緩急故復問之美大之之辭也其言大而急者

美大多得利之辭也實譏張魚而言觀譏遠者恥公去南面之位下與百姓爭利匹夫無異故諱使若以遠觀爲譏也諸諱主書者從實也觀例時從行賤略之棠者何濟上之邑也濟者四瀆之別名江河淮濟爲四瀆夏四月葬衛桓公秋衛師入盛曷爲或言率師或不言率師將尊師衆稱某率師將尊者謂大夫也師衆者滿二千五百人以上也二千五百人稱師無駭率師入極是也禮天子六師方伯二師諸侯一師將尊師少稱將師少者不滿二千五百人也衛孫良夫伐廧咎如是也將卑師衆稱師將卑者謂士也衛師入盛是也將卑師少稱人鄭人伐衛是也君將不言率師書其重者也分別之者責元帥因録功惡有小大救徐從王伐鄭是也九月考仲子之宮考宮者何考猶入室也始祭仲子也

考成也成仲子之宫廟而祭之所以居其鬼神猶生人入宫室必有飲食之事不就惠公廟者妾母卑故雖爲夫人猶特廟而祭之禮妾廟子死則廢矣不言立者得變禮也加之者宫廟尊卑共名非配號稱之辭故加之以絶也 桓未君則曷爲祭仲子 據無子不廟也 隱爲桓立故爲桓祭其母也然則何言爾成公意也 尊桓之母爲立廟所以彰桓當立得事之宜故善而書之所以起其意成其賢也 初獻六羽何始也六羽者何舞也 析羽而舞 初獻六羽何以書譏何譏爾譏始僭諸公也 僭齊也下傚上之辭 六羽之爲僭柰何天子八佾 佾者列也八人爲列八八六十四人法八風 諸公六 六人爲列六六三十六人法六律 諸侯四 四人爲列四四十六人法四時 諸公者何諸侯者何天子三公稱公王者之後稱

公其餘大國稱侯大國謂百里也小國稱伯子男小國謂伯七十里子男五十里天子三公者何天子之相也相助也天子之相則何以三据經但有祭公周公自陝而東者周公主之自陝而西者召公主之一相處乎內陝者盖今弘農陝縣是也禮司馬主兵司徒主教司空主土春秋撥亂世以絀陟爲本故舉絀陟以所主者言之始僭諸公昉於此乎前此矣前此則曷爲始乎此僭諸公猶可言也僭天子不可言也傳云爾者解不託始也前僭八佾於惠公廟大惡不可言也還從僭六羽譏本所當託者非但六也故不得復傳上也加初者以爲常也獻者下奉上之辭不言六佾者言佾則干舞在其中明婦人無武事獨奏文樂羽者鴻羽也所以象文德之風化疾也夫樂本起於和順和順積於中然後榮華發於外是故八音者德之華也歌者德之言也舞者德之容也故

聽其音可以知其德察其詩可以達其意論其數可以正其容薦之宗廟足以享鬼神用之朝廷足以序羣臣立之學官足以協萬民凡人之從上教也皆始於音音正則行正故聞宮聲則使人温雅而廣大聞商聲則使人方正而好義聞角聲則使人惻隱而好仁聞徵聲則使人整齊而好禮聞羽聲則使人樂養而好施所以感蕩血脉通流精神存寧正性故樂從中出禮從外作也禮樂接於身望其容而民不敢慢觀其色而民不敢爭故禮樂者君子之深教也不可須臾離也君子須臾離禮則暴慢襲之須臾離樂則姦邪入之是以古者天子諸侯雅樂鍾磬未曾離於庭卿大夫御琴瑟未曾離於前所以養仁義而除淫辟也魯詩傳曰天子食日舉樂諸侯不釋縣大夫士日琴瑟王者治定制禮功成作樂未制作之時取先王之禮樂宜於今者用之堯曰大章舜曰簫韶夏曰大夏殷曰大護周曰大武各取其時民所樂者名之堯時民樂其道章明也舜時民樂其脩紹堯道也夏時民樂大其三聖相承也殷時民樂大其護己也周時民樂其伐紂也蓋異號而同意異歌而同歸失禮鬼神例日此不日者嫌獨考宮以非禮書故從末言初可知

邾婁人鄭人伐宋邾婁小國序上者主會也

螟何以書記災也災者有害於人物隨事而至者先是隱公張百金之魚設苛令

急法以禁民之所致 冬十有二月辛巳公子彄卒 日者隱公賢君宜有恩禮於大夫益師始見法無駮有罪俠又未命也故獨得於此日 宋人伐鄭圍長葛邑不言圍此其言圍何 據伐於餘丘不言圍 彊也 至邑雖圍當言伐惡其彊而無義也必欲爲得邑故如其意言圍也所以不知鄭彊者公以楚師伐宋圍緡不言彊也

六年春鄭人來輸平輸平者何輸平猶墮成也何言乎墮成 據翬會諸侯伐鄭後未道平也何道墮成 敗其成也 翬伐鄭後已相與平但外平不書故云爾 曰吾成敗矣 吾魯也 吾與鄭人未有成也 未無也此傳發者解鄭稱人爲共國辭 吾與鄭人則曷爲未有成 据無戰伐之文 狐壤之戰隱公獲焉 時與鄭人戰於狐壤爲鄭所獲 然則何以不言戰 戰者內敗文也据韓戰君獲言

師敗績諱獲也君獲不言師敗績故以輸平諱也與寧戰所内敗文異戰例時偏戰日詐戰月不日者鄭詐之不月者正月也見隱終無奉正月之意不地者深諱也使若實輸平故不地也稱人共國辭者嫌來輸平獨惡鄭明鄭擅獲諸侯魯不能死難皆當絕之夏五月辛酉公會齊侯盟于艾秋七月此無事何以書春秋雖無事首時過則書首始也時四時也過歷也春以正月為始夏以四月為始秋以七月為始冬以十月為始歷一時無事則書其始月也首時過則何以書據無事也春秋編年四時具然後為年明王者當奉順四時之正也尚書曰欽若昊天歷象日月星辰敬授民時是也有事不月者人道正則天道定矣冬宋人取長葛外取邑不書此何以書久也古者師出不踰時今宋更年取邑久暴師苦衆居外故書以疾之不繫鄭舉伐者明因上伐圍取也

小四又九五

七年春王三月叔姬歸于紀叔姬者伯姬之媵也至是乃歸者待年父母國也婦人八歲備數十五從嫡二十承事君子媵賤書者後爲嫡終有賢行紀侯爲齊所滅紀季以酅入于齊叔姬歸之能處隱約全竟婦道故重録之滕侯卒何以不名據蔡侯考父卒名微國也小國故略不名微國則其稱侯何據大國稱侯小國稱伯子男不嫌也滕侯卒不名下[illegible]稱子不嫌稱侯爲大國春秋貴賤不嫌同號貴賤不嫌者通同號稱也若齊亦稱侯滕亦稱侯微者亦稱人貶亦稱人皆有起文貴賤不嫌同號是也美惡不嫌同辭若繼體君亦稱即位繼弑君亦稱即位皆有起文美惡不嫌同辭是也滕微國所傳聞之世未可卒所以稱侯而卒者春秋王魯託隱公以爲始受命王滕子先朝隱公春秋褒之以禮嗣子得以其禄祭故稱侯見其義

夏城中丘中丘者何内之邑也城中丘何以書上問中丘者何指問邑也故因言何以書嫌但問書中丘故復言城中丘何以書也以重書

也以功重故書也當稍稍補完之至令大崩弛壞敗然後發衆城之猥苦百姓空虛國家故言城明其功重始作城無異城邑例時齊侯使其弟年來聘其稱弟何据諸侯之子稱公子母弟稱弟母兄稱兄母弟同母弟母兄同母兄不言同母言母弟者若謂不如爲如矣齊人語也分別同母者春秋變周之文從殷之質質家親親明當親厚異於羣公子也聘者問也來聘書者皆喜內見聘事也古者諸侯朝罷朝聘爲慕賢考禮一法度尊天子不言聘公者禮聘受之於大廟孝子謙不敢以已當之歸美於先君且重賓也秋公伐邾婁冬天王使凡伯來聘書者喜之也古者諸侯有較德殊風異行天子聘問之當北面稱臣受之於大廟所以尊王命歸美於先君不敢以已當之戎伐凡伯于楚丘以歸凡伯者何上言聘比言伐嫌其異故執不知問天子之大夫也此聘也其言伐之何据出聘與郲柳異不得言伐也問伐加之者辟問輕重兩舉之執之也執之則

其言伐之何據執季孫隱如不言伐大之也尊天王命責當死位故使與國同

曷爲大之據下于突繫諸人不與夷狄之執中國也因地不接京師故以中國正之中國者禮義之國也執者治文也君子不使無禮義制治有禮義故絕不言執正之言伐也執天子大夫而以中國正之者執中國尚不可況執天子之大夫乎所以降夷狄尊天子爲順辭其地何據執季孫隱如不地大之也順上伐文使若楚丘爲國者猶慶父伐於餘丘也不地以衞者天子大夫衞王命至尊顧在所諸侯有出入所在赴其難當與國君等也録以歸者惡凡伯不死位以辱王命也

八年春宋公衞侯遇于垂宋公序上者時衞侯要宋公使不虞者爲主明當戒慎之無主者遇在其間置上則嫌爲事出置下則嫌無天法可以制月文不可施也三月鄭伯使宛來歸邴宛者何鄭之微者也邴者何鄭湯沐之邑也天子有事于泰山諸侯皆

從泰山之下諸侯皆有湯沐之邑焉有事者巡守祭天告至之禮也當沐浴絜齊以致其敬故謂之湯沐邑也所以尊待諸侯而共其費也禮四井爲邑邑方二里東方二州四百二十國凡爲邑廣四十里袤四十二里取足舍止共槀穀而已歸邴書者甚惡鄭伯無尊事天子之心專以湯沐邑歸魯背叛當誅也録使者重尊湯沐邑也王者所以必巡守者天下雖平自不親見猶恐遠方獨有不得其所故三年一使三公絀陟五年親自巡守巡猶循也守猶守也循行守視之辭亦不可國至人見爲煩擾故至四嶽足以知四方之政而已尚書曰歲二月東巡守至于岱宗柴望秩于山川遂覲東后協時月正日同律度量衡脩五禮五玉三帛二生一死贄如五器卒乃復五月南巡守至于南嶽如岱禮八月西巡守至于西嶽如初十有一月朔巡守至于北嶽如西禮還至嵩如初禮歸格于禰祖用特是也

庚寅我入邴其言入何据上書歸取邑已明無事復書入也難也入者非已至之文難辭也此魯受邴與鄭同罪當誅故書入欲爲魯見重難辭其日何据取邑不日難也以歸後乃日也言時重難不可即入至此日乃入其言我何据吳伐我以吳伐故

小五七三

言我言我者非獨我也自入邑不得言我有他人在其中乃得言我故能起其非獨我齊亦欲之時齊與鄭魯比聘會者亦欲得之故以非獨我起齊惡齊惡起則魯蒙欲邑見於惡愈矣夏六月己亥蔡侯考父卒辛亥宿男卒宿本小國不當卒所以卒而日之者春秋王魯以隱公爲始受命王宿男先與隱公交接故卒襃之也不名不書葬者與微者盟功薄當襃之爲小國故從小國例秋七月庚午宋公齊侯衛侯盟于瓦屋八月葬蔡宣公卒何以名而葬不名卒從正卒當赴告天子君前臣名故從君臣之正義言也而葬從主人至葬者有常月可知不赴告天子故自從蔡臣子辭稱公卒何以日而葬不日卒赴赴天子也緣天子閔傷欲其知之又臣子疾痛不能不具以告而葬不告不告天子也發傳於葬者從正也九月辛卯公及莒人盟

于包來公曷爲與微者盟（据與齊高傒盟諱之）稱人則從不疑也（從者隨從也實莒子也言莒子則嫌公行微不肖諸侯不肯隨從公盟而公反隨從之故使稱人則隨從公不疑矣隱爲桓立狐壤之戰不能死難又受湯沐邑卒無廉恥令翬有緣諂爲桓所疑故著其不肖僅能使微者隨從之耳蓋痛録隱所以失之又見獲受邑皆諱不明因與上相起也）螟（先是有狐壤之戰中丘之役又受邴田煩擾之應）冬十有二月無駭卒此展無駭也何以不氏（据公子彄卒氏公子）疾始滅也故終其身不氏（嫌上貶主起入爲滅不爲疾始故復爲疾始滅終身貶之足見上貶爲疾始滅）

九年春天王使南季來聘三月癸酉大雨震電何以書記異也何異爾不時也（震雷電者陽氣也有聲名曰雷無聲名曰電周之三月夏之正月雨當水雪雜下雷當聞於地中其雉雊電未可見而大雨震電此

陽氣大失其節猶隱公久居位不反於桓失其宜也日者一日之中也凡災異一日者日歷日者月歷月者時歷時者加自文爲異發於九年者陽數可以極而不還國於桓之所致庚辰大雨雪何以書記異也何異爾俶甚也俶始怒也始怒甚猶大甚也蓋師說以爲平地七尺雪者盛陰之氣也八日之間先示隱公以不宜久居位而繼以盛陰之氣大怒此桓將怒而弒隱公之象俠卒俠者何吾大夫之未命者也以無氏而卒之也未命所以卒之者賞疑從重無氏者少略也夏城郎秋七月冬公會齊侯于邴

十年春王二月公會齊侯鄭伯于中丘月者隱前爲鄭所獲今始與相見故危録内明君子當犯而不校也夏翬帥師會齊人鄭人伐宋此公子翬也何以不稱公子

据楚公子嬰齊貶後復稱公子貶曷爲貶隱之罪人也故終隱之篇貶也嫌上一貶可移於他事者故終隱之篇貶之明爲隱貶所以起隱之罪人也六月壬戌公敗宋師于菅辛未取郜辛巳取防取邑不日此何以日据取闞不日也一月而再取也欲起一月而再取故日何言乎一月而再取据取漷東田及沂西田亦一月再取兩邑不日甚之也甚魯因戰見利生事利心數動內大惡諱此其言甚之何春秋録內而略外於外大惡書小惡不書於內大惡諱小惡書明取邑爲小惡一月再取小惡中甚者耳故書也於內大惡諱於外大惡書者明王者起當先自正內無大惡然後乃可治諸夏大惡因見臣子之義當先爲君父諱大惡也內小惡書外小惡不書者內有小惡適可治諸夏大惡未可治諸夏小惡明當先自正然後正人小惡不諱者罪薄恥輕敗宋

師曰者見結日偏戰也不言戰者託王於魯故不以敵辭言之所以彊王義也秋宋人衛人入鄭宋人蔡人衛人伐載鄭伯伐取之其言伐取之何据國言滅邑言取又徐人取舒不言伐易也其易柰何因其力也因誰之力因宋人蔡人衛人之力也載屬爲上三國所伐鄭伯無仁心因其困而滅之易若取邑故言取欲起其易因上伐力故同其文言伐就上載言取之也不月者移惡上三國冬十月壬午齊人鄭人入盛日者盛魯同姓於隱篇再見入者明當憂録之

十有一年春滕侯薛侯來朝其言朝何据内言如諸侯來曰朝大夫來曰聘傳言來者解内外也春秋王魯王者無朝諸侯之義故内適外言如外適内言朝聘所以別外尊内也不言朝公者禮朝受之於大廟與聘同義

其兼言之何据鄧穀來朝不兼言朝微國也略小國也稱侯者春秋託隱公以爲始受命王滕薛先朝隱公故襃之巳於儀父見法復出滕薛者儀父盟功淺滕薛朝功大宿與微者盟功尤小起行之當各有差也滕序上者春秋變周之文從殷之質質家親親先封同姓夏五月公會鄭伯于祁黎秋七月壬午公及齊侯鄭伯入許日者危録隱公也爲弟守國不尚推讓數行不義皇天降災諂臣進謀終不覺悟又復搆怨入許危亡之釁外内並生故危録之冬十有一月壬辰公薨何以不書葬据莊公書葬隱之也何隱爾弑也爲桓公所弑弑則何以不書葬据桓公書葬春秋君弑賊不討不書葬以爲無臣子也道春秋通例與文武異子沈子曰君弑臣不討賊非臣也子不復讎非子也葬生者

之事也春秋君弑賊不討不書葬以爲不繫乎臣子也 子沈子後師明説此意者明臣子不討賊當絶君喪無所繫也沈子稱子冠氏上者著其爲師也不但言子曰者辟孔子也其不冠子者他師也 公薨何以不地 据莊公薨于路寢 不忍言也 不忍言其僵尸之處 隱何以無正月 据六年輸平不月 隱將讓乎桓故不有其正月也 嫌上諸成公意適可見始讓不能見終故復爲終篇去正月明隱終無有國之心但桓疑而弑之公薨主書者爲臣子恩痛之他國自從王者恩例録也

春秋公羊卷第一

經三千四百二十字
注九千七百六十三字

春秋公羊經傳解詁桓公第二

何休學

元年，春，王正月，公即位。繼弒君不言即位，此其言即位何？據莊公不言即位。如其意也。弒君欲即位，故如其意，以著其惡。直而不顯，諱而不盈。桓本貴，當立，所以爲篡者，隱權立，桓北面君事隱也。即者，就也。先謁宗廟，明繼祖也。還之朝，正君臣之位也。事畢而反凶服焉。

三月，公會鄭伯于垂。桓公會皆月者，危之也。桓弒賢君，篡慈兄，專易朝宿之邑，無王而行，無仁義之心，與人交接，則有危也，故爲臣子憂之。不致之者，爲下去王，適足以起無王，未足以見無王罪之深淺，故復奪臣子辭，成誅文也。

鄭伯以璧假許田。其言以璧假之何？據實假，不當持璧也。易之也。易之，則其言假之何？爲恭也。爲恭孫之辭，使者暫假借之辭。曷爲爲恭？據取邑不爲恭。

敬辭有天子存則諸侯不得專地也許田者何地皆不得專而此獨爲恭辭疑非凡邑故更問之魯朝宿之邑也諸侯時朝乎天子天子之郊諸侯皆有朝宿之邑焉時朝者順四時而朝也緣臣子之心莫不欲朝朝莫夕王者與諸侯別治勢不得自專朝故即位比年使大夫小聘三年使上卿大聘四年又使大夫小聘五年一朝王者亦貴得天下之歡心以事其先王因助祭以述其職故分四方諸侯爲五部部有四輩輩主一時孝經曰四海之內各以其職來助祭尚書曰羣后四朝敷奏以言明試以功車服以庸是也宿者先誡之辭古者天子邦畿千里遠郊上百里諸侯至遠郊不敢便入必先告至由如他國至竟而假塗也皆所以防未然謹事上之敬也王者以諸侯遠來朝亦加殷勤之禮以接之爲告至之須當有所住住故賜邑於遠郊其實天子地諸侯不得專也桓公無尊事天子之心專以朝宿之邑與鄭背叛當誅故深諱使若暫假借之者不舉假爲重復舉上會者方諱言許田不舉會無以起從魯假之也此魯朝宿之邑也則曷爲謂之許

田諱取周田也諱取周田則曷爲謂之許田繫之許也曷爲繫之許近許也此邑也其稱田何田多邑少稱田邑多田少稱邑分別之者古有分土無分民明當察民多少課功德夏四月丁未公及鄭伯盟于越秋大水何以書記災也災傷二穀以上書災也經曰秋大水無麥苗傳曰待無麥然後書無苗是也先是桓簒隱百姓痛傷悲哀之心旣蓄積而復專易朝宿之邑陰逆而與怨氣并之所致冬十月

二年春王正月戊申宋督弒其君與夷及其大夫孔父賢者不名故孔父稱字督未命之大夫故國氏之及者何以公夫人言及仲子微不得及君上下大夫言及知君尊亦不得及臣故問之累也累累從君而死齊人語也弒

君多矣舍此無累者乎曰有仇牧荀息皆累也舍仇牧荀息無累者乎曰有叔仲惠伯是也則此何以書賢也何賢乎孔父据叔仲惠伯不賢孔父可謂義形於色矣以稱字見先君死其義形於色柰何督將弒殤公孔父生而存則殤公不可得而弒也故於是先攻孔父之家大夫稱家父者字也禮臣死君字之以君得字之知先攻孔父之家殤公知孔父死己必死趨而救之皆死焉趨走也傳道此者明殤公知孔父賢而不能用故致此禍設使殤公不知孔父賢焉知孔父死己必死設使魯莊公不知季子賢焉知以病召之皆患安存之時則輕廢之急然後思之故常用不免孔父正色而立於朝則人莫敢過而致難於其

君者孔父可謂義形於色矣內有其義而外形見於顏色孔子曰君子正其衣冠尊其瞻視儼然人望而畏之是也重道義形於色者君子樂道人之善言及者使上及其君若附大國以名通明當封爲附庸不絕其祀所以重社稷之臣也督不氏者起馮當國不舉馮弑爲重者繆公廢子而反國得正故爲之諱也不得爲讓者死乃反之非所以全其讓意也滕子來朝三月公會齊侯陳侯鄭伯于稷以成宋亂內大惡諱此其目言之何目見也斥見其惡言成宋亂遠也所見異辭所聞異辭所傳聞異辭所以復發傳者益師以臣見恩此以君見恩嫌義異也所見之世臣子恩其君父尤厚故多微辭是也所聞之世恩王父少殺故立煬不日武宮日是也所傳聞之世恩高祖曾祖又少殺故子赤卒不日子般卒日是也隱亦遠矣曷爲爲隱諱据觀魚諱隱賢而桓賤也宋公馮與督共弑君而立諸侯會於稷欲共誅之受賂便還令宋亂遂成桓公本亦弑隱而立君子

疾同類相養小人同惡相長故賊不爲諱也古者諸侯五國爲屬屬有長二屬爲連連有帥三連爲卒卒有正七卒爲州州有伯也州中有爲無道者則長帥卒正伯當征之不征則與同惡當春秋時天下散亂保伍敗壞雖不誅不爲成亂今責其成亂者疾其受賂也加以者辟直成亂也夏四月取郜大鼎于宋此取之宋其謂之郜鼎何据莒人伐杞取牟婁後莒牟夷以牟婁來奔不繫杞也器從名從本主名名之地從主人從後所屬主人器何以從名地何以從主人据錯器之與人非有即爾即就也若曰取彼器與此人異國物凡人取異國物非就有取之者皆持以歸爲有爲後不可分明故正其本名宋始以不義取之故謂之郜鼎宋始以不義取之不應得故正之謂之郜鼎如以義應得當言取宋大鼎郜本所以有大鼎者周家以世孝天瑞之鼎以助享祭諸侯有世孝者天子亦作鼎以賜之禮祭天子九鼎諸侯七卿大夫五元士三也至乎地之與人則不然凡取地皆就有之與器異

也俄而可以爲其有矣俄者謂須臾之間制得之頃也諸侯土地各有封疆里數今日取之然後王者起興滅國繼絶世反取邑不嫌不明故卒可使以爲其有不復追録繫本主然則爲取可以爲其有乎爲取恣意辭也弟子未解故云爾曰否何者何者將設事類之辭若楚王之妻媦無時焉可也媦妹也引此爲喻者明其終不可名有也經不正者從可知省文也戊申納于大廟何以書譏何譏爾遂亂受賂納于大廟非禮也納者入辭也周公稱大廟所以必有廟者緣生時有宮室也孝子三年喪畢思念其親故爲之立宗廟以鬼享之廟之爲言貌也思想儀貌而事之故曰齊之日思其居處思其笑語思其志意思其所樂思其所嗜祭之日入室僾然必有見乎其位周旋出入肅然必有聞乎其容聲出戶而聽愾然必有聞乎其嘆息之聲孝子之至也質家右宗廟上親親文家右社稷尚尊尊秋七月紀侯來朝稱侯者天子將娶於紀與之奉宗廟傳之無窮重莫大焉故封之百里月

者明當尊而不臣所以廣孝敬蓋以爲天子得娶庶人女以其得專封也

蔡侯鄭伯會于鄧離不言會此其言會何據齊侯鄭伯如紀二國會曰離二人議各是其所是非其所非所道不同不能決事定是非立善惡不足采取故謂之離會

蓋鄧與會爾因鄧都得與鄧會自三國以上言會者重其少從多也能決事定是非立善惡尚書曰三人議則從二人之言蓋取諸此時

九月入杞公及戎盟于唐不日者戎怨隱不反國善相能自復翕然相親信

冬公至自唐致者君子疾賢者失其所不肖者反以相親榮故與隱相違也明前隱與戎盟雖不信猶可安也今桓與戎盟雖信猶可危也所以深抑小人也凡致者臣子喜其君父脫危而至

三年春正月公會齊侯于嬴無王者以見桓公無王而行也二年有王者見始也十年有王者數之終也十八年有王者桓公之終也明終始有王桓公無之爾不就元年見始者未無王也二月非周之正月所以復去之者明春秋之道亦通於三王非主假周以爲漢制而已

夏齊侯衛侯胥

命于蒲胥命者何相命也（胥相也時盟不歃血但以命相誓）何言乎相命（据盟亦相命不道也）近正也（以不言盟也）此其爲近正奈何古者不盟結言而退（善其近正似於古而不相背故書以撥亂也）

六月公會紀侯于盛秋七月壬辰朔日有食之既既者何盡也（光明滅盡也是後楚滅鄧穀上僭稱王故尤甚也楚滅鄧穀不書者後治夷狄）

公子翬如齊逆女九月齊侯送姜氏于讙何以書譏何譏爾諸侯越竟送女非禮也（以言姜氏也禮送女父母不下堂姑姊妹不出門）此入國矣何以不稱夫人（据讙魯地）自我言齊（恕已以及人也）父母之於子雖爲鄰國夫人猶曰吾姜氏（所以崇父子之親從父母辭不言孟姜言姜氏）

者從魯辭起魯地公會齊侯于讙夫人姜氏至自齊

翬何以不致據遂以夫人婦姜至自齊致得見乎公矣本所以致夫人者公不親迎有危也翬當并致者翬親迎重在翬也上會讙時夫人以得見公得禮失禮在公不復在翬故不復致不就讙上致者婦人危重故据都城乃致也月者爲夫人至例危重之

冬齊侯使其弟年來聘有年有年何以書方分別問大有年故不但言何以書以喜書也

大有年何以書亦以喜書也此其曰有年何僅有年也僅猶劣也謂五穀多少皆有不能大成熟彼其曰大有年何問宣十六年也大豐年也謂五穀皆大熟成僅有年亦足以當喜乎恃有年也恃賴也若桓公之行諸侯所當誅百姓所當叛而又元年大水二年秏減民人將去國喪無日賴得五穀皆有使百姓安土樂業故喜而書之所以見不肖之君爲國尤危又明爲國家者不可不有年

四年春正月公狩于郎狩者何田狩也（田者蒐狩之揔名也古者肉食衣皮服捕禽獸故謂之田取獸于田故曰狩易曰結繩罔以田魚）春曰苗（苗毛也明當毛物取未懷任者）秋曰蒐（蒐簡擇也簡擇幼稚取其大者）冬曰狩（狩猶獸也冬時禽獸長大遭獸可取不以夏田者春秋制也以爲飛鳥未去於巢走獸未離於穴恐傷害於幼稚故於苑囿中取之）常事不書此何以書譏何譏爾遠也（以其地遠禮諸侯田狩不過郊）諸侯曷爲必田狩（据有囿也）一曰乾豆（一者第一之殺也自左膘射之達於右髃中心死疾鮮絜故乾而豆之中薦於宗廟豆祭器名狀如鐙天子二十有六諸公十有六諸侯十有二卿上大夫八下大夫六士三）二曰賓客（二者第二之殺也自左膘射之達於右髀遠心死難故以爲賓客）三曰充君之庖（充備也庖廚也三者第三之殺也自左膘射之達于右髃中腸胃汚泡死遲故以充君之庖廚已有三牲必田狩者孝子之意以爲己之所養不如天地自然之牲逸豫肥美禽獸多則傷五穀因習兵事又

不空設故因以捕禽獸所以共承宗廟示不忘武備又因以爲田除害狩例時此月者譏不時也周之正月夏之十一月陽氣始施鳥獸懷任草木萌牙非所以養微

夏天王使宰渠伯糾來聘

宰渠伯糾者何天子之大夫也其稱宰渠伯糾何據劉卷卒氏采不名且字下大夫也天子下大夫繫官氏名且字繫官者卑不得專官事也稱伯者上敬老也上敬老則民益孝上尊齒則民益弟是以王者以父事三老兄事五更食之於辟雍天子親袒而割牲執醬而饋執爵而酳冕而揔干率民之至也先王之所以治天下者有五貴有德爲其近於道也貴臣爲其近於君也貴老爲其近於父也敬長爲其近於兄也慈幼爲其近於子弟也禮君於臣而不名者有五諸父兄不名經曰王札子是也詩曰王謂叔父是也上大夫不名祭伯是也盛德之士不名叔肹是也老臣不名宰渠伯糾是也下去二時者桓公無王而行天子不能誅反下聘之故爲貶見其罪明不宜

五年春正月甲戌己丑陳侯鮑卒曷爲以

二日卒之怴也怴者狂也齊人語甲戌之日亡己丑之日死而得君子疑焉故以二日卒之也君子謂孔子也以二日卒之者闕疑夏齊侯鄭伯如紀外相如不書此何以書据蔡侯東國卒于楚不言如也離不言會也時紀不與會故略言如也春秋始録内小惡書内離會略外小惡不書外離會至所聞之世著治升平内諸夏而詳録之乃書外離會嫌外離會常書故變文見意以別嫌明疑天王使仍叔之子來聘仍叔之子者何天子之大夫也其稱仍叔之子何据宰渠氏官武氏子不稱字又不加之尹氏不稱子譏何譏爾譏父老子代從政也禮七十縣車致仕不言氏者起父在也加之者起子辟一人葬陳桓公不月者責臣子也知君父有疾當營衛不謹而失之也傳曰葬生者之事城祝丘秋蔡人衛人陳人

從王伐鄭其言從王伐鄭何据河陽舉王狩別出朝文文不連王王師不道所加從王正也美其得正義也故以從王征伐録之蓋起時天子微弱諸侯背叛莫肯從王者征伐以善二國之君獨能尊天子死節稱人者刺王者也天下之君海内之主當秉綱撮要而親自用兵故見其微弱僅能從微者不能從諸侯猶莒稱人則從不疑也不使王者首兵者本不為王舉也知實諸侯者以美得正大雩大雩者何旱祭也雩旱請雨祭名不解大者祭言大雩大旱可知也君親之南郊以六事謝過自責曰政不一與民失職與宮室榮與婦謁盛與苞苴行與讒夫唱與使童男女各八人舞而呼雩故謂之雩不地者常地也然則何以不言旱据日食鼓用牲于社言雩則旱見言旱則雩不見從可知故省文也日食獨不省文者與大水同禮若但言鼓用牲則不知其所為必見雩者善其能戒懼天災應變求雨憂民之急也何以書記災也旱者政教不施之應先是桓公無王行比為天子所聘得志益驕去國遠狩大城祝丘故致此旱螟何以書記災也螟者

慎攝之所生與上旱同說冬州公如曹外相如不書此何以書過我也為六年化我張本也傳不言化我者張本非再化也稱公者申其尊起其慢責無禮

六年春正月寔來寔來者何猶曰是人來也猶曰是人來不録何等人之辭孰謂謂州公也以上如曹書曷爲謂之寔來慢之也曷爲慢之据葵丘之盟曰化我也行過無禮謂之化齊人語也諸侯相過至竟必假塗入都必朝所以崇禮讓絕慢易戒不虞也今州公過魯都不朝魯是慢之爲惡故書寔來見其義也月者危録之無禮之人不可備責之

夏四月公會紀侯于成

秋八月壬午大閱大閱者何簡車徒也大簡閱兵車使可任用而習之何以書蓋以罕書也罕希也孔子曰以不教民戰是謂棄之故比年簡徒謂之蒐三年簡車謂之大閱五年大簡車徒謂之大蒐存不忘亡安不忘危不地者常地也蒐例時此日者桓既無

文德又忽忘武備故尤危録

蔡人殺陳佗陳佗者何陳君也以躍卒不書葬也陳君則曷爲謂之陳佗据殺蔡侯般不言蔡般絕也絕者國當絕曷爲絕之据戕鄫子不絕賤也其賤奈何外淫也惡乎淫惡乎猶於何也淫于蔡蔡人殺之蔡稱人者與使得討之故從討賊辭也賤而去其爵者起其見卑賤猶律文立子姦母見乃得殺之也不日不書葬者從賊文

九月丁卯子同生子同生者孰謂謂莊公也以夫人言同非吾子何言乎子同生据君存稱世子子般不言生喜有正也吾國正嗣有未有言喜有正者此其言喜有正何久無正也子公羊子曰其諸以病桓與其諸辭也本所以書莊公生者感隱桓之禍生於無正故喜有正而不以世子正稱書者同欲以正見無正疾惡桓公日者喜録之禮生與來日死與往日

日各取其所見日也禮世子生三日卜士負之寢門外以桑弧蓬矢射天地四方明當有天地四方之事三月君名之大夫負朝于廟以名徧告之冬紀侯來朝朝聘例時

七年春二月己亥焚咸丘焚之者何樵之也樵薪也以樵燒之故因謂之樵之樵之齊人語樵之者何以火攻也何言乎以火攻据戰伐不道所用兵疾始以火攻也征伐之道不過用兵服則可以退不服則可以進火之盛炎水之盛衝雖欲服罪不可復禁故疾其暴而不仁也傳不託始者前此未有無所託也咸丘者何邾婁之邑也曷爲不繫乎邾婁据邢鄑郚繫紀國之也欲使如國故無所繫加之者辟實國也曷爲國之据邢鄑郚不國君存焉爾所以起邾婁君在咸丘邑明臣子當赴其難與在國等也日者重錄以火攻也夏穀伯綏來朝鄧侯吾離來朝皆何以名据滕薛不名也

失地之君也其稱侯朝何据以賤也貴者無後待之以初也穀鄧本與魯同貴爲諸侯今失爵亡土來朝託寄也義不可卑故明當待之如初所謂故舊不遺則民不偷無後者施於所奔國也獨妻得配夫託衣食於公家子孫當受田而耕故云爾下去二時者桓公以火攻人君故貶明大惡不月者失地君朝惡人輕也名者見不世也

八年春正月己卯烝烝者何冬祭也春曰祠薦尚韭卵祠猶食也猶繼嗣也春物始生孝子思親繼嗣而食之故曰祠因以別死生夏曰礿薦尚麥魚麥始熟可礿故曰礿秋曰嘗薦尚黍肫嘗者先辭也秋穀成者非一黍先熟可得薦故曰嘗冬曰烝薦尚稻鴈烝衆也氣盛貌冬萬物畢成所薦衆多芬芳備具故曰烝無牲而祭謂之薦天子四祭四薦諸侯三祭三薦大夫士再祭再薦祭於室求之於幽祭於堂求之於明祭於祊求之於遠皆孝子博求之意也大夫求諸明士求諸幽尊卑之差也殷人先求諸明周人先求諸幽質文之義也禮天子諸侯卿大夫牛羊豕凡三牲曰大牢天子元士諸侯之卿大夫羊豕凡

二牲曰少牢諸侯之士特豕天子之牲角握諸侯角尺卿大夫索牛常事不書此何以書譏何譏爾譏亟也亟數也屬十二月已烝今復烝也不異烝祭名而言烝者取冬祭所薦衆多可以包四時之物亟則黷黷則不敬黷渫黷也君子之祭也敬而不黷君子生則敬養死則敬享故將祭宮室既脩牆屋既繕百物既備序其禮樂具其百官散齊七日致齊三日夫婦齊戒沐浴盛服君牽牲夫人奠酒君親獻尸夫人薦豆卿大夫相君命婦相夫人洞洞乎屬屬乎如弗勝如將失之濟濟乎致其敬也愉愉乎盡其忠也勿勿乎其欲饗之也文王之祭事死如事生孝子之至也疏則怠怠則忘怠解士不及茲四者則冬不裘夏不葛禮本下爲士制茲此也四者四時祭也疏數之節靡所折中是故君子合諸天道感四時物而思親也祭必於夏之孟月者取其見新物之月也裘葛者禦寒暑之美服士有公事不得及此四時祭者則不敢美其衣服蓋思念親之至也故孔子曰吾不與祭如不祭天王使家父來聘家采地父字也天子中大

夫氏采故稱字不稱伯仲也夏五月丁丑烝何以書譏亟也與上祀同爲亟也秋伐邾婁冬十月雨雪何以書記異也何異爾不時也周之十月夏之八月未當雨雪此陰氣大盛兵象也是後有郎師龍門之戰流血尤深祭公來遂逆王后于紀祭公者何天子之三公也天子置三公九卿二十七大夫八十一元士凡百二十官下應十二子祭者采也天子三公氏采稱爵何以不稱使据宰周公稱使婚禮不稱主人時王者有母也遂者何生事也生猶造也專事之辭大夫無遂事此其言遂何据待君命然後卒大夫也成使乎我也以上來無事知遂成使于我其成使乎我柰何使我爲媒可則因用是往逆矣婚禮成於五先納采問名納吉納徵請期然後親迎時王者遣祭公來使魯爲媒可則因用魯往迎之不復成

禮族王者不重妃匹逆天下之母若逆婢妾將謂海內何哉故譏之不言如紀者辟有外文女在其國稱女此其稱王后何王者無外其辭成矣

九年春紀季姜歸于京師其辭成矣則其稱紀季姜何自我言紀父母之於子雖爲天王后猶曰吾季姜明子尊不加於父母京師者何天子之居也以季姜言歸京者何大也師者何衆也天子之居必以衆大之辭言之地方千里周城千雉宮室官府制度廣大四方各以其職來貢莫不備具所以必自有地者治自近始故據土與諸侯分職而聽其政焉即春秋所謂內治其國也書季姜歸者明魯爲媒當有送迎之禮

夏四月秋七月冬曹伯使其世子射姑來朝諸侯來曰朝此世子也

其言朝何據臣子一例當言聘春秋有譏父老子代從政者則未知其在齊與曹與在齊者世子光也時曹伯年老有疾使世子行聘禮恐卑故使自代朝雖非禮有尊尊之心傳見下卒葬詳録故序經意依違之也小國無大夫所以書者重惡世子之不孝甚

十年春王正月庚申曹伯終生卒夏五月葬曹桓公小國始卒當卒月葬時而卒日葬月者曹伯年老使世子來朝春秋敬老重恩故爲魯恩録之尤深

秋公會衛侯于桃丘弗遇會者何期辭也其言弗遇何公不見要也時實桓公欲要見衛侯衛侯不肯見公以非禮動見拒有恥故諱使若會而不相遇言弗遇者起公要之也弗者不之深也起公見拒深傳言公不見要者順經諱文

冬十有二月丙午齊侯衛侯鄭伯來戰于

郎郎者何吾近邑也以言來也吾近邑則其言來戰于郎何據齊師宋師次于郎不言來公敗宋師不言戰龍門之戰不舉地也近也惡乎近近乎圍也地而言來者明近都城幾與圍無異不解戰者從下說可知此偏戰也何以不言師敗績據十三年師敗績偏一面也結日定地各居一面鳴鼓而戰不相詐內不言戰言戰乃敗矣春秋託王於魯戰者敵文也王者兵不與諸侯敵戰乃其已敗之文故不復言師敗績魯不復出主名者兵近都城明舉國無大小當戮力拒之

十有一年春正月齊人衛人鄭人盟于惡曹月者指公行惡諸侯所當誅屬上三國來戰于郎今復使微者盟故爲魯懼危錄之夏五月癸未鄭伯寤生卒秋七月葬鄭莊公莊公殺段所以書葬者段當國本當從討賊辭不得與殺大夫同例九月宋人執鄭祭仲祭仲

者何鄭相也不言大夫者欲見其持國重何以不名賢也何賢乎祭仲据自執若出不能防難以爲知權也權者稱也所以別輕重喻祭仲知國重君輕君子以存國除逐君之罪雖不能防其難罪不足而功有餘故得爲賢也不引度量若取其平實以無私其爲知權奈何古者鄭國處于留先鄭伯有善于鄶公者通乎夫人以取其國而遷鄭焉遷鄭都於鄶也而野留野鄙也傳本上事者解宋所以得執祭仲因以爲戒莊公死已葬祭仲將往省于留塗出于宋宋人執之宋人宋莊公也謂之曰爲我出忽而立突突宋外甥祭仲不從其言則君必死國必亡祭仲死而忽旋爲突所驅逐而出奔經不書忽奔見微弱甚是時宋強而鄭弱祭仲探宋莊公本弒君而立非能爲突將以爲賂動守死不聽令自入見國無拒難者必乘便

將滅鄭故深慮其大者也從其言則君可以生易死國可以存易亡少遼緩之宋當從突求賂鄭守正不與則突外乖於宋內不行於臣下遼假緩之則突可故出而忽可故反是不可得則病徒突有賢才是計不可得行則己有逐君之罪然後有鄭國已雖病逐君之罪討出突然後能保有鄭國猶愈於國之亡古人之有權者祭仲之權是也古人謂伊尹也湯孫大甲驕蹇亂德諸侯有叛志伊尹放之桐宮令自思過三年而復成湯之道前雖有逐君之負後有安天下之功猶祭仲逐君存鄭之權是也權者何權者反於經然後有善者也權之所設舍死亡無所設設施也舍置也如置死亡之事不得施行權有道自貶損以行權身蒙逐君之惡以存鄭是也不害人以行權已納突不害忽是也殺人以自生亡人以自

存君于不為也祭仲死則忽死忽死則鄭亡生者乃所以生忽存鄭非苟殺忽以自生亡鄭以自存反覆道此者皆所以解上死亡不施於己宋不稱公者脅鄭立篡首惡當誅非伯執也祭仲不稱行人者時不銜君命出使但往省留耳執例時此月者為突歸鄭奪正鄭伯出奔突歸于鄭突何以名据忽復歸于鄭俱祭仲所納忽國稱世子不但名也挈乎祭仲也挈猶提挈也突當國本當言鄭突欲明祭仲從宋人命提挈而納之故上繫於祭仲不繫國者使與外納同也時祭仲勢可殺突以除忽害而立之者忽內未能懷保其民外未能結諸侯如殺之則宋軍強乘其弱滅鄭不可救故少遼緩之其言歸何据小白言入順祭仲也順其計策與使行權故使無惡鄭忽出奔衛忽何以名据宋子既葬稱子春秋伯子男一也辭無所貶春秋改周之文從殷之質合伯子男為一一辭無所貶皆從子夷狄進爵稱子是也忽稱子則與春秋改伯從子辭同於成君無所貶損故名也名者緣君薨有降既葬名義也此非罪貶也君子不奪人之親故使不離子行也王者起所以必改質文者為承衰亂救人

之失也天道本下親親而質省地道敬上尊尊而文煩故王者始起先本天道以治天下質而親親及其衰敝其失也親親而不尊故後王起法地道以治天下文而尊尊及其衰敝其失也尊尊而不親故復反之於質也質家爵三等者法天之有三光也文家爵五等者法地之有五行也合三從子者制由中也柔會宋公陳侯蔡叔盟于折柔者何吾大夫之未命者也以俠卒也輒發傳者無氏嫌疑也所以不卒柔者深薄桓公不與有恩禮於大夫也盟不日者未命大夫盟會用兵上不及大夫下重於士罰疑從輕故責之略蔡稱叔者不能防正其姑姊妹使淫於陳佗故貶在字例公會宋公于夫童冬十有二月公會宋公于闞

十有二年春正月夏六月壬寅公會紀侯莒子盟于毆蛇秋七月丁亥公會宋公燕人盟于穀丘八月壬辰陳侯躍卒不書葬者佗子也佗

不稱侯者嫌貶在名例不當絕故復去躍葬也公會宋公于郯冬十有一月公會宋公于龜丙戌公會鄭伯盟于武父丙戌衛侯晉卒不蒙上日者春秋獨晉書立記卒耳當蒙上日與不嫌異於篡例故復出日明同十有二月及鄭師伐宋丁未戰于宋戰不言伐此其言伐何辟嫌也惡乎嫌嫌與鄭人戰也時宋主名不出不言伐則嫌內微者與鄭人戰於宋地故舉伐以明之宋不出主名者兵攻都城與郎同義此偏戰也何以不言師敗績內不言戰言戰乃敗矣

十有三年春二月公會紀侯鄭伯己巳及齊侯宋公衛侯燕人戰齊師宋師衛師燕

師敗績曷爲後日据篳之戰先書日恃外也其恃外奈何得紀侯鄭伯然後能爲日也得紀侯鄭伯之助然後乃能結戰日以勝君子不掩人之功不蔽人之善故後日以明之內不言戰此其言戰何据公敗宋師于菅從外也從外諸侯相與戰例曷爲從外据戰于宋不從外言敗績恃外故從外也明當歸功於紀鄭故從紀鄭言戰何以不地据菅下句近也惡乎近近乎圍郎亦近矣郎何以地郎猶可以地也郎雖近猶尚可言其處今親戰龍門兵攻城池尤危故恥之績功也非義不戰故以功言之不言功者取其積聚師衆有尊卑上下次第行伍必出萬死而不奔北故以自敗爲文明當坐也燕戰稱之敗績稱師者重敗也戰少而敗多言及者明見伐者爲主故得汲汲敗勝之文三月葬衛宣公背殯用兵而月不危之者衛弱於齊宋不從亦有危故量力不責也夏大水爲龍門之戰死傷者衆民悲哀之所

致

秋七月冬十月

十有四年春正月公會鄭伯于曹無冰何以書記異也周之正月夏之十一月法當堅冰無冰者溫也此夫人淫泆陽而陰行之所致夏五鄭伯使其弟語來盟夏五者何無聞焉爾來明者聘而盟也不言聘者舉重也內不出主名者主國也甚盟可知甚盟來盟例皆時者從內為王義明王者當以至信先天下

秋八月壬申御廩災御廩者何粢盛委之所藏也黍稷曰粢在器曰盛委積也御者謂御用于宗廟廩者釋治穀名禮天子親耕東田千畝諸侯百畝后夫人親西郊采桑以共粢盛祭服躬行孝道以先天下御廩災何以書記災也火自出燒之曰災先是龍門之戰死傷者眾桓無惻痛於民之心不重宗廟之尊逆天危先祖鬼神不饗故天應以災御廩

乙亥嘗常事不書此何以書譏何譏

爾譏嘗也譏新有御廩災而嘗之曰猶嘗乎難曰四時之祭不可廢則無猶嘗乎

御廩災不如勿嘗而已矣當廢一時祭自責以奉天災也知不以不時者

書本不當嘗也冬十有二月丁巳齊侯祿父卒宋人

以齊人衛人蔡人陳人伐鄭以者何行其

意也以己從人曰行言四國行宋意也宋前納突求賂突背恩伐宋故宋結四國伐之四國本不起兵當分別之故加以也宋恃四國乃伐鄭四國當與宋同罪非為四國見輕重

十有五年春二月天王使家父來求車何

以書譏何譏爾王者無求求車非禮也王者千里畿內租稅足以共費四方各以其職來貢足以尊榮當以至廉無為率先天下不當求求則諸侯貪大夫鄙士庶盜竊

三月乙未天王崩桓王也例時此月者桓行惡不能誅反從求之故獨月夏四

月己巳葬齊僖公當時而日者背殯伐鄭危之五月鄭伯突出奔蔡突何以名據衛侯朔出奔齊不名不連爵問之者非問一已名今復名故使文相顧奪正也明祭仲得出之故復於此名著其奪正不以失衆錄也月者大國奔例月重乖離之禍小國例時鄭世子忽復歸于鄭其稱世子何據上出奔不稱世子復正也欲言鄭忽則嫌其出奔還入與當國同文反更成上鄭忽爲當國故使稱世子明復正以效祭仲之權亦所以解上非當國也曷爲或言歸或言復歸復歸者出惡歸無惡復入者出無惡入有惡入者出入惡歸者出入無惡皆於還入乃別之者入國犯命禍重也忽未成君出奔不應絕出惡者不如死之榮也入無惡者出不應絕則還入不應盜國許叔入于許稱叔者春秋前失爵在字例也入者出入惡明當誅也不書出時者略小國公會齊侯于鄗邾婁人

牟人葛人來朝皆何以稱人據言朝也夷狄之也桓公行惡而三人俱朝事之三人爲衆衆足責故夷狄之秋九月鄭伯突入于櫟櫟者何鄭之邑曷爲不言入于鄭據齊陽生立陳乞家言入于齊末言爾末者淺也解不言入國意曷爲末言爾據俱篡也祭仲亡矣亡死亡也祭仲亡則鄭國易得故明入邑則忽危矣不須乃入國也所以效君必死國必亡矣然則曷爲不言忽之出奔據上言出奔也言忽爲君之微也祭仲存則存矣祭仲亡則亡矣言忽微弱甚於鴻毛僅若匹夫之出耳故不復録皆所以終祭仲之言解不虛設危險之嫌冬十有一月公會齊侯宋公衛侯陳侯于侈伐鄭月者善諸侯征突善録義兵也不舉伐爲重者用兵重於會嫌月爲桓伐有危舉不爲義兵録故復録會

十有六年春正月公會宋公蔡侯衛侯于曹夏四月公會宋公衛侯陳侯蔡侯伐鄭秋七月公至自伐鄭致者善䣭公能疾惡同類比與諸侯行義兵伐鄭致例時此月者善其比與善行義故以致復加月也冬城向十有一月衛侯朔出奔齊衛侯朔何以名据衛侯出奔楚不名絕曷為絕之据俱奔也得罪于天子也其得罪于天子奈何見使守衛朔朔十二月朔政事也月所以朝廟告朔是也而不能使衛小衆時天子使發小衆不能使行越在岱陰齊越猶走也岱岱宗泰山也山北曰陰先言岱陰後言齊者明名山大澤不以封諸侯以為天地自然之利非人力所能加故當與百姓共之傳著朔在岱陰者明天子當及是時未能交連五國之兵早誅之屬負茲舍不即罪爾屬託也天子有疾稱不豫諸侯

稱負茲大夫稱犬馬士稱負薪舍止也託疾止不就罪

十有七年春正月丙辰公會齊侯紀侯盟于黃二月丙午公及邾婁儀父盟于趡本失爵在名例亡朝桓公稱人今此不名者蓋以為義父最先與隱公盟明元功之臣有誅而無絕五月丙午及齊師戰于奚夏者陽也月者陰也去夏者明夫人不繫於公也此戰盡由桓公曰同非吾子云爾

六月丁丑蔡侯封人卒秋八月蔡季自陳歸于蔡稱字者蔡侯封人無子季次當立封人欲立獻舞而疾害季季辟之陳封人死歸反奔喪思慕三年卒無怨心故賢而字之出奔不書者方以起季奔喪歸故使若非出奔歸不稱弟者見季不受父兄之尊也宜爲天子大夫天子大夫不得與諸侯親通故魯季子紀季皆去其氏唯卒以恩録親季友叔肸卒是也癸巳葬蔡桓侯稱侯曰桓奪臣子辭也有賢弟而不能任用反疾害之而立獻舞國幾并於蠻荊故賢季抑桓稱侯所以起其事

及宋人衛人伐邾冬十月朔日有食之是後夫人譖公爲齊侯所誘殺去日者著有行惡故深爲內懼其將見殺無日

十有八年春王正月公會齊侯于濼公夫人姜氏遂如齊公何以不言及夫人据公及夫人會齊侯于陽穀夫人外也若言夫人已爲公所絕外也夫人外者何内辭也内爲公諱辭其實夫人外公也時夫人淫於齊侯而譖公故云爾言遂者起夫人本與公出會齊侯二樂故得并言遂如齊不書夫人會書夫人遂者明遂在夫人齊侯誘公使遂如齊以夫人譖公故

夏四月丙子公薨于齊不書齊誘殺公者深諱恥也地者在外爲大國所殺於國尤危國重故不暇隱也

丁酉公之喪至自齊凡公薨外致喪者危痛之外多窮厄伐喪内多乘便而起不可不戒愼加之者喪者死之通辭也本以別生死不以明貴賤非配公之稱故加之以絕

秋

七月冬十有二月己丑葬我君桓公賊未討何以書葬據隱公也讎在外也讎在外則何以書葬據俱讎也君子辭也時齊强魯弱不可立得報故君子量力且假使書葬於可復讎而不復乃責之諱與齊狩是也桓者謚禮生有爵死有謚所以勸善懲惡也禮諸侯薨天子謚之卿大夫受謚於君唯天子稱天以誄之蓋以為祖禰乃謚丁酉公之喪至自齊丁巳葬我君定公雨不克葬戊午日下昊乃克葬是也以公配謚者終有臣子之辭上葬日者起生者之事也且明王者當遣使者與諸侯共會之加我君者録內也猶君薨地也

春秋公羊卷第二 經三千一百三十六字 注七千九百三十二字

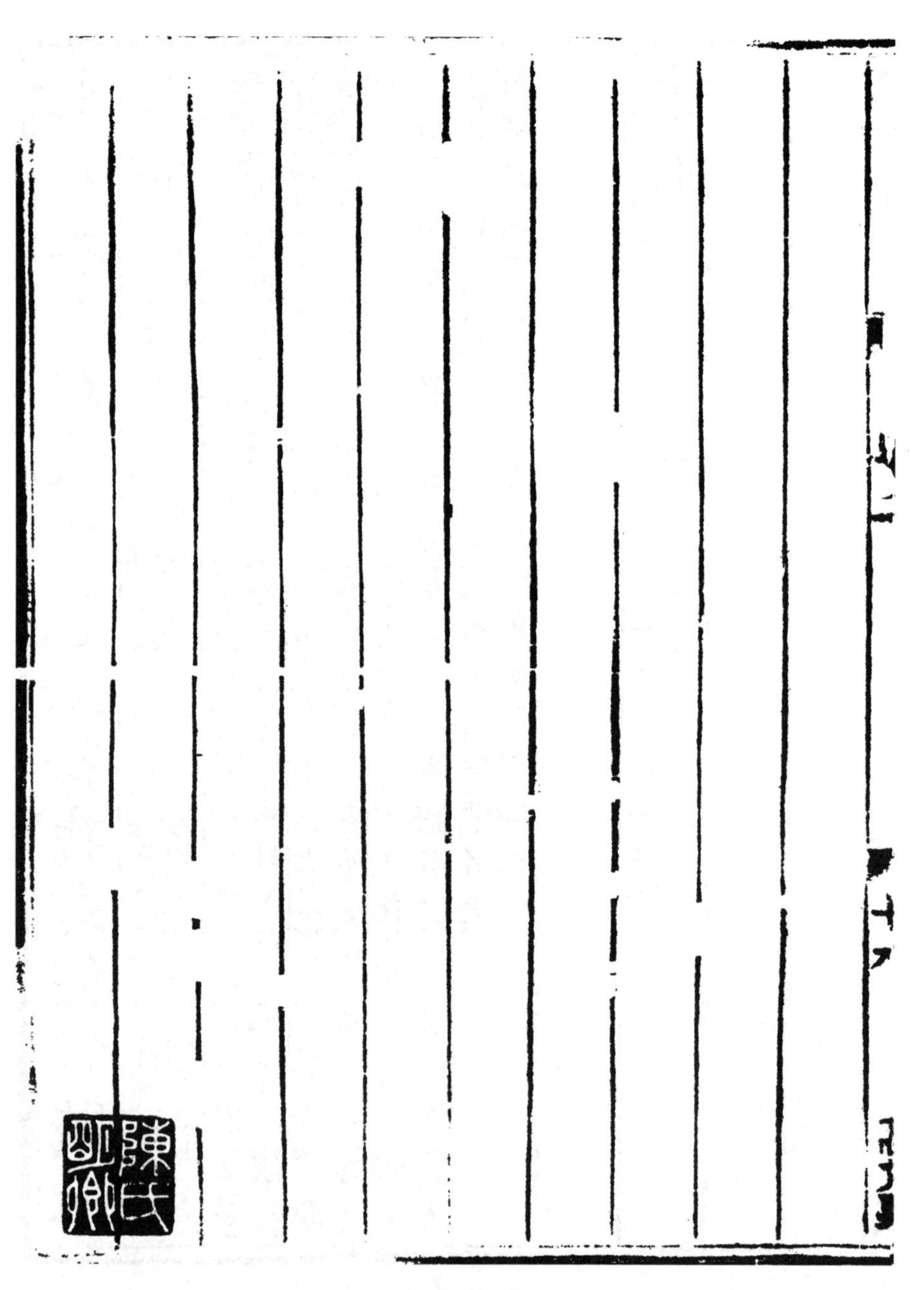

春秋公羊經傳解詁莊公第三

何休學

元年春王正月公何以不言即位春秋君弑子不言即位君弑則子何以不言即位據繼君不絕也隱之也孰隱隱子也隱痛是子之禍不忍言即位三月夫人孫于齊孫者何孫猶孫也孫猶遁也内諱奔謂之孫言于齊者盈諱文夫人固在齊矣其言孫于齊何據公夫人遂如齊未有來文念母也固在齊而書孫者所以起念母也正月以存君念母以首事禮練祭取法存君夫人當首祭事時莊公練祭念母而迎之當書迎反書孫者明不宜也夫人何以不稱姜氏據夫人姜氏孫于邾婁貶

曷為貶據俱以孫為文與弒公也其與弒公柰何夫人譖公於齊侯如其事曰訴加誣曰譖公曰同非吾子齊侯之子也以淫於齊侯所生齊侯怒與之飲酒欲醉而殺之禮飲酒不過三爵於其出焉使公子彭生送之於其乘焉於其將上車時搚幹而殺之搚折聲也扶上車以手搚折其幹念母者所善也則曷為於其念母焉貶據貶必於其重不與念母也念母則忘父背本之道也故絕文姜不為不孝距蒯聵不為不順脅靈社不為不敬蓋重本尊統使尊行於卑上行於下貶者見王法所當誅至此乃貶者并不與念母也又欲以孫為內見義明但當推逐去之亦不可加誅誅不加上之義非實孫月者起練祭左右夏單伯逆王姬單伯者何吾大夫之命乎天子者也以稱字也禮諸侯三年一貢士於天子天子命與諸

侯輔助爲政所以通賢共治示不獨專重民之至大國舉三人次國舉二人小國舉一人何以不稱使据公子遂如京師言如者内稱使之文天子召而使之也逆之者何使我主之也逆者魯自往之文方使魯爲父母主嫁之故與魯使自逆之不言于京師者使魯主之故使君自魯女無使受之曷爲使我主之据諸侯非一天子嫁女乎諸侯必使諸侯同姓者主之諸侯與天子同姓者諸侯嫁女于大夫必使大夫同姓者主之大夫與諸侯同姓者不自爲主者尊卑不敵其行婚姻之禮則傷君臣之義行君臣之禮則廢婚姻之好故必使同姓有血脉之屬宜爲父道與所適敵體者主之禮尊者嫁女于卑者必待風旨爲卑者不敢先求亦不可斥與之者申陽倡陰和之道天子嫁女於諸侯備姪娣如諸侯之禮義不可以天子之尊絶人繼嗣之路主書者惡天子也禮齊衰不接弁冕仇讎不交婚姻秋築王姬之館于外何以書譏何

譏爾築之禮也于外非禮也以言外知有築內之道也于外非禮也禮同姓本有主嫁女之道必闕地于夫人之下羣公子之上也時魯以將嫁女于讎國故築于外于外何以非禮据非內女築于外非禮也于遠辭也爲營衛不固不以將嫁于讎國除譏者魯本自得以讎爲解無爲受命而外之故曰非禮其築之何以禮据禮豫設當主王姬者必爲之改築主王姬者則曷爲必爲之改築据諸侯宮非一於路寢則不可小寢則嫌皆所以遠別也羣公子之舍謂女公子也則以卑矣以爲大卑其道必爲之改築者也以上傳言爾知當築夫人之下羣公子之上築例時冬十月乙亥陳侯林卒王使榮叔來錫桓公命錫者何賜也上與下之辭命者何加我服也增加其衣服令

有異於諸侯禮有九錫一曰車馬二曰衣服三曰樂則四曰朱戶五曰納陛六曰虎賁七曰弓矢八曰鈇鉞九曰秬鬯皆所以勸善扶不能言命不言服者重命不重其財物禮百里不過九命七十里不過七命五十里不過五命其言桓公何据錫文公命不言謚追命也尊謚明知追命死者禮生有善行死當加美謚不當復加錫不言天王者桓行實惡而乃追錫之尤悖天道故去天爾王姬歸于齊何以書我主之也魯主女爲父母偏故恩錄而書之內女歸例月外女不月者聖人探人情以制恩實不如魯女齊師遷紀郱鄑郚遷之者何取之也以稱師知取之取之則曷爲不言取之也据莒人伐杞取牟婁爲襄公諱也襄公將復讎於紀故先孤弱取其邑本不爲利舉故爲諱不舉伐順諱文也外取邑不書此何以書大之也何大爾自是始滅也將大滅紀從此始故重而書之

二年春王二月葬陳莊公夏公子慶父帥師伐於餘丘於餘丘者何邾婁之邑也曷爲不繫乎邾婁國之也曷爲國之君存焉爾（慶父幼少將兵不識者從不言弟意亦起之）秋七月齊王姬卒外夫人不卒此何以卒録焉爾曷爲録焉爾（諸王后崩循不録）我主之也（魯主女爲父母道故卒録之明當有恩禮內女卒例日外女卒不日者實不如魯女也）冬十有二月夫人姜氏會齊侯于郜（書者婦人無外事外則近淫不致者本無出道有出道乃致奔喪致是也）乙酉宋公馮卒

三年春王正月溺會齊師伐衛溺者何吾大夫之未命者也（所伐大夫不卒者莊公薄於臣子之恩故不卒大夫與桓同義月者

衛朔背叛出奔天子新立衛公子留齊魯無憚天子之心而伐之故明惡重於伐故月也夏四月葬宋莊公莊公馮篡不見書葬者篡以計除非以起他事不見也五月葬桓王此未有言崩者何以書葬蓋改葬也改更也改葬服輕不當月月者時無非常之變榮奢改葬爾故惡録之書者諸侯當有恩禮秋紀季以酅入于齊紀季者何紀侯之弟也何以不名賢也何賢乎紀季據叛也服罪也其服罪柰何魯子曰請後五廟以存姑姊妹紀與齊為讎不直齊大紀小季知必亡故以酅首服先祖有罪於齊請為五廟後以酅共祭祀存姑姊妹稱字賢之者以存先祖之功則除出奔之罪明其知權言入者難辭賢季有難去兄入齊之心故見之男謂女先生為姊後生為妹父之姊妹為姑冬公次于郎次者兵舍止之名其言次于郎何國內兵不當書公斂處父帥師

而至雖有事而猶不書是也刺欲救紀而後不能也惡公既救人辟難道還故書其止次以起之諸侯本有相救之道所以抑強消亂也次例時

四年春王二月夫人姜氏饗齊侯于祝丘書者與會郜同義牛酒曰犒加飯羹曰饗月者再出重也三出不月者省文從可知例三月紀伯姬卒禮天子諸侯絕期大夫絕緦天子唯女之適二王後者諸侯唯女之爲諸侯夫人者恩得申故卒之夏齊侯陳侯鄭伯遇于垂紀侯大去其國大去者何滅也孰滅之齊滅之曷爲不言齊滅之爲襄公諱也春秋爲賢者諱何賢乎襄公据楚莊王亦賢滅蕭不爲諱復讎也何讎爾遠祖也哀公亨乎周亨煑而殺之紀侯譖之以襄公之

爲於此焉者事祖禰之心盡矣盡者何襄公將復讎乎紀卜之曰師喪分焉（龜曰卜蓍曰筮分半也師喪亡其半）寡人死之（襄公答卜者之辭）不爲不吉也遠祖者幾世乎九世矣九世猶可以復讎乎雖百世可也（百世大言之爾猶詩云嵩高維嶽峻極于天君子萬年）家亦可乎（家謂大夫家）曰不可國何以可（諸侯家不可）國君一體也先君之恥猶今君之恥也今君之恥猶先君之恥也（先君謂哀公今君謂襄公言其恥同也）國君何以爲一體（據非一世）國君以國爲體諸侯世故國君爲一體也（雖百世號猶稱齊侯）今紀無罪（今紀侯也）此非怒與（怒遷怒齊）

六三字入

人語也此非愁其先祖遷之于子孫與曰非也古者有明天子則紀侯必誅必無紀者紀侯之不誅至今有紀者猶無明天子也古者諸侯必有會聚之事相朝聘之道號辭必稱先君以相接然則齊紀無說焉不可以並立乎天下無說無說懌也故將去紀侯者不得不去紀也有明天子則襄公得為若行乎若如也猶曰得為如此行乎曰不得也不得則襄公曷為為之上無天子下無方伯有而無益於治曰無猶易曰闃其無人緣恩疾者可也疾痛也賢襄公為諱者以復讎之義除滅人之惡言大去者為襄公明義但當遷徙去之不當取有有明亂義也不為文實者方諱

不得貶六月乙丑齊侯葬紀伯姬外夫人不書葬此何以書据鄫季姬也隱之也何隱爾其國亡矣徒葬於齊爾徒者無臣子辭也國滅無臣子徒為齊侯所葬故痛而書之明魯宜當閔傷臨之卒不日葬日者魯本宜葬之故移恩錄文於葬此復讎也曷為葬之据恩怨不兩行滅其可滅葬其可葬此其為可葬柰何復讎者非將殺之逐之也以為雖遇紀侯之殯亦將葬之也以為者設事辭而言之以大斂而徙棺曰殯夏后氏殯於阼階之上若存殷人殯於兩楹之間賓主夾之周人殯於西階之上賓之也稱齊侯者善葬伯姬得其宜也秋七月冬公及齊人狩于郜公曷為與微者狩据與高傒盟諱此竟逐恥同齊侯也以不沒公知為齊侯也齊侯則其稱人

二百八十四小

何諱與讎狩也禮父母之讎不同戴天兄弟之讎不同國九族之讎不同鄉黨朋友之讎不同市朝稱人者使若微者不沒公言齊人者公可以見齊微者至於魯人皆當復讎義不可以見齊侯也前此者有事矣溺會齊師伐衛是也後此者有事矣師及齊師圍盛是也則曷爲獨於此焉譏於讎者將壹譏而已故擇其重者而譏焉莫重乎其與讎狩也狩者上所以共承宗廟下所以教習兵行義於讎者則曷爲將壹譏而已讎者無時焉可與通通則爲大譏不可勝譏故將壹譏而已其餘從同同其餘輕者從義與重者同不復譏都與無讎同文論之所以省文達其異義矣凡二同故言同同

五年春王正月夏夫人姜氏如齊師秋倪

黎來來朝倪者何小邾婁也小邾婁國小邾婁則曷爲謂之倪未能以其名通也倪者小邾婁之都邑時未能爲附庸不足以小邾婁名通故略謂之倪黎來者何名也其名何据僖七年稱子微國也此最微得見者其後附從齊桓爲僖七年張本文冬公會齊人宋人陳人蔡人伐衛此伐衛何納朔也曷爲不言納衛侯朔据納頓子于頓言納下朔入公入致伐齊人來歸衛寶知爲納朔伐之辟王也辟王者兵也王人子突是也使若伐而去不留納朔者所以正義因爲内諱

六年春王三月王人子突救衛王人者何微者也子突者何別何之者稱人序上又僖八年王人不稱字嫌二人貴也貴子之稱貴則其稱人何据王子瑕不稱人本當言王子突示諸侯親親以責之也繫

諸人也曷爲繫諸人據不以微及大王人耳刺王者朔在岱陰齊時一使可致一夫可誅而緩令交連五國之兵伐天子所立還以自納王遣貴子突卒不能救遂爲天下笑故爲王者諱使若遣微者弱愈因爲内殺惡救例時此月者嫌實微者故加録之以起實貴子突夏六月衛侯朔入于衛衛侯朔何以名據衛侯入于陳儀不名絶曷爲絶之據俱入也犯命也犯天子命尤重其言入何據頓子不復書入篡辭也上辟王不得言納故復從篡辭書入也不直言篡者事各有本也殺而立者不以當國之辭言之非殺而立者以當國之辭言之國人立之曰立他國立之曰納從外曰入諸侯有屬託力加自文也不書公子留出奔者天子本當絶衛不當復立公子留因爲天子諱微弱秋公至自伐衛曷爲或言致會或言致伐得意致會所伐國服兵解國安故不復録兵所從來獨重其本會之時不得意致伐所伐國不服兵將復用國家有危故重録

所從來此謂公與二國以上也公與一國及獨出用兵得意不致不得意致伐公與二國以上出會盟得意致會不得意不致公與一國出會盟得意致地不得意不致皆例時 衛侯朔入于衛何以致伐 據得意 不敢勝天子也 與上辟王同義不月者不與伐天子也故不爲危錄之 螟 先是伐衛納朔兵歷四時乃反民煩擾之所生 冬齊人來歸衛寶此衛寶也則齊人曷爲來歸之衛人歸之也 以稱人共國辭 衛人歸之則其稱齊人何讓乎我也其讓乎我奈何齊侯曰此非寡人之力魯侯之力也 時朔得國後遣人賂齊齊侯推功歸魯使衛人持寶來雖本非義賂齊當以讓除惡故善起其事主書者極惡魯犯命復貪利也不爲大惡者納朔本不以賂行事畢而見謝爾寶者玉物之凡名

七年春夫人姜氏會齊侯于防夏四月辛

卯夜恒星不見夜中星霣如雨恒星者何列星也恒常也常以時列見列星不見則何以知夜之中星反也反者星復其位如雨者何如雨者非雨也非雨則曷為謂之如雨不脩春秋曰雨星不及地尺而復不脩春秋謂史記也古者謂史記為春秋君子脩之曰星霣如雨明其狀似雨爾不當言雨星不言尺者霣則為異不以尺寸録之何以書記異也列星者天之常宿分守度諸侯之象周之四月夏之二月昏參伐狼注之宿當見參伐主斬艾立義狼注主持衡平也皆滅者法度廢絶威信陵遲之象時天子微弱不能誅衞侯朔是後遂失其政諸侯背叛王室日卑星霣未墜而夜中星反者房心見其虚危斗房心天子明堂布政之宫也虚危齊分其後齊桓行霸陽穀之會有王事

秋大水無麥苗無苗則曷為先言無麥

而後言無苗苗者禾也生曰苗秀曰禾据是時苗微麥彊俱遇水災苗當先亡一災不書待無麥然後書無苗明君子不以一過責人水旱螟蝝皆以傷二穀乃書然不書穀名至麥苗獨書者民食最重何以書記災也先是莊公伐衛納朔用兵踰年夫人數出淫泆民怨之所生冬夫人姜氏會齊侯于穀

八年春王正月師次于郎以俟陳人蔡人次不言俟此其言俟何据次于陘俟屈完不書俟託不得已也師出本爲下滅盛興陳蔡屬與齊伐衛同心又國遠故因假以諱滅同姓託待二國爲留辭主所以辟下言及也加以者辟實俟陳蔡稱人者略以外國辭稱人微之甲午祠兵祠兵者何出曰祠兵禮兵不徒使故將出兵必祠於近郊陳兵習戰殺牲饗士卒入曰振旅五百人曰旅其禮一也皆習戰也言與兵祠兵禮如一將出不嫌不習故

以祠兵言之將入嫌於廢之故以振訊士衆言之互相見也祠兵壯者在前難在前振旅壯者在後復長幼且衛後也何言乎祠兵據不書爲久也爲久稽留之辭曷爲爲久據取長葛久之吾將以甲午之日然後祠兵於是諱爲久留辭使若無欲滅同姓之意因見出竟明盛非內邑也夏師及齊師圍成成降于齊師成者何成盛也以上有祠兵下有盛伯來奔盛則曷爲謂之成諱滅同姓也因魯有成邑同聲相似故云爾曷爲不言降吾師據戰於宋不言歸鄭辟之也辟滅同姓言圍者使若魯圍之而去成自從降於齊師也降者自伏之文所以醇歸於齊言及者起魯實欲滅之不月者順諱文不書盛伯出奔深諱之秋師還還者何善辭也此滅同姓何善爾病之也慰勞其罷病曰師病矣曷爲病之據師出皆罷病曷爲獨勞

此病也非師之罪也明君之使重在君因解非師自汲汲冬十有一月癸未齊無知弒其君諸兒諸兒襄公也無知公子夷仲年之子襄公從弟

九年春齊人殺無知公及齊大夫盟于暨

公曷爲與大夫盟据與高傒盟諱不言公齊無君也然則何以不名据高傒名爲其諱與大夫盟也使若衆然鄰國之臣猶吾臣也君之於臣當告從命行而反歃血約誓故諱使若悉得齊諸大夫約束之者愈也不月者是時齊以無知之難小白奔莒子糾奔魯齊迎子糾欲立之魯不與而與之盟齊爲是更迎小白然後乃伐齊欲納子糾不能納故深諱使若信者也不致者魯地也子糾出奔不書者本未命爲嗣賤故不録之

夏公伐齊納糾納者何入辭也其言伐之何据晉

人納捷菑于邾婁不言伐 伐而言納者猶不能納也 伐者非入國辭 故云爾 糾者何公子糾也何以不稱公子 據下言子糾知 非當國本當去國見挈言公子糾 君前臣名也 春秋別嫌明疑嫌當爲齊君在魯君前不爲臣禮公子無去國道臣異國義故去公子見臣於魯也納不致者言伐得意不得意可知猶遇弗遇例也不月者非納篡辭 齊小白入于齊曷爲以國氏 據宋公子池自陳入于蕭氏公子也 當國也 當國故先氏國也不月者移惡于魯也 其言入何篡辭也秋七月丁酉葬齊襄公八月庚申及齊師戰于乾時我師敗績內不言敗此其言敗何 據郎之戰 伐敗也 自誇大其伐而取敗 曷爲伐敗 據內不言敗績 曷爲自誇大其伐而取敗 復讎也 復讎以死敗爲榮故録之高齊襄賢仇牧是也 此復讎

乎大國曷爲使微者据納子糾公猶自行即大夫當有名氏公也如上据知爲公公則曷爲不言公不與公復讎也曷爲不與公復讎据諱與讎狩復讎者在下也時實爲不能納子糾伐齊諸大夫以爲不如以復讎伐之於是以復讎伐之非誠心至意故不與也書敗者起託義戰不致者有敗文得意不得意可知例九月齊人取子糾殺之其取之何据楚人殺陳夏徵舒不言取執齊慶封殺之言執也内辭也脅我使我殺之也以下浚洙知其脅也以稱人共國辭知使魯殺之時小白得國與鮑叔牙圖國政故鮑叔薦管仲召忽曰使彼國得賢己國之患也乃脅魯使殺子糾求管仲召忽魯惶恐殺子糾歸管仲召忽死之故深諱使若齊自取殺之其稱子糾何据不立也貴也其貴柰何宜爲君者也故以君薨稱子某言之者著其宜爲君明魯爲齊殺之皆當坐弑君因解上納言糾皆不爲篡

所以理嫌疑也月者從未踰年君例主書者從齊取也冬浚洙洙者何水也以言浚也浚之者何深之也曷爲深之据本非人功所爲畏齊也洙在魯北齊所由來曷爲畏齊也据伐敗也辭殺子糾也時魯新見脅畏齊浚之微弱恥其故諱使若辭不肯殺子糾也齊自取殺之畏齊怒爲備亦所以起上脅也

十年春王正月公敗齊師于長勺二月公侵宋曷爲或言侵或言伐觕者曰侵觕麤也將兵至竟以過侵責之服則引兵而去用意尚麤精者曰伐精猶精密也侵責之不服推兵入竟伐擊之益深用意稍精密戰不言伐舉戰爲重鞌戰是也合兵血刃曰戰圍不言戰舉圍爲重楚子圍鄭是也以兵守城曰圍入不言圍舉入爲重晉侯入曹執曹伯是也得而不居曰入滅不言入舉滅爲重齊滅萊是也取其國曰滅書其重者也明當以重者罪之猶律一人有

數罪以重者論之月者屬北敗彊齊之兵南侵彊宋南北有難復連禍於大國故危之三月宋人遷宿遷之者何不通也以其不道所遷之地以地還之也還繞也解上不通也不通反爲遷者宋本欲遷宿君取其國不知宿之不肯邪宋逆詐邪先繞取其地使不得通四方宿窮從宋求遷故得言遷子沈子曰不通者蓋因而臣之也以宋稱人也宿不得通四方宿君遷宋因臣有之不復以兵攻取故從國辭稱人也月者遷取王封當與滅人同罪書者宋當坐滅人宿不能死社稷當絕也王書者從宋也夏六月齊師宋師次于郎公敗宋師于乘丘其言次于郎何据齊國書伐我不言次敗不言乘丘伐也時伐魯故書次郎魯地伐則其言次何据齊國書伐我不言次齊與伐而不與戰故言伐也此道本所以當言伐意也齊與伐而不與戰伐兵得成故當言伐也我能敗之故言次也此解本所以不言伐言次意也

二國讒止次未成於伐魯即能敗宋師齊師罷去故不言伐言次也明國君當彊折衝當遠魯微弱深見犯至於近邑賴能速勝之故云爾所以彊內且明臣子當將順其美匡救其惡秋九月荊敗蔡師于莘以蔡侯獻舞歸荊者何州名也州謂九州冀兖青徐揚荊豫梁雍州不若國國不若氏氏不若人人不若名名不若字皆取精詳錄也字不若子爵取尊春秋假行事以見王法聖人為文辭孫順善善惡惡不可正言其罪因周本有奪爵稱國氏人名字之科故加州文備七等以進退之若自記事者書人姓名主人習其讀而問其傳則未知己之有罪焉爾猶此類也蔡侯獻舞何以名据獲晉侯不名絕曷為絕之据晉侯不名絕獲也獲得也戰而為敵所得獻舞不言獲故名以起之曷為不言其獲据晉侯言獲也不與夷狄之獲中國也與凡伯同義夷狄謂楚不言楚言荊者楚彊而近中國卒暴責之則恐為害深故進之以漸從此七

等之極始也冬十月齊師滅譚譚子奔莒何以不言出据衛侯出奔也國已滅矣無所出也別於有國出奔者孔子曰君子於其言無所苟而已矣月者惡不死位也

十有一年春王正月夏五月戊寅公敗宋師于鄑秋宋大水何以書記災也外災不書此何以書据漷移不書及我也時魯亦有水災書魯則宋災不見兩舉則煩文不省故詭例書外以見內也先是二國比興兵相敗百姓同怨而俱災故明天人相與報應之際甚可畏之冬王姬歸于齊何以書過我也時王者嫁女於齊塗過魯明當有送迎之禮在塗不稱婦者王者無外故從在國辭

十有二年春王三月紀叔姬歸于酅其言

歸于鄫何据國滅來歸不書鄫非紀國而言歸隱之也何隱爾其國亡矣徒歸于叔爾也叔者紀季也婦人謂夫之弟爲叔來歸不書書歸鄫者痛其國滅無所歸也鄫不繫齊者時齊聽後五廟故國之起有五廟存也月者恩錄之夏四月秋八月甲午宋萬弑其君接及其大夫仇牧及者何累也弑君多矣舍此無累者乎孔父荀息皆累也舍孔父荀息無累者乎曰有復反覆發傳者樂道人之善也孔子曰益者三樂損者三樂樂節禮樂樂道人之善樂多賢友益矣樂驕樂樂佚遊樂宴樂損矣有則此何以書賢也何賢乎仇牧据與孔父同也仇牧可謂不畏彊禦矣以下錄萬出奔月也禦禁也言力彊不可禁也其不畏彊禦柰何萬嘗與莊公戰莊公即魯莊公戰者乘丘時

獲乎莊公莊公歸散舍諸宮中〔散放也舍止也獲不書者士也〕數月然後歸之歸反爲大夫於宋與閔公博〔傳奕道此者極其禍生於博戲相慢易也〕婦人皆在側萬曰甚矣魯侯之淑〔淑善〕魯侯之美也〔美好〕天下諸侯宜爲君者唯魯侯爾〔萬見婦人皆在側故此言言閔公不如魯侯美好〕閔公矜此婦人〔色自美大於此婦人〕妬其言顧曰此虜也〔顧謂側婦人曰此萬也虜執虜也〕爾虜焉故〔爾女也謂萬也更向萬曰女嘗執虜於魯侯故稱譽爾〕魯侯之美惡乎至〔惡乎猶向所至〕萬怒搏閔公絕其脰〔脰頸也齊人語〕仇牧聞君弑趨而至遇之于門手劍而叱之〔手劍持拔劍叱罵之〕萬臂摋仇牧碎其首〔側手曰摋〕

（首，頭。）齒著乎門闔，（闔，扇。）仇牧可謂不畏彊禦矣。（猶乳犬攫虎，伏雞搏狸，精誠之至也。爭傳弑君而以當國言之者，重錄彊禦之賊，禍不可測，明當防其重者，急誅之。）

冬，十月，宋萬出奔陳。（萬弑君，所以復見者，重錄彊禦之賊，明當急誅之也。月者，使與大國君奔同例，明彊禦也。）

十有三年，春，齊侯、宋人、陳人、蔡人、邾婁人會于北杏。（齊桓行霸，約束諸侯，尊天子，故為此會也。桓公時未為諸侯所信鄉，故使微者會也。桓公不辭微者，欲以卑下諸侯，遂成霸功也。）

夏，六月，齊人滅遂。（不會北杏故也。不諱者，桓公行霸，不任文德而尚武力，又功未足以除惡。）

秋，七月。冬，公會齊侯盟于柯。何以不日？（据唐之盟日。）易也。（易猶佼易也，相親信無後患之辭。）其易柰何？桓之盟不日，其會不致，信之也。其不日何以始乎此莊公將會乎桓曹子進曰君之意何如 進前也曹子見莊將會有懃色故問之 莊公曰寡人之生則不若死矣 自傷與齊爲讎不能復也伐齊納糾不能納反復爲齊所脅而殺之 曹子曰然則君請當其君臣請當其臣 當猶敵也將劫之辭 莊公曰諾於是會乎桓莊公升壇 土基三尺土階三等曰壇會必有壇者爲升降揖讓稱先君以相接所以長其敬 曹子手劍而從之 從隨也隨莊公上壇造桓公前而脅之曹子本謀當其臣更當其君者見莊有不能之色 管子進曰君何求乎 管子管仲也君謂莊公也桓公卒愕不能應故管子進爲此言 曹子曰 莊公亦造次不知所言故任曹子 城壞壓竟 齊數侵魯取邑以喻侵深也 君不圖與 君謂齊桓公圖計也猶曰君不當計侵魯大甚 管子曰然則君將何求 所侵邑非一欲

求何者 曹子曰願請汶陽之田 欲復魯竟 管子顧曰君許諾 諸侯死國不死邑故可許諾 桓公曰諾曹子請盟桓公下與之盟 下壇與曹子定約盟誓莊公也必下壇者爲殺牲不絜又盟本非禮故不于壇上也 已盟曹子摽劒而去之 摽辟也時曹子端劒守桓公已盟乃摽劒置地與桓公相去離故云爾 要盟可犯 臣約束君曰要彊見要脅而盟爾故云可犯 而桓公不欺曹子可讎 以臣劫君罪可讎 而桓公不怨桓公之信著乎天下自柯之盟始焉 諸侯猶是翕然信鄉服從再會于鄄同盟于幽遂成霸功故云爾劫桓公取汶陽田不書者諱行詐劫人也

十有四年春齊人陳人曹人伐宋夏單伯會伐宋其言會伐宋何 据伐國不殊會曹伯襄言會諸侯 後

會也本期而後故但舉會書者刺其不信因以分別力惡有深淺也從義兵而後者力薄從不義兵而後者惡淺秋七月荆入蔡冬單伯會齊侯宋公衛侯鄭伯于鄄

十有五年春齊侯宋公陳侯衛侯鄭伯會于鄄夏夫人姜氏如齊秋宋人齊人邾婁人伐兒鄭人侵宋冬十月

十有六年春王正月夏宋人齊人衛人伐鄭秋荆伐鄭冬十有二月公會齊侯宋公陳侯衛侯鄭伯許男曹伯滑伯滕子同盟于幽同盟者何同欲也同心欲盟也同心爲善善必成同心爲惡惡必成故

重而言同心也郲婁子克卒小國未嘗卒而卒者為慕霸者有尊天子之心行進也不日始與霸者未如瑗瑗卒在二十八年

十有七年春齊人執鄭瞻鄭瞻者何鄭之微者也以無氏也此鄭之微者何言乎齊人執之据獲宋萬不書者不坐獲微者今書齊稱人坐執文書甚佞也為甚佞故書惡之所以輕坐執人也然不得為伯討者爭未得行罪未成也孔子曰放鄭聲遠佞人罪未成者但當遠之而已夏齊人瀸于遂瀸者何瀸積也衆殺戍者也瀸者死文瀸之為死積死非一之辭故曰瀸積衆多也以兵守之曰戍齊人滅遂遂民不安欲去齊強戍之遂人共以藥投其所飲食水中多殺之古者有分土無分民齊戍之非也遂不當坐也故使齊為自積死文也稱人者衆辭也不書戍將帥者封內之兵故不書秋鄭瞻自齊逃來何以書書甚佞也曰

佞人來矣佞人來矣重言之者道經主書者若傳以惡盡痛魯知而受之信其計策以取齊淫女丹楹刻桷卒爲後敗也加逆者抑之也所以抑之者上執稱人嫌惡不明繫鄭者明行當本於鄉里也子貢問曰鄉人皆好之何如子曰未可鄉人皆惡之何如子曰未可不若鄉人之善者善之鄉人之惡者惡之冬多麋何以書記異也麋之爲言猶迷也象魯爲鄭瞻所迷惑也言多者以多爲異也

十有八年春王三月日有食之是後戎犯中國魯蔽鄭瞻夫人如莒淫泆不制所致夏公追戎于濟西以兵逐之曰追此未有言伐者其言追何据公追齊師至巂舉齊侵也大其爲中國追也以其不限所至知爲中國追也此未有伐中國者則其言爲中國追何大其未至而豫禦之也其言于濟西何据公追齊師至巂弗及不言于也大之也大公除害恩及濟西也言大者當有

功賞也追例時秋有蜮何以書記異也蜮之猶言惑也其毒害傷人形體不可見象魯爲鄭瞻所惑其毒害傷人將以大亂而不能見也言有者以有爲異也冬十月

十有九年春王正月夏四月秋公子結媵陳人之婦于鄄遂及齊侯宋公盟媵者何諸侯娶一國則二國往媵之以姪娣從言往媵之者禮君不求媵二國自往媵夫人所以一夫人之尊姪者何兄之子也娣者何弟也諸侯壹聘九女諸侯不再娶必以姪娣從之者欲使一人有子二人喜也所以防嫉妒令重繼嗣也因以備尊尊親親也九者極陽數也不再娶者所以節人情開媵路媵不書此何以書据伯姬歸于紀不書媵也爲其有遂事書爲下有遂事善也故書所以不當書以起將有所詳録猶伯姬書媵也不媵則當取得書者張

本文言公子結如陳遂及齊侯宋公盟于鄄大夫無遂事此其言遂何聘禮大夫受命不受辭以外事不素制不豫設故云爾出竟有可以安社稷利國家者則專之可也先是鄄幽之會公比不至公子結出竟遭齊宋欲深謀伐魯故專矯君命而與之盟除國家之難全百姓之命故善而詳錄之先書地後書盟者明出竟乃得專之也盟不地者方使上爲出竟地即更出地嫌上地自爲媵出地也陳稱人者爲內書故略以外國辭言之此陳侯夫人言婦者在塗也加之者禮未成也冬齊人宋人陳人伐我西鄙而盟不日者起國家後背結之約非結不信也夫人姜氏如莒冬齊人宋人陳人伐我西鄙鄙者邊垂之辭榮見遠也

二十年春王二月夫人姜氏如莒月者再出也不從四年已月者異國夏齊大災大災者何大瘠也瘠病也齊人語也以加大知非火災也大瘠者何痢也痢者民疾疫也何以書記災也外

災不書此何以書及我也與宋大水同義痾者邪亂之氣所生是時魯任鄭瞻夫人如莒淫泆齊侯亦淫諸姑姊妹不嫁者七人秋七月冬齊人伐戎二十有一年春王正月夏五月辛酉鄭伯突卒秋七月戊戌夫人姜氏薨冬十有二月葬鄭厲公春秋篡明者書葬

二十有二年春王正月肆大省肆者何跌也跌過度大省者何災省也謂子卯日也夏以卯日亡殷以子日亡先王常以此日省吉事不忍舉又大自省敕得無獨有此行乎常若聞災自省故曰災省也肆大省何以書譏何譏爾譏始忌省也時魯有夫人喪忌省日不哭省日本以忌吉事不以忌凶事故禮哭不辟子卯日所以專孝子之恩也不與念母而譏忌省者本不事母則已不當忌省獨爲商人責不討賊

癸丑葬我小君文姜文姜者何莊公之母也輒發傳者起讎母錄子恩凡母在子年無適庶皆繫子也不在子年適母繫夫庶母繫子言小君者比於君爲小與臣子辭也文者謚也夫人以姓配謚欲使終不忘本也

陳人殺其公子禦寇書者殺君之子重也

夏五月以五月首時者譏莊公娶讎國女不可以事先祖奉四時祭祀猶五月不宜以首時

秋七月丙申及齊高傒盟于防防魯地

齊高傒者何貴大夫也曷爲就吾微者而盟據暨與公盟也公也以其日微者不得日大夫盟當出名氏公則曷爲不言公諱與大夫盟也

冬公如齊納幣納幣即納徵納徵禮曰主人受幣士受儷皮是也禮言納徵春秋言納幣者春秋質也凡婚禮皆用鴈取其知時候唯納徵用玄纁束帛儷皮玄纁取其順天地也儷皮者鹿皮所以重古也納幣不書此何以書

據桓三年公子翬如齊逆女不書納幣譏。何譏爾？親納幣，非禮也。時莊公實以淫泆大惡不可言，故因其有事於納幣，以無廉恥為譏。不譏喪娶者，舉淫為重也。凡公之齊，所以起淫者，皆以危致也。

二十有三年，春，公至自齊。桓之盟不日，其會不致，信之也。據柯之盟不日，柯之會不致。此之桓國，何以致？危之也。何危爾？公一陳佗也。公如齊淫，與陳佗相似如一也。

祭叔來聘。不稱使者，公一陳佗，故絕使若我無君，以起其當絕。因不與天子下聘小人。

夏，公如齊觀社。何以書？譏。何譏爾？諸侯越竟觀社，非禮也。觀社者，觀祭社。諱淫言觀社者，與視納幣同義。社者，土地之主。祭者，報德也。生萬物，居人民，德至厚，功至大，故感春秋而祭之。天子用三牲，諸侯用羊豕。

公至自齊。

荆人來聘荆何以稱人據上稱州始能聘也春秋王魯因其始來聘明夷狄能慕王化修聘禮受正朔者當進之故使稱人也稱人當繫國而繫荆者許夷狄者不一而足公及齊侯遇于穀蕭叔朝公其言朝公何據公在內不言朝公在外言會公在外也時公受朝於外故言朝公惡公不受於廟秋丹桓宮楹何以書譏何譏爾丹桓宮楹非禮也楹柱也丹之者爲將娶齊女欲以誇大示之傳言丹桓宮者欲道天子諸侯各有制也禮天子斲而礱之加密石焉諸侯斲而礱之不加密石大夫斲之士首本失禮宗廟例時冬十有一月曹伯射姑卒曹達春秋常卒月葬時也始卒日葬月嫌與大國同後卒而不日入所聞世可日不復日十有二月甲寅公會齊侯盟于扈桓之盟不日此何以日危之也何危爾我貳也莊公有淫泆汙貳之行魯子曰我

貳者非彼然我然也嫌上説以齊惡我貳捐疑而盟故日也解言非齊惡我也我行污貳動作有危故曰之也

二十有四年春王三月刻桓宮桷何以書譏何譏爾刻桓宮桷非禮也與丹楹同義月者功重於丹楹葬曹莊公夏公如齊逆女何以書親迎禮也諱淫故使若以得禮書也禮諸侯既娶三月然後夫人見宗廟見宗廟然後成婦禮秋公至自齊八月丁丑夫人姜氏入其言入何據夫人姜氏言至不言入難也其言日何據夫人姜氏至不日難也其難奈何夫人不僂不可使入與公有所約然後入僂疾也齊人語約約遠媵妾也夫人稽留不肯疾順公不可使即入公至後與公約定八月丁丑乃入故爲難辭也夫人要公不爲

大惡者妻事夫有四義雞鳴縱笄而朝君臣之禮也三年惻隱父子之恩也圖安危可否兄弟之義也樞機之內寢席之上朋友之道不可純以君臣之義責之

戊寅大夫宗婦覿用幣宗婦者何大夫之妻也覿者何見也用者何用者不宜用也（不宜用幣爲贄也）見用幣非禮也（以文在覿下不使齎見知非禮也）然則曷用棗栗云乎腶脩云乎（腶脩者脯也禮婦人見舅姑以棗栗爲贄見女姑以腶脩爲贄見夫人至尊兼而用之云乎辭也棗栗取其早自謹敬腶脩取其斷斷自脩正執此者若其辭云爾所以敘情配志也凡贄天子用鬯諸侯用玉卿用羔大夫用鴈士用雉雉取其耿介鴈取其在人上有先後行列羔取其執之不鳴殺之不號乳必跪而受之類死義知禮者也玉取其至清而不自蔽其惡絜白而不受汚內堅剛而外溫潤有似乎備德之君子鬯取其芬芳在上臭達於天而醇粹無擇有似乎聖人故視其所執而知其所任矣日者禮夫人至大夫皆郊迎明日大夫宗婦皆見故著其明日也大夫妻言宗婦者大夫爲宗子者也族所以有宗者爲調族理親疏令昭

穆親疏各得其序也故始統世世繼重者爲大宗旁統者爲小宗小宗無子則絶大宗無子則不絶重本也天子諸侯世以三牲養禮有代宗之義大夫不世不得專宗著言宗婦者重教化自本始也大水夫人不制遂淫二叔陰氣盛故明年復水也冬戎侵曹曹羈出奔陳曹羈者何曹大夫也以小國知無氏爲大夫曹無大夫此何以書据羈無氏賢也何賢乎曹羈据國見侵出奔以辟難戎將侵曹曹羈諫曰戎衆以無義戎師多又常以無義爲事君請勿自敵也禮兵敵則戰不敵則守君師少不如守且使臣下往曹伯曰不可臣下不可獨往三諫不從遂去之故君子以爲得君臣之義也孔子曰所謂大臣者以道事君不可則止此之謂也諫必三者取月生三日而成魄臣道就也不從得去者仕爲行道道不行義不可以素餐所以申賢者之志孤惡君也諫有五一曰諷諫孔子曰家不藏甲邑無百雉之城季氏自墮之是也二曰順諫

曹羈是也三曰直諫子家駒是也四曰爭諫子反請歸是也五曰贛諫百里子蹇叔子是也赤歸于曹郭公赤者何曹無赤者蓋郭公也以郭公在赤下郭公者何失地之君也失地者出奔也名言歸倒郭公置赤下者欲起曹伯爲戎所殺故使若曹伯死謚之爲郭公而赤微者自歸曹也不言赤奔者從微者例不得録出奔

二十有五年春陳侯使女叔來聘稱字者敬老也禮七十雖庶人主字而禮之孝經曰昔者明王之以孝治天下也不敢遺小國之臣是也夏五月癸丑衛侯朔卒春秋篡明者當書葬朔不書葬嫌與篡公同例身絶國不絶故去葬明犯天子命重不得書葬與盜國同六月辛未朔日有食之鼓用牲于社日食則曷爲鼓用牲于社据日食在天求乎陰之道也求責求也以朱絲營社或曰脅之或曰爲闇恐人

犯之故營之或曰者或人辭其義各異也或曰脅之與責求同義社者土地之主也月者土地之精也上繫于天而犯日故鳴鼓而攻之脅其本也朱絲營之助陽抑陰也或曰爲闇者社者土地之主尊也爲日光盡天闇冥恐人犯歷之故營之然此說非也記或傳者示不欲絕異說爾先言鼓後言用牲者明先以尊命責之後以臣子禮接之所以爲順也不言鼓于社用牲者與禘于大廟用致夫人同嫌起用牲爲非禮書者善内感懼天災應變得禮也是後夫人遂不制通於二叔殺二嗣子也伯姬歸于杞秋大水鼓用牲于社于門其言于社于門何据一鼓用牲耳于社禮也于門非禮也于門非禮故略不復舉鼓用牲不舉非禮爲重者如去于社嫌于門禮也大水與日食同禮者水亦土地所爲雲實出于地而施于上乃雨歸功于天猶臣歸美于君冬公子友如陳如陳者聘也内朝聘言如者尊内也書者録内所交接也朝京師大國善有加録文如楚有危文聘無月者比於朝輕也

二十有六年春公伐戎夏公至自伐戎曹殺

其大夫何以不名據莒小於曹殺公子意恢名衆也曷爲衆殺之據殺三郤名不死于曹君者也曹諸大夫與君俱敵戎戰曹伯爲戎所殺諸大夫不伏節死義獨退求生後嗣子立而誅之春秋以爲得其罪故衆略之不名凡書君殺大夫大夫有罪以專殺書他皆以罪舉君死乎位曰滅曷爲不言其滅據胡子髡滅爲曹羈諱也此蓋戰也何以不言戰如上語知爲戰爲曹羈諱也諱者已出奔嫌辟難欲起其賢又所諱者戰也故爲去戰滅之文所以致其意也曹無大夫書殺大夫者起當誅也秋公會宋人齊人伐徐冬十有二月癸亥朔日有食之異與上日食略同

二十有七年春公會杞伯姬于洮書者惡公教內女以非禮也洮內地凡公出在外致在內不致其與婦人會不別得意雖在外猶不致伯姬不卒者蓋不與卒于無服妥會來例皆

時夏六月公會齊侯宋公陳侯鄭伯同盟于幽秋公子友如陳葬原仲原仲者何陳大夫也大夫不書葬此何以書据益師等皆不書葬稱字者葬從主人也通乎季子之私行也不以公事行曰私行不言葬原仲于陳若告糴者告糴上有無麥禾知以國事起此上下無起文而不言如陳嫌不辟國事實私行也不嫌使乎大夫者有國文也何通乎季子之私行据大夫私行不書辟內難也欲起其辟內難君子辟內難而不辟外難禮記曰門內之治恩揜義門外之治義揜恩內難者何公子慶父公子牙公子友皆莊公之母弟也公子慶父公子牙通乎夫人通者淫通以脅公語在三十二年季子起而治之則不得與

于國政坐而視之則親親（親至親也）因不忍見也（因緣己心不忍見親親之亂）故於是復請至于陳而葬原仲也（書者惡莊公不能任用使辟難而出）冬杞伯姬來其言來何（据有來歸）直來曰來（直來無事而來也諸侯夫人尊重既嫁非有大故不得反唯自大夫妻雖無事歲一歸宗）大歸曰來歸（大歸者廢棄來歸也婦人有七棄五不娶三不去嘗更三年喪不去不忘恩也賤取貴不去不背德也有所受無所歸不去不窮窮也喪婦長女不娶無教戒也世有惡疾不娶棄於天也世有刑人不娶棄於人也亂家女不娶類不正也逆家女不娶廢人倫也無子棄絕世也淫泆棄亂類也不事舅姑棄悖德也口舌棄離親也盜竊棄反義也嫉妬棄亂家也惡疾棄不可奉宗廟也）莒慶來逆叔姬莒慶者何莒大夫也莒無大夫此何以書譏何譏爾大夫越竟逆女非禮也（禮大夫任重爲越竟逆女於政事有所損曠故）

竟内乃得親迎所以屈私赴公也言叔姬者婦人以字通言叔姬賤故略與歸同文重乖離也杞伯來朝杞夏後不稱公者春秋黜杞新周而故宋以春秋當新王黜而不稱侯者方以子貶起伯爲黜說在僖二十三年公會齊侯于城濮

二十有八年春王三月甲寅齊人伐衛衛人及齊人戰衛人敗績伐不日此何以日据鄭人伐衛不日至之日也用兵之道當先至竟侵責之不服乃伐之今日至便以今日伐之故日以起其暴也戰不言伐此其言伐何至之日也至日便伐明暴故擧伐春秋伐者爲客伐人者爲客讀伐長言之齊人語也伐者爲主見伐者爲主讀伐短言之齊人語也故使衛主之也戰序上言及者爲主曷爲使衛主之据宋襄公伐齊宋主齊衛未有罪爾蓋爲幽之會服

父喪未終而不至故敗者稱師，衞何以不稱師？據指十三年己巳燕人戰敗績稱師也未得乎師也。未得成列爲師也詐戰不言戰言戰者衞未有罪方欲使衞主齊見直一也不地者因都主國也

夏四月丁未，邾婁子瑣卒。曰者附從霸者朝天子行進

秋，荆伐鄭，公會齊人、宋人、邾婁人救鄭。書者善中國能相救

冬，築微。大無麥禾。冬既見無麥禾矣，曷爲先言築微而後言無麥禾？諱以凶年造邑也。諱使若造邑而後無麥禾者惡愈也此蓋秋水所傷就築微下俱舉水則嫌冬水推秋無麥禾使若冬水所傷者但言無麥禾則嫌秋自不成不能起秋水因疾莊公行類同故加大明有秋水也此夫人淫泆之所致

臧孫辰告糴于齊。告糴者何？請糴也。買穀曰糴何以不稱使？據上大無麥禾知以國事行當言如也以爲臧孫辰之私行。

也曷爲以臧孫辰之私行据國事也君子之爲國也必有三年之委一年不熟告糴譏也古者三年耕必餘一年之儲九年耕必有三年之積雖遇凶災民不飢乏莊公享國二十八年而無一年之畜危亡切近故諱使若國家不匱大夫自私行糴也

二十有九年春新延廄新延廄者何脩舊也舊故也繕故曰新有所增益曰作始造曰築脩舊不書此何以書据新宮災後脩不書譏何譏爾凶年不脩不諱者繕故功費差輕於造邑延廄馬廄也夏鄭人侵許秋有蜚何以書記異也蜚者臭惡之虫也象夫人有臭惡之行言有者南越盛暑所生非中國之所有冬十有二月紀叔姬卒國滅卒者從夫人行待之以初也城諸及防諸君邑防臣邑言及別君臣之義君臣之

義正則天下定矣

三十年春王正月夏師次于成秋七月齊人降鄣鄣者何紀之遺邑也降之者何取之也取之則曷爲不言取之爲桓公諱也時霸功足以除惡故爲諱言降者能以德見歸自來服者可也外取邑不書此何以書盡也襄公服紀以過而復盡取其邑惡其不仁之甚也月者重於取邑八月癸亥葬紀叔姬外夫人不書葬此何以書隱之也何隱爾其國亡矣徒葬乎叔爾九月庚午朔日有食之鼓用牲于社是後魯比弒二君狄滅邢衛冬公及齊侯遇于魯濟齊人伐山戎此齊侯

也其稱人何據下言齊侯來獻戎捷貶曷爲貶據齊侯伐北戎不貶子司馬子曰蓋以操之爲已蹙矣操迫也已甚也蹙痛也迫殺之甚痛此蓋戰也何以不言戰據得捷也春秋敵者言戰桓公之與戎狄驅之爾時桓公力但可驅逐之而已戎亦天地之所生而乃迫殺之甚痛故去戰貶見其事惡不仁也山戎者戎中之別名行進故録之

三十有一年春築臺于郎何以書譏何譏爾臨民之所漱浣也無垢加功曰漱去垢曰浣齊人語也譏者爲瀆下也禮天子外屏諸侯內屏大夫帷士簾所以防泄慢之漸也禮天子有靈臺以候天地諸侯有時臺以候四時登高遠望人情所樂動而無益於民者雖樂不爲也四方而高曰臺夏四月薛伯卒卒者薛與滕俱朝隱公桓弑隱而立滕朝桓公薛獨不朝知去就也築臺于薛何以書譏何譏爾遠也禮諸

侯之觀不過郊六月齊侯來獻戎捷戰所獲物曰捷齊大國也曷爲親來獻戎捷據齊未嘗朝魯威我也以威恐怖魯也如上難知爲威魯書之其威我奈何旗獲而過我也旗軍幟名各有色與金鼓俱舉使士卒望而爲陳者旗獲建旗縣所獲得以過魯也不書威魯者恥不能爲齊所忌難見輕侮也言獻捷繫戎者春秋王魯因見王義古者方伯征伐不道諸侯交格而戰者誅絕其國獻捷於王者楚獻捷時此月者刺齊桓憍慢恃盈非汸以就霸功也秋築臺于秦何以書譏何譏爾臨國也言國者社稷宗廟朝廷皆爲國明皆不當臨也臨社稷宗廟則不敬臨朝廷則泄慢也冬不雨何以書記異也京房易傳曰旱異者旱久而不害物也斯祿去公室福由下作故陽雖不施而陰道獨行以成萬物也先是比築三臺慶父專政之應

三十有二年春城小穀夏宋公齊侯遇于

小三ヲ卅三

梁丘秋七月癸巳公子牙卒何以不稱弟据公弟叔肸卒殺也殺則曷爲不言刺之据公子買有罪殺之言刺不言卒爲季子諱殺也曷爲爲季子諱殺据叔孫得臣卒季子之遏惡也不曰者惡不發揚公子遂弒也遏止不以爲國獄不就獄致其刑故言卒緣季子之心而爲之諱季子過在親親疑於非正故爲之諱所以別嫌明疑季子之遏惡奈何莊公病將死以病召季子召之於陳季子至而授之以國政至不書者内大夫出與歸不兩書曰寡人即不起此病吾將焉致乎魯國致與也季子曰般也存君何憂焉公曰庸得若是乎庸猶傭傭無節目之辭牙謂我曰魯一生

一及君已知之矣父死子繼曰生兄死弟繼曰及言隱公生桓公及今君生慶父亦當及是魯國之常也慶父也存時莊公以爲牙欲立慶父季子曰夫何敢是將爲亂乎夫何敢再言夫何敢者反覆思惟且以安病人也孔子曰君子有九思視思明聽思聰色思溫貌思恭言思忠事思敬疑思問忿思難見得思義俄而牙弑械成是時牙實欲自弑君兵械已成但事未行爾有攻守之器曰械季子和藥而飲之飲者酖毒也傳曰酖之是也爾季子亦有械故能飲之傳不以者從可知曰公子從吾言而飲此則必可以無爲天下戮笑必有後乎魯國時世大夫誅不宣揚子當繼體如故不從吾言而不飲此則必爲天下戮笑必無後乎魯國於是從其言而飲之飲之無傫氏至乎王堤而

死公子牙今將爾（今將欲殺）辭曷爲與親弒者同（辭傳序經辭親親親也）君親無將將而誅焉（親謂父母）然則善之與曰然殺世子母弟直稱君者甚之也季子殺母兄何善爾誅不得辟兄君臣之義也（以臣事君之義也唯人君然後得申親親之恩）然則曷爲不直誅而酖之行誅乎兄隱而逃之使託若以疾死然親親之道也（明當以親親原而與之於治亂當賞疑從重於平世當罰疑從輕莊不卒大夫而卒牙者本以當國將弒君書日者錄季子遏惡也行誅親親雖酖之猶有恩也）八月癸亥公薨于路寢路寢者何正寢也（公之正居也天子諸侯皆有三寢一曰高寢二曰路寢三曰小寢父居高寢子居路寢孫從王父母妻從夫寢夫人居小寢在寢地者首加

録内也夫人不地者外夫人不卒於書薨巳録之矣故出乃地冬十月乙未子般卒

子卒云子卒此其稱子般卒何据子赤不言子亦卒君存稱世子明當世父位爲君君薨稱子某緣民臣之心不可一日無君故稱子某明繼父也名者尸柩尚存猶以君前臣名也旣葬稱子不名者無所屈也緣終始之義一年不二君故稱子也踰年稱公不可曠年無君子般卒何以不書葬据定姒俱稱卒書葬未踰年之君也有子則廟則立廟也廟則書葬録子恩也無子不廟不廟則不書葬未踰年之君禮於下無服故無子不廟不廟則不書葬示一年不二君也稱卒不地者降成君也日者爲臣子恩録之也殺不去日見隱者降子赤也公子慶父如齊如齊者奔也是時季子新酖牙慶父弑歸獄鄧扈樂猶不自信於季子故出也不言奔者起季子不探其情不暴其罪狄伐邢

春秋公羊卷第三

經五千二百九十二字

注六千八百四十五字

春秋公羊經傳解詁閔公第四

何休學

元年春王正月公何以不言即位繼弒君不言即位復發傳者嫌繼未踰年君義異故也明當隱之如一孰繼據子般弒不見繼子般也孰弒子般慶父也殺公子牙今將爾季子不免慶父弒君何以不誅將而不免遏惡也既而不可及因獄有所歸不探其情而誅焉親親之道也論季子當從議親之辟猶律親親得相首匿當與叔孫得臣有差惡乎歸獄歸獄僕人鄧扈樂爲歸獄僕人鄧扈樂據師還也莊公存

之時樂曾淫于宮中子般執而鞭之莊公死慶父謂樂曰般之辱爾國人莫不知盍弑之矣使弑子般然後誅鄧扈樂而歸獄焉殺鄧扈樂不書者微也季子至而不變也至昔聞君弑從家至朝季子知樂勢不能獨弑而不變正其眞僞齊人救邢夏六月辛酉葬我君莊公秋八月公及齊侯盟于洛姑時慶父內則素得權重外則出奔彊齊恐爲國家禍亂故季子以齊闡之奉閔公託齊桓爲此盟下書歸者使與君致同未書者起託君也季子來歸其稱季子何据如陳名不稱季辛不稱子賢也嫌季子不探誅慶父有甚惡故復於託君安國賢之所以輕歸獄顯所當任達其功不稱季友者明齊繼魯本感洛姑之託故令與高子俱稱子起其事其言來歸何据召歸不書隱如言至喜

之也季子來歸則國安故喜之而變至加錄云爾蓋與賢相起言歸者主爲喜出言來者起從齊自外來盟不日公不致者桓之盟不日其會不致信之也冬齊仲孫來齊仲孫者何公子慶父也公子慶父則曷爲謂之齊仲孫繫之齊也曷爲繫之齊据欒盈出奔楚還不繫楚外之也曷爲外之据俱出奔還也春秋爲尊者諱爲閔公諱受賊人也爲親者諱爲季子親親而受之故諱也爲賢者諱以季子有過牙不殺慶父之賢故爲諱之子女子曰以春秋爲春秋以史記氏族爲春秋言古謂史記爲春秋齊無仲孫其諸吾仲孫與齊有高國崔魯有仲孫氏亦足以知魯仲孫言仲孫者以後所氏起其事明主書者賊不宜來因以起上如齊實弑君出奔

二年春王正月齊人遷陽不爲桓公諱者功未足以覆比滅人之惡也

夏五月乙酉吉禘于莊公其言吉何據禘于大廟不言吉言吉者未可以吉也都未可以吉祭經舉重不書禘于大廟嫌獨莊公不當禘于大廟可禘者故加吉明大廟皆不當曷爲未可以吉據三年也未三年也禮禘祫從先君數朝聘從今君數三年喪畢遭禘則禘遭祫則祫三年矣曷爲謂之未三年三年之喪實以二十五月時莊公薨至是適二十二月所以必二十五月者取期再期恩倍漸三年也孔子曰子生三年然後免於父母之懷夫三年之喪天下之通喪禮士虞記曰期而小祥曰薦此常事又期而大祥曰薦此常事中月而禫是月也吉祭猶未配是月者二十七月也傳言二十五月者在二十五月外可不譏其言于莊公何據禘于大廟不言周公祫僖公不言僖宮未可以稱宮廟也時閔公以莊公在三年之中未可入大廟禘之于新宮故不稱宮廟明皆非也曷爲未可以稱宮廟據言吉禘也在三年之中矣當思慕悲哀未可以鬼神事之吉禘

于莊公何以書譏何譏爾譏始不三年也與託始同義秋八月辛丑公薨公薨何以不地隱之也何隱爾弑也孰弑之慶父也殺公子牙今將爾季子不免慶父弑二君何以不誅將而不免遏惡也既而不可及緩追逸賊親親之道也與不探其情同義不書葬者賊未討九月夫人姜氏孫于邾婁爲淫二叔殺二嗣子出奔不如文姜于出奔貶之者爲内臣子明其義不得以子絶母凡公夫人奔例日此月者有罪公子慶父出奔莒慶父弑二君不當復見所以復見者起季子緩追逸賊也不日者内大夫奔例無罪者日有罪者月外大夫奔例皆時冬齊高子來盟高子者何齊大夫也以有高傒也何以不稱

使據鄭伯使其弟語來盟我無君也時閔公弒僖公未立故正其義明君臣無相適之道也春秋謹於別尊卑理嫌疑故絕去使文以起事張例則所謂君不使乎大夫也然則何以不名據國佐盟名喜之也何喜爾正我也其正我柰何莊公死子般弒閔公弒比三君死曠年無君與曠年無君無異設以齊取魯曾不興師徒以言而已矣設時勢然桓公使高子將南陽之甲南陽齊下邑甲革皆鎧冑也立僖公而城魯或曰自鹿門至于爭門者是也或曰自爭門至于吏門者是也魯人至今以爲美談曰猶望高子也久闊思相見者引此爲喻美談至今不絕也立僖公城魯不書者諱微弱喜而加高子者美大齊桓繼絕于魯故尊其使起其功明得子

續父之道十有二月狄入衞鄭棄其師鄭棄其師者何連國者并問稱國惡其將也以言棄師鄭伯惡高克使之將逐而不納棄師之道也鄭伯素惡高克欲去之無由使將師救衞隨後逐之因將師而去其本雖逐高克實棄師之道故不書逐高克舉棄師爲重猶趙盾加弑也不解國者重衆從國體録可知繫閔公篇于莊公下者子未三年無改於父之道傳曰則曷爲於其封内三年稱子緣孝之心則三年不忍當也

春秋公羊卷第四　經六百六十二字　注一千二百十八字

春秋公羊經傳解詁僖公第五

何休學

元年春王正月公何以不言即位據文公言即位繼弒君子不言即位此非子也其稱子何僖公者閔公庶兄據閔公繼子般傳不言子臣子一例也僖公繼成君閔公繼未踰年君禮諸侯臣諸父兄弟以臣之繼君猶子之繼父也其服皆斬衰故傳稱臣子一例齊師宋師曹師次于聶北救邢救不言次此其言次何據夏師救齊不言次不及事也不及事者何邢已亡矣剌其救急舒緩使至於亡故錄之止次以起之孰亡之蓋狄滅之以上有狄伐邢曷為不言狄滅之據狄滅溫言滅為桓公諱也曷為為桓公諱

據徐人取舒晉滅夏陽楚滅黄皆不諱上無天子下無方伯天下諸侯有相滅亡者桓公不能救則桓公恥之故以爲諱所以醇其能以治世自任而厚責之曷爲先言次而後言救據叔孫豹先言救君也叔孫豹臣也當先通君命故先言救今此先言次知實諸侯君則其稱師何不與諸侯專封也故没君文但舉師而已曷爲不與據狄滅之爲桓公諱實與不書所封歸是也而文不與文曷爲不與據實與也諸侯之義不得專封也此道大平制諸侯之義不得專封則其曰實與之何上無天子下無方伯天下諸侯有相滅亡者力能救之則救之可也主書者起文從實也夏六月邢遷于陳儀遷者

何其意也〔其意自欲遷時邢創畏狄兵更欲依險阻〕遷之者何非其意也〔謂宋人遷宿也書者譏之也王者封諸侯必居土中所以教化者平貢賦者均在德不在險其後為衞所滅是也遷例大國月重傾勞也小國時此小國月者霸者所助城故與大國同〕齊師宋師曹師城邢此一事也曷為復言齊師宋師曹師〔據首戴前目而後凡〕不復言師則無以知其為一事也〔言諸師則嫌與首戴同嫌實師言諸侯則嫌與緣陵同嫌歸聞其遷更與諸侯来城之未必反故人也故順上文則知桓公宿留城之為一事也〕秋七月戊辰夫人姜氏薨于夷齊人以歸夷者何齊地也齊地則其言齊人以歸何〔據從國中歸不當書邾婁人執鄫子不書以歸是也〕夫人薨于夷則齊人以歸〔夫人所以薨于夷者齊人以歸至夷〕夫人薨

于夷則齊人曷爲以歸据上說夫人薨于夷者齊人以歸至夷也齊人曷爲故以歸至于夷桓公召而縊殺之先言薨後言以歸而不言喪者起桓公召夫人于邾婁歸殺之下夷因爲內諱恥使若夫人自薨于夷然後齊人以歸者也乇書者從內不絕錄因見桓公行霸主誅不阿親親疾夫人淫泆二叔殺二嗣子而殺之楚人伐鄭楚稱人者爲僖公諱與夷狄交婚故進使若中國又明嫁娶當慕賢者八月公會齊侯宋公鄭伯曹伯邾婁人于朾月者危公會霸者而與邾婁有辨也不從有夫人喪出會惡之者不如危重也九月公敗邾婁師于纓有夫人喪不惡親用兵者時怨邾婁人以夫人與齊於喪事無溥故也冬十月壬午公子友帥師敗莒師于犂獲莒挐莒挐者何莒大夫也莒無大夫此何以書大季子之獲也何大乎季

子之獲(据獲人當坐)季子治内難以正(謂拒慶父)御外難以正其御外難以正奈何公子慶父弒閔公走而之莒莒人逐之將由乎齊齊人不納却反舍于汶水之上使公子奚斯入請季子曰公子不可以入入則殺矣(義不可見賊而不殺)奚斯不忍反命于慶父自南涘(涘水涯)北面而哭(時慶父在汶水之北)慶父聞之曰嘻(嘻發痛語首之聲)此奚斯之聲也諾已(諾已皆自畢語)曰吾不得入矣於是抗輈經而死(輈小車轅冀州以北名之云爾)莒人聞之曰吾已得子之賊矣以求賂乎魯(魯時雖緩追猶外購求之)魯人不

與爲是興師而伐魯（故與季子僂之）季子待之以偏戰（傳云爾者善季子忿不加暴得君子之道）十有二月丁巳夫人氏之喪至自齊夫人何以不稱姜氏（據薨于夷稱姜氏經有氏不但問不稱姜并言氏者嫌據夫人婦姜欲使去氏）貶曷爲貶（據薨于夷不貶）與弑公也（與慶父共弑閔公）然則曷爲不於弑焉貶（據酖牙於卒時貶）貶必於其重者莫重乎其以喪至也（刑人于市與衆棄之故必於臣子集迎之時貶之所以明誅得其罪因正王法所加臣子不得以夫人禮治其喪也貶置氏者殺子差輕於殺夫別逆順也致者從書薨以常文録之言自齊者順上以歸文）

二年春王正月城楚丘孰城（據自城不月故問之）城衛也曷爲不言城衛（據無遷文以言城故當言城衛）滅也孰滅之

蓋狄滅之以上有狄入衛曷爲不言狄滅之爲桓公諱也曷爲爲桓公諱上無天子下無方伯天下諸侯有相滅亡者桓公不能救則桓公恥之也然則孰城之據不出主名見桓公德優不待之又不獨書齊實諸侯也桓公城之曷爲不言桓公城之不與諸侯專封也曷爲不與實與而文不與文曷爲不與諸侯之義不得專封諸侯之義不得專封則其曰實與之何上無天子下無方伯天下諸侯有相滅亡者力能救之則救之可也復發傳者君子樂道人之善也不繫衛者明去衛而國楚丘起其遷也不書遷與救次者深爲桓公

諱使若始時尚倉卒有所救其後晏然無干戈之患所以重其任而厚責之主書者起文從實也夏五月辛巳葬我小君哀姜哀姜者何莊公之夫人也誅當絕不當以夫人之禮書葬書葬者正齊桓討賊辟責乃讎齊虞師晉師滅夏陽虞微國也曷爲序乎大國之上据稱師有加文知不主會使虞首惡也曷爲使虞首惡据楚人巴人滅庸不使巴首惡虞受賂假滅國者道以取亡焉其受賂奈何獻公朝諸大夫而問焉曰寡人夜者寢而不寐其意也何諸大夫有進對者曰寢不安與其諸侍御有不在側者與獻公不應荀息進曰虞郭見與猶曰虞郭豈見於君之心乎荀息素知獻公欲伐此二國故云爾

獻公揖而進之以手通指曰揖遂與之入而謀曰吾欲攻郭則虞救之攻虞則郭救之如之何願與子慮之荀息對曰君若用臣之謀則今日取郭而明日取虞爾君何憂焉獻公曰然則奈何荀息曰請以屈産之乘屈産出名馬之地乘備駟也與垂棘之白璧垂棘出美玉之地玉以尚白爲美往必可得也則寶出之内藏藏之外府如虞可得猶外府藏也馬出之内廄繫之外廄爾君何喪焉獻公曰諾雖然宮之奇存焉如之何荀息曰宮之奇知則知矣君欲言其知實知也雖然虞公貪而好

寶見寶必不從其言請終以往於是終以往虞公見寶許諾宮之奇果諫記曰脣亡則齒寒記史記也虞郭之相救非相為賜賜猶惠也則晉今日取郭而明日虞從而亡爾君請勿許也虞公不從其言終假之道以取郭明郭非虞不滅虞當坐滅人還四年反取虞還復往故言反虞公抱寶牽馬而至荀息見曰臣之謀何如獻公曰子之謀則已行矣寶則吾寶也雖然吾馬之齒亦已長矣蓋戲之也以馬齒長戲之喻荀息之年老傳極道此者以終荀息宮之奇言且以為戒又惡獻公不仁以滅人為戲謔也晉至此乃見者著晉楚俱大國後治同姓也以滅人見義者此楚先治大惡親

疏之別夏陽者何郭之邑也曷爲不繫于郭國之也曷爲國之君存焉爾秋九月齊侯宋公江人黃人盟于貫澤江人黃人者何遠國之辭也桓公德盛不嫌使微者知以遠國辭稱人遠國至矣則中國曷爲獨言齊宋至爾大國言齊宋遠國言江黃則以其餘爲莫敢不至也晉大于宋不序晉而序宋者時實晉楚之君不至君子成人之美故褒益以爲徧至之辭所以獎大霸功而勉盛德也江黃附從霸者當進不進者方爲徧至之辭冬十月不雨何以書記異也說與前同楚人侵鄭

三年春王正月不雨夏四月不雨何以書

記異也 太平一月不雨即書春秋亂世一月不雨未害物未足爲異當滿一時乃書一月書者時僖公得立
欣喜不恤庶衆比致三旱即能退辟正殿飭過求己循省百官放佞臣郭都等理冤獄四百餘人精誠感天不雩而得澍雨故
一月即書善其應變改政旱不從上發傳者著人事之備積於是 徐人取舒其言取
之何 据國易滅 易也 易者猶無守禦之備不爲桓諱者刺其不救也 六月雨其言
六月雨何 据上得雨不書 上雨而不甚也 所以詳録賢君精誠之應也僖
公飭過求己六月澍雨宣公復古行中其年穀大豐明天人相與報應之際不可不察其意 秋齊侯宋
公江人黃人會于陽穀此大會也曷爲末
言爾 末者淺耳但言會不言盟盟据貫澤言盟 桓公曰無障谷 無障斷川谷專水利
也水注川曰溪注溪曰谷 無貯粟 有無當相通 無易樹子 樹立本正辭無易本正當立之
子 無以妾爲妻 此四者皆時人所患時桓公功德隆盛諸侯咸曰無言不從曷爲用盟哉故告誓而

已冬公子友如齊莅盟莅盟者何往盟乎彼也猶曰往盟於齊莅臨也時因齊都盟主國主名不出者春秋王魯故言莅以見王義使若王者遣使臨諸侯盟飭以法度其言來盟者何來盟于我也此亦因魯都以見王義使若來之京師盟白事于王不加莅者來就魯魯已尊矣楚人伐鄭

四年春王正月公會齊侯宋公陳侯衛侯鄭伯許男曹伯侵蔡蔡潰潰者何下叛上也國曰潰邑曰叛不與諸侯潰之爲文重出蔡者侵爲加蔡舉潰爲惡蔡録義各異也月者善義兵也潰例月叛例時遂伐楚次于陘其言次于陘何据召陵侵楚不言次來盟不言陘有俟也孰俟俟屈完也時楚彊大卒暴征之則多傷士衆桓公先犯其與國臨蔡蔡潰兵精威行乃推以伐楚楚懼然後使屈完來與盟脩臣子之職不頓兵血刃以

文德優柔服之故詳録其上次待之善其重愛民命生事有漸故敏則有功夏許男新臣卒不言卒於師者桓公師無危不月者為下盟去月方見大信楚屈完來盟于師盟于召陵屈完者何楚大夫也何以不稱使据陳侯使袁僑以會尊屈完也曷為尊屈完据陳侯使袁僑以會不尊之以當桓公也增倍使若得其君以醇霸德成王事也其言盟于師盟于召陵何据戊寅叔孫豹及諸侯之大夫及陳袁僑盟不舉會與地師在召陵也時喜得屈完來服於陘則退次召陵與之盟故言盟于師盟于召陵師在召陵則曷為再言盟据齊侯使國佐如師已酉及國佐盟于袁婁俱從地不再言盟喜服楚也孔子曰書之重辭之復嗚呼不可不察其中必有美者焉何言乎喜服楚据服蔡無喜文楚有王者則後服桓公行霸至是乃服楚無王者則先

叛桓公不脩其師先叛盟是也夷狄也而亟病中國數侵滅中國南夷與北夷交南夷謂楚滅鄧穀伐蔡鄭北夷謂狄滅邢衛至于溫交亂中國中國不絕若綫綫縫帛縷以喻微也桓公救中國存邢衛是也而攘夷狄攘卻也北伐山戎是也卒怗荊卒盡也怗服也荊楚也以此爲王者之事也言桓公先治其國以及諸夏治諸夏以及夷狄如王者爲之故云爾其言來何据陳袁僑如會不言來與桓爲主也以從內文知與桓公爲天下霸主前此者有事矣謂城邢衛是也後此者有事矣謂城緣陵是也則曷爲獨於此焉與桓公爲主序績也序次也績功也累次桓公之功德莫大於服楚明德及彊夷最爲盛齊人執陳袁濤塗濤塗之罪何辟軍之道也其辟軍之道柰何濤塗謂桓

公曰君既服南夷矣何不還師濱海而東服東夷且歸濱涯也順海涯而東也東夷吳也從召陵東歸不經陳而趨近海道多廣澤水草軍所便也桓公曰諾於是還師濱海而東大陷于沛澤之中草棘曰沛漸洳曰澤顧而執濤塗時濤塗與桓公俱行執者曷爲或稱侯或稱人稱侯而執者伯討也言有罪方伯所宜討稱人而執者非伯討也此執有罪何以不得爲伯討古者周公東征則西國怨西征則東國怨此道黜陟之時也詩云周公東征四國是皇桓公假塗于陳而伐楚則陳人不欲其反由己者師不正故也故令濤塗有此言不脩其師而執濤

塗古人之討則不然也以己所招而反執人古人所不爲也凡書執者惡其專執秋及江人黃人伐陳八月公至自伐楚楚已服矣何以致伐楚叛盟也爲桓公不脩其師而執濤塗故也月者凡公出滿二時月危公之久葬許繆公得卒葬於所傳聞世者許大小次曹故卒少在曹後冬十有二月公孫慈帥師會齊人宋人衞人鄭人許人曹人侵陳月者刺桓公不脩其師因見患誑不內自責乃復加人以罪

五年春晉侯殺其世子申生曷爲直稱晉侯以殺据鄭殺其大夫申侯稱國也續問殺所稱例爾非謂晉侯不當稱國罰也殺世子母弟直稱君者甚之也甚之者甚惡殺親親也春秋公子貫於先君唯世子與母弟以今君録親親也今舍國體直稱君知以親親責之杞伯姬來朝其子

其言來朝其子何 據微者不當書朝連來者內辭也與其子來者問爲直來乎爲下朝出 內辭也與其子俱來朝也 因其與子俱來禮外孫初冠有朝外祖之道故使若來朝其子以殺直來之恥所以辟教戒之不明也微無君命言朝者明非實 夏公孫慈如牟公及齊侯宋公陳侯衛侯鄭伯許男曹伯會王世子于首戴曷爲殊會王世子 據宰周公不殊別也 世子貴也世子猶世世子也 解貴意也言當世父位儲君副主不可以諸侯會之爲文故殊之使若諸侯爲出子所會也自王者言之以屈遠世子在三公下禮喪服斬衰曰公士大夫之衆臣是也自諸侯言之世子尊於三公此禮之威儀各有所施言及者因其文可得見汲汲也世子所以會者時桓公德衰諸侯背叛故上假王世子示以公義 秋八月諸侯盟于首戴諸侯何以不序 據上會序 一事而再見者前目而後凡也

省文從可知閒無事不省諸侯會盟一事不舉重者時世子不與盟鄭伯逃歸不盟其言逃歸不盟者何據上言諸侯鄭伯在其中弟子疑故執不知問不可使盟也時鄭伯内欲與楚外依古不盟爲解安居會上不肯從桓公盟故後言不盟不可使盟則其言逃歸何據後言不盟居會上辭魯子曰蓋不以寡犯衆也諸侯以義相約而鄭伯懷二心依古不肯盟故言逃歸所以抑一人之惡申衆人之善故云爾楚人滅弦弦子奔黃九月戊申朔日有食之此象齊桓德衰是後楚遂背叛狄伐晉滅溫晉里克比弑其二君冬晉人執虞公虞已滅矣其言執之何據滅言以歸上傳云四年反取虞知夫滅變以歸言執不與滅也曷爲不與滅滅者亡國之善辭也言滅者王者起當存之故爲善辭滅者上下之同力者也言滅

者臣子與君戮力一心共死之辭也不但去滅復去以歸言執者明虞公滅人以自亡當絕不得責不死位也晉稱人者本滅而執之不以王法執治之故從執無罪辭也虞稱公者奪正爵起從滅也不從滅例月者略之

六年春王正月夏公會齊侯宋公陳侯衛侯曹伯伐鄭圍新城邑不言圍此其言圍何彊也惡桓公行霸彊而無義也鄭背叛本由桓公過陳不以道理當先脩文德以來之而便伐之彊非所以附疏秋楚人圍許諸侯遂救許冬公至自伐鄭事遷於救許以伐鄭致者舉不得意

七年春齊人伐鄭夏小邾婁子來朝至是所以進稱爵者時附從霸者朝天子旁朝罷行進齊桓公白天子進之固因其得禮著其能以爵通鄭殺其大夫申侯其稱國以殺何据晉侯殺其世子申生稱侯稱國以

殺者君殺大夫之辭也諸侯國體以大夫爲股肱士民爲肌膚故以國體錄

秋七月公會齊侯宋公陳世子款鄭世子華盟于甯母曹伯般卒公子友如齊冬葬曹昭公

八年春王正月公會王人齊侯宋公衛侯許男曹伯陳世子款鄭世子華盟于洮王人者何微者也曷爲序乎諸侯之上先王命也銜王命會諸侯諸侯當北面受之故尊序於上時桓公德衰甯母之盟當會者不至而陳鄭又遣世子故上假王人之重以自助鄭伯乞盟乞盟者何處其所而請與也以不序也其處其所而請與奈何蓋酌之也酌挹也時

鄭伯欲與楚不肯自來盟處其國遣使挹取其血而請與之約束無汲汲慕中國之心故抑之使若叩頭乞盟者也不録使者方抑鄭伯使若自來也不盟不爲大惡者古者不盟也夏狄伐晉秋七月禘于大廟用致夫人用者何用者不宜用也致者何致者不宜致也禘用致夫人非禮也以致文在廟下不使入廟知非禮也禮夫人始見廟當特祭而因禘諸公廟見欲以省煩勞不謹敬故譏之不日者下用失禮明夫人何以不稱姜氏貶曷爲貶據夫人姜氏入不貶譏以妾爲妻也以逆不書入廟當蘇婦姜而稱夫人者夫人當坐篡嫡也妾之事嫡猶臣之事君同其言以妾爲妻奈何蓋脅于齊媵女之先至者也以不致楚女及夫人至皆不書也僖公本聘楚女爲嫡齊女爲媵齊先致其女脅僖公使用爲嫡故從父母辭言致不書夫人及楚女至者起齊先致其女然後脅魯立也楚女未至而豫廢故皆不得以夫人至書也冬十

有二月丁未天王崩惠王也

九年春王三月丁丑宋公御說卒何以不書葬爲襄公諱也襄公背殯出會宰周公有不子之惡後有征齊憂中國尊周室之心功足以除惡故諱不書葬使若非背殯也夏公會宰周公齊侯宋子衛侯鄭伯許男曹伯于葵丘宰周公者何天子之爲政者也宰猶治也三公之職號尊名也以加宰知其職大尊重當與天子參聽萬機而下爲諸侯所會惡不勝其任也宋未葬不稱子某者出會諸侯非尸柩之前故不名秋七月乙酉伯姬卒此未適人何以卒據杞叔姬不卒許嫁矣婦人許嫁字而笄之字者尊而不泄所以遠別也笄者簪也所以繫持髮象男子飾也服此者明繫屬於人所以養貞一也婚禮曰女子許嫁笄而醴之稱字死則以成人之喪

治之不以殤禮降也許嫁卒者當為諸侯夫人有即貴之漸猶此卒也日者恩尤重於未命大夫故從諸侯夫人例九月戊辰諸侯盟于葵丘桓之盟不日此何以日危之也何危爾貫澤之會桓公有憂中國之心不召而至者江人黃人也葵丘之會桓公震而矜之叛者九國下代厲善義兵是也會不書者叛也叛不書者為天子親遣三公會之而見叛故上為天子下為桓公諱也會盟一事不舉重者時宰周公不與盟震之者何猶曰振振然亢陽之貌矜之者何猶曰莫若我也色自美大之貌甲戌晉侯詭諸卒不書葬者殺世子也冬晉里克弒其君之子奚齊此未踰年之君其言弒其君之子奚齊何据弒其君舍不連先君達名者上不書葬子某弒君名未

明也

弒未踰年君之號也欲言弒其子奚齊嫌無君文與殺大夫同欲言弒其君又嫌與弒成君同故引先君冠子之上則弒未踰年君之號定而坐之輕重見矣加之者起先君之子不解名者解言殺從弒名可知也弒未踰年君例當月不月者不正遇禍終始惡明故略之

十年春王正月公如齊書如者録内所與外交接也故如京師善則月榮之如齊晉善則月安之如楚則月危之明當尊賢慕大無友不如己者月者僖公本齊所立桓公德衰見叛獨能念恩朝事之故善録之

狄滅溫溫子奔衛晉里克弒其君卓子及其大夫荀息及者何累也弒君多矣舍此無累者乎曰有孔父仇牧皆累也舍孔父仇牧無累者乎曰有有則此何以書賢也何賢乎荀息据與孔父同荀息可謂不食其言矣

不食言者不如食受之而消亡之以奚齊卓子皆立其不食其言柰何奚齊
卓子者驪姬之子也荀息傅焉禮諸侯之子八歲受之少傅教
之以小學業小道焉履小節焉十五受大傅教之以大學業大道焉履大節焉驪姬者國色也
其顏色一國之選獻公愛之甚欲立其子於是殺世
子申生申生者里克傅之獻公病將死謂
荀息曰士何如則可謂之信矣獻公自知廢正當有後患欲託二子
於荀息故動之云爾荀息對曰使死者反生生者不愧乎
其言則可謂信矣荀息察言觀色知獻公欲爲奚齊卓子來動己故荅之云爾獻
公死奚齊立里克謂荀息曰君殺正而立
不正廢長而立幼長謂重耳如之何願與子慮之

荀息曰君嘗訊臣矣上問下曰訊言臣者明君臣相與言不可負臣對曰使死者反生生者不愧乎其言則可謂信矣里克知其不可與謀退弒奚齊荀息立卓子里克弒卓子荀息死之荀息可謂不食其言矣起時莫不背死鄉生去敗與成荀息一受君命終身死之故言及與孔父同義不日者不正遇禍終始惡明故畧之夏齊侯許男伐北戎晉殺其大夫里克里克弒二君則曷爲不以討賊之辭言之據衛人殺州吁惠公之大夫也惠公篡立已定晉國君臣合爲一體無所復責故曰此乃惠公之大夫安得以討賊之辭言之然則孰立惠公欲難殺之意曰里克也里克弒奚齊卓子逆惠公而

入里克立惠公則惠公曷爲殺之惠公曰爾既殺夫二孺子矣孺子小子也奚齊卓子時皆幼小又將圖寡人如我有不可將復圖我如二孺子爲爾君者不亦病乎於是殺之然則曷爲不言惠公之入据齊小白入於齊晉之不言出入者踊爲文公諱也踊豫也齊人語若關西言渾矣獻公殺申生篡文公與惠公恐見及出奔不子當絕還入爲篡文公功足以并掩前人之惡惠公入懷公出文公入渾皆不書悉爲文公諱故也爲文公諱者欲明文公之功大也語在下懷公者惠公子也惠公卒懷公立而秦納文公故出奔惠公文公出奔不書者非命嗣也齊小白入于齊則曷爲不爲桓公諱桓公之享國也長享食美見乎天下故不爲之諱本惡也文公之享國也短美未見乎天下故

爲之諱本惡也桓公功大善惡相除足封有餘較然爲天下所知文公功少辨未足除身篡而有封功故爲之諱并不言惠公懷公出入者明非徒足以除身篡而已有足封之明較也美不如桓公之功大秋七

月冬大雨雹何以書記異也夫人專愛之所生也

十有一年春晉殺其大夫丕鄭父夏公及

夫人姜氏會齊侯于陽穀秋八月大雩公與夫人出會不恤民之意冬楚人伐黃

十有二年春王三月庚午日有食之是後楚滅狄侵衛夏

楚人滅黃秋七月冬十有二月丁丑陳侯處臼卒

十有三年春狄侵衛夏四月葬陳宣公公

會齊侯宋公陳侯衛侯鄭伯許男曹伯于

鹹桓公自貫澤陽穀之會後所以不復舉小國者從一法之後小國言從令行大國唯曹許以上乃會秋九月

大雩去陽穀之會不恤民復會鹹城緣陵煩擾之應冬公子友如齊

十有四年春諸侯城緣陵孰城之諸侯不序故問誰城

城杞也曷為城杞滅也孰滅之蓋徐莒脅

之以下皆謂徐也言脅者杞王者之後尤微是見恐曷而亡曷為不言徐莒脅之

為桓公諱也曷為為桓公諱上無天子下

無方伯天下諸侯有相滅亡者桓公不能

救則桓公恥之也然則孰城之桓公城之

曷為不言桓公城之不與諸侯專封也曷

為不與實與而文不與文曷為不與諸侯

之義不得專封也諸侯之義不得專封則其曰實與之何上無天子下無方伯天下諸侯有相滅亡者力能救之則救之可也（輒發傳者與城緣陵義言諸侯者時桓公德衰不能存諸侯然後乃能存之以城不月者文言諸侯非內城明矣）夏六月季姬及鄫子遇于防使鄫子來朝鄫子曷爲使乎季姬來朝（据使者臣爲君銜命文也）內辭也非使來朝使來請已也（使來請娶已以爲夫人下書歸是也禮男不親求女不親許魯不防正其女乃使要遮鄫子淫泆使來請已與禽獸無異故卑鄫子使乎季姬以絕賤之也月者甚惡內也矣）秋八月辛卯沙鹿崩沙鹿者何河上之邑也此邑也其言崩何（据梁山言崩）襲邑也（襲者嘿陷入于地中言崩者以在河

上也河岸有高下如山有地矣故得言崩也沙鹿崩何以書記異也外異不書此何以書据長狄之齊晉不書爲天下記異也土地者民之主霸者之象也河者陰之精爲下所襲者此象天下異齊桓將卒霸道毀夷狄動宋襄承其業爲楚所敗之應而不繫國者起天下異狄侵鄭冬蔡侯肸卒不書葬者潰當絕也不月者賤其背中國而附父讎故略之甚也肸立不書者父獻舞見獲留卒於楚肸以次立非篡也

十有五年春王正月公如齊月者善公既能念恩尊事齊桓又合古五年一朝之義故録之楚人伐徐三月公會齊侯宋公陳侯衛侯鄭伯許男曹伯盟于牡丘遂次于匡公孫敖率師及諸侯之大夫救徐言次者刺諸侯緩於人恩既約救徐而生事止次不自往遣大夫往卒不能解也大夫不序者起會上大夫君已目故臣凡也內獨出名氏者

臣不得因君殊尊省文別尊卑也夏五月日有食之是後秦獲晉侯齊桓公卒楚執宋公霸道衰中國微弱之應秋七月齊師曹師伐厲月者善錄義兵厲葵丘之會叛天子之命也曹稱師者猶公霸道衰曹獨能從之征伐不義故褒之所以勸勉不能扶助霸功激揚解惰也八月螺公久出煩擾之所生九月公至自會桓公之會不致此何以致據桓之會不致久也久暴師衆過三時季姬歸于鄫己卯晦震夷伯之廟晦者何冥也晝日而冥震之者何雷電擊夷伯之廟者也夷伯者曷為者也季氏之孚也孚信也季氏所信任臣季氏之孚則微者其稱夷伯何大之也曷為大之據陽虎稱盜天戒之故大之也明此非但為微者異乃公家之至戒故尊大之使稱字過于大夫以

起之所以畏天命孔子曰君子有三畏畏天命畏大人畏聖人之言何以書記異也此象桓公德衰彊楚以邪勝正僖公蔽於季氏季氏蔽於陪臣陪臣見信得權僭立大夫廟天意若曰蔽公室者是人也當去之

冬宋人伐曹楚人敗徐于婁林謂之徐者爲滅杞不知尊先聖法度惡重故狄之也不月者略兩夷狄也十有一月壬戌晉侯及秦伯戰于韓獲晉侯此偏戰也何以不言師敗績據泓之戰言宋師敗績君獲不言師敗績也舉君獲爲重也釋不書者以獲君爲惡書者以惡見獲與獲人君者皆當絕也主書者從獲人例

十有六年春王正月戊申朔霣石于宋五是月六鷁退飛過宋都曷爲先言霣而後言石據星霣後言霣霣石記聞聞其磌然視之則石

察之則五是月者何僅逮是月也是月邊也魯人語也在正月之幾盡故日劣及是月也何以不日据五石言日晦日也凡災異晦日不日日食是也日食常於晦朔不日晦可知也六鷁無常故言是月以起晦也晦則何以不言晦据上言朔春秋不書晦也事當日者日平居無他卓佹無所求取言晦朔也趨盟奚戰是也朔有事則書重始故書以錄事若泓之戰及此皆是也晦雖有事不書重始而終自正故不復書以錄事曷爲先言六而後言鷁据霣石後言五六鷁退飛記見也視之則六察之則鷁徐而察之則退飛鷁小而飛高故視之如此事勢然也宋都者宋國所治也人所聚曰都言過宋都者時獨過宋都退飛五石六鷁何以書記異也外異不書此何以書爲王者之後記異也王者之後有亡徵非新王安存

之象故重録爲戒記災異也石者陰德之專者也鵒者鳥中之耿介者皆有似宋襄公之行襄欲行霸事不納公子目夷之謀事事耿介自用卒以五年見執六年終敗如五石六鵒之數天之與人昭昭著明甚可畏也於晦朔者示其立功善甫始而敗將不克終故詳録天意也

三月壬申公子季友卒其稱季友何据翬戰名不稱季來歸不稱友賢也閔公不書葬故復於卒賢之明季子嘗兼討慶父之功遏牙存國終當録也不稱子者上歸本當稱字起事言子

夏四月丙申鄫季姬卒秋七月甲子公孫慈卒日者僖公賢君宜有恩禮於大夫故皆日也一年喪骨肉三人故日痛之

冬十有二月公會齊侯宋公陳侯衛侯鄭伯許男邢侯曹伯于淮月者危桓公德衰任豎刁易牙嘖功滅項自此始也

十有七年春齊人徐人伐英氏稱氏者春秋前黜稱氏也伐國而舍氏言之者非主名故伐之得從國舉

夏滅項孰滅之齊滅之以言滅知非内

也以不諱知齊滅曷爲不言齊滅之据齊師滅譚爲桓公諱也春秋爲賢者諱此滅人之國何賢爾君子之惡惡也疾始絶其始則不得終其惡善善也樂終樂賢者終其行桓公嘗有繼絶立僖公之存亡之功存邢衛杞故君子爲之諱也言嘗者時桓公德衰功廢而滅人嫌當坐故上述所嘗盛美而爲之諱所以尊其德彰其功傳不言服楚獨舉繼絶存亡者明繼絶存亡足以除殺子糾滅譚遂項覆終身之惡服楚功在覆篡惡之表所以封桓公各當如其事也不月者桓公不坐滅略小國秋夫人姜氏會齊侯于卞九月公至自會冬十有二月乙亥齊侯小白卒

十有八年春王正月宋公會曹伯衛人邾婁人伐齊月者與襄公之征齊善録義兵夏師救齊五月戊寅

宋師及齊師戰于甗齊師敗績戰不言伐此其言伐何宋公與伐而不與戰故言伐春秋伐者爲客伐者爲主曷爲不使齊主之據甲寅衛人及齊人戰與襄公之征齊也曷爲與襄公之征齊据齊桓公霸者猶不與征衛桓公死豎刁易牙爭權不葬爲是故伐之也不爲文實者保伍連率本有用兵征伐不義之道狄救齊秋八月丁亥葬齊桓公冬邢人狄人伐衛狄稱人者善能救齊雖拒義兵猶有憂中國之心故進之不於救時進之者辟襄公不使義兵壅塞

十有九年春王三月宋人執滕子嬰齊名者著葵丘之會叛天子命者也不得爲伯討者不以其罪執之妄執之所以著有罪者爲襄公殺恥也襄公有善志欲承齊桓之

業執一惡人不能得其過故爲見其罪所以助賢者養善意也月者録責之夏六月宋人曹人邾婁人盟于曹南因本會于曹南盟故以地實邾婁說在下鄫子會盟于邾婁其言會盟何據外諸侯會盟不録及曹伯襄言會諸侯後會也說與會伐宋同義君不會大夫故後會者起實君也地以邾婁者起爲邾婁事也不言君者爲襄公諱也魯本許嫁季姬於邾婁季姬淫泆使鄫子請己而許之二國交忿襄公爲此盟欲和解之既在人間反爲邾婁所欺執用鄫子恥辱加於宋無異故沒襄公使若微者也不於上地以邾婁者深爲襄公諱使若不爲邾婁事盟而鄫子自就邾婁爲所執者也上盟不日者深順諱文從微者例待若下執不以上盟爲辨也會盟不日者言會盟不信已明無取於日自其正文也己酉邾婁人執鄫子用之惡乎用之用之社也其用之社奈何蓋叩其鼻以血社也惡無道也不言社者本無用人之道言用之已重矣故絶其所用處也日者魯不能防正其女以至於此明當痛其女禍而自

之責秋宋人圍曹衞人伐邢冬公會陳人蔡人楚人鄭人盟于齊因宋征齊有隙爲此盟也是後楚遂得中國霍之會執宋公梁亡此未有伐者其言梁亡何据蔡潰以自潰爲文舉侵也自亡也其自亡柰何魚爛而亡也梁君隆刑峻法一家犯罪四家坐之一國之中無不被刑者百姓一旦相率俱去狀若魚爛魚爛從內發故云爾著其自亡者明百姓得去之君當絕者

二十年春新作南門何以書譏何譏爾門有古常也惡奢泰不奉古制常法夏郜子來朝郜子者何未有存文嫌不名故執不知問失地之君也何以不名据鄧穀名兄弟辭也郜魯之同姓故不忍言其絕賤明當與遇之異於鄧穀也書者喜內見歸五月乙巳西宮災西宮者何小寢也小寢則曷爲謂

之西宮有西宮則有東宮矣魯子曰以有西宮亦知諸侯之有三宮也西宮者小寢內室楚女所居也禮諸侯娶三國女以楚女居西宮知二國女於小寢內各有一宮也故云爾禮夫人居中宮少在前右媵居西宮左媵居東宮少在後西宮災何以書記災也是時僖公為齊所脅以齊媵為嫡楚女廢在西宮而不見恤悲愁怨曠之所生也言西宮不繫於小寢者小寢夫人所統妾之所繫也天意若曰楚女本當為夫人不當以齊女故經亦云爾鄭人入滑秋齊人狄人盟于邢狄稱人者能常與中國也冬楚人伐隨叛楚故也

二十有一年春狄侵衛與狄者為使中國諱宋人齊人楚人盟于鹿上夏大旱何以書記災也新作南門之所生秋宋公楚子陳侯蔡侯鄭伯許男曹伯

會于霍執宋公以伐宋執執之楚子執之以下獻捷貶曷爲不言楚子執之於溴梁盟下執莒子邾婁子復出晉人也不與夷狄之執中國也不舉執爲重復舉伐者劫質諸侯求其國事當起也不爲襄公諱者守信見執無恥諱在下也冬公伐邾婁楚人使宜申來獻捷此楚子也其稱人何據爾使知楚子貶曷爲貶據齊侯獻戎捷不貶爲執宋公貶曷爲爲執宋公貶據上已没不與執中國宋公與楚子期以乘車之會蓋鹿上之盟公子目夷諫曰楚夷國也彊而無義請君以兵車之會往宋公曰不可吾與之約以乘車之會自我爲之自我墮之曰不可終以

乘車之會往楚人果伏兵車執宋公以伐宋（詐諼劫質諸侯求其國當絶故貶）宋公謂公子目夷曰子歸守國矣國子之國也吾不從子之言以至乎此公子目夷復曰君雖不言國國固臣之國也（所以圖宋公意絶彊楚之望）於是歸設守械而守國楚人謂宋人曰子不與我國吾將殺子君矣宋人應之曰吾賴社稷之神靈吾國已有君矣楚人知雖殺宋公猶不得宋國於是釋宋公宋公釋乎執走之衞（襄公本謂公子目夷曰國子之國也宋公愧前語故慙不忍反走之衞不書者執解而往非出奔也）公子目夷復曰國

爲君守之君曷爲不入然後逆襄公歸凡出奔歸書執獲歸不書者出奔已失國故録還應盜國與執獲者異臣下尚隨君事之未失國不應盜國無爲辱也惡乎捷捷乎宋以上言伐宋曷爲不言捷乎宋据戎捷也爲襄公諱也襄公本會楚欲行霸憂中國也不用目夷之言而見詐執伐宋幾亡其國故諱爲没國文所以申善志不月者因起其事此圍辭也曷爲不言其圍据上言守國知圍也爲公子目夷諱也目夷遭難設權救君有解圍存國免主之功故爲諱圍起其事所以彰目夷之賢也歸捷書者剌魯受惡人物也十有二月癸丑公會諸侯盟于薄言諸侯者起霍之會諸侯也不序者起公從旁以議釋宋公會盟一事出言會者因以殊諸侯也釋宋公執未有言釋之者此其言釋之何据執滕子不言釋公與爲爾也公與爲爾柰何公與議爾也

善僖公能與楚議釋賢者之厄不言公釋之者諸侯亦有力也

二十有二年春公伐邾婁取須朐夏宋公衛侯許男滕子伐鄭秋八月丁未及邾婁人戰于升陘冬十有一月己巳朔宋公及楚人戰于泓宋師敗績偏戰者日爾此其言朔何据奚之戰不言朔春秋辭繁而不殺者正也繁多也殺省也正得正道尤美何正爾宋公與楚人期戰于泓之陽泓水名水北曰陽楚人濟泓而來濟渡有司復曰請迨其未畢濟而擊之迨及宋公曰不可吾聞之也君子不厄人吾雖喪國之餘我雖前幾爲楚

所喪所以得其餘民以爲國喻褊弱寡人不忍行也既濟未畢陳有司復曰請迨其未畢陳而擊之宋公曰不可吾聞之也君子不鼓不成列軍法以鼓戰以金止不鼓不戰不成列未成陳也君子不戰未成陳之師巳陳然後襄公鼓之宋師大敗故君子大其不鼓不成列臨大事而不忘大禮有君而無臣言朔亦所以起有君而無臣惜其有王德而無王佐也若襄公所行帝王之兵也有帝王之君宜有帝王之臣有帝王之臣宜有帝王之民未能醇粹而守其禮所以敗也以爲雖文王之戰亦不過此也有以文王伐崇陸戰當舉地舉水者大其不以水厄人也

二十有三年春齊侯伐宋圍緡邑不言圍

此其言圍何疾重故也疾痛也重故喻若重故創矣襄公欲行霸守正履信屬爲楚所敗諸夏之君宜雜然助之反因其困而伐之痛與重故創無異故言圍以惡其不仁也夏五月

庚寅宋公慈父卒何以不書葬盈乎諱也盈滿也相接足之辭也襄公本以背殯不書其父葬至襄公身書葬則嫌霸業不成所覆者薄故復使身不書葬明當以前諱除背殯以後諱加微封內娶不去日略之者功覆之也秋楚人伐陳冬十有一月杞子卒卒者桓公存王者後功尤美故爲表異卒録之始見稱伯卒獨稱子者微弱爲徐莒所脅不能死位春秋伯子男一也辭無所貶貶稱子者春秋黜杞不明故以其一等貶之明本非伯乃公也又因以見聖人子孫有誅無絕故貶不失爵也不名不日不書葬者從小國例也

二十有四年春王正月夏狄伐鄭秋七月

冬天王出居于鄭王者無外此其言出何

据王子瑕奔晉不言出不能乎母也不能事母罪莫大於不孝故絕之言出也下無廢上之義得絕之者明母得廢之臣下得從母命魯子曰是王也不能乎母者其諸此之謂與猶曰是王也無絕義不能事母而見絕外者其諸謂此灼然異居不復供養者與主書者錄王者所居也晉侯夷吾卒篡故不書葬明當絕也不日月者失衆身死子見篡逐故略之猶薛伯定也

二十有五年春王正月丙午衛侯燬滅邢衛侯燬何以名据楚子滅蕭不名絕曷爲絕之据俱滅人滅同姓也絕先祖支體太重故名甚之也日者爲魯憂內錄之夏四月癸酉衛侯燬卒宋蕩伯姬來逆婦宋蕩伯姬者何蕩氏之母也蕩氏宋世大夫其言來逆婦何据莒慶言逆叔姬連

來者嫌內女爲殺直來也兄弟辭也其稱婦何有姑之辭也宋魯之間名結婚姻爲兄弟稱婦者見姑之辭以逆實文知不殺直來也主書者無出道也宋殺其大夫何以不名据宋殺其大夫山名宋三世無大夫三世內娶也三世謂慈父王臣處臼也內娶大夫女也言無大夫者禮不臣妻之父母國內皆臣無娶道故絕去大夫名正其義也外小惡正之者宋以內娶故公族以弱妃黨益彊威權下流政分三門卒生簒弒親親出奔疾其末故正其本

秋楚人圍陳納頓子于頓何以不言遂据楚子鄭人侵陳遂侵宋兩之也微者不別遂但別兩耳別之者惡國家不重民命一出兵爲兩事也納頓子書者前出奔當絕還入爲盜國當誅書楚納之與之同罪也主書者從楚納之頓子出奔不書者小國例也不見挈者故君不可見挈於臣葬衛文公不月者滅同姓故奪臣子恩也冬十有二月癸亥公會衛子莒慶盟于洮莒無大夫書莒慶者尊敬壻之義也洮內地公與未

踰年君大夫盟不別得意雖在外猶不致也

二十有六年春王正月己未公會莒子衛甯遬盟于向齊人侵我西鄙公追齊師至巂弗及其言至巂弗及何据公追戎于濟西不言所至又不言弗及侈也侈猶大也大公能却彊齊之兵弗者不之深者也言齊人畏公士卒精猛引師而去之深遠不可得及故曰侈不直言大之者自爲追唯臣子得褒之耳不得與追戎同也言師者侈大公所追也國內兵不書而舉地者善公齊師去則止不遠勞百姓過復取勝得用兵之節故詳録之

夏齊人伐我北鄙衛人伐齊公子遂如楚乞師乞者何卑辭也曷爲以外內同若辭据春秋尊魯重師也外內皆同卑其辭者深爲與人者重之曷爲重師据泓之戰不重師師出不正反戰不正勝

也不正者不正自謂出當復反戰當必勝兵凶器戰危事不得已而用之爾乃以假人故重而不暇別外內也稱師者正所乞名也乞師例時

秋楚人滅隗以隗子歸不月者略夷狄滅微國也不言獲者舉滅爲重書以歸者惡不死位不名者所傳聞世見治始起責小國略但絕不誅之

冬楚人伐宋圍緡邑不言圍此其言圍何刺道用師也時以師與魯未至又道用之於是惡其視百姓之命若草本不仁之甚也稱人者楚未有大夫未得稱師楚自道用之故從楚文

公以楚師伐齊取穀言以者行公意別魯兵也稱師者順上文

公至自伐齊此已取穀矣何以致伐据伐邾婁取叢不致未得乎取穀也未可謂得意於取穀曷爲未得乎取穀据俱取邑曰患之起必自此始也魯內虛而外乞師以犯彊齊會齊侯沼卒晉文行霸幸而得免孔子曰人之生也直罔之生也幸而免故雖得意猶致伐也

大、七十八

二十有七年春杞子來朝貶稱子者起其無禮不備故魯入之夏六月庚寅齊侯昭卒秋八月乙未葬齊孝公乙巳公子遂帥師入杞日者杞屬脩禮朝魯雖無禮君子躬自厚而薄責於人不當乃入之故録責之冬楚人陳侯蔡侯鄭伯許男圍宋此楚子也其稱人何据序諸侯之上貶曷爲貶据圍鄭不貶爲執宋公貶故終僖之篇貶也古者諸侯有難王者若方伯和平之後相犯復故罪楚前執宋公僖公與共議釋之今復圍犯宋故貶因以見義終僖之篇貶者言君子和平人當終身保也十有二月甲戌公會諸侯盟于宋地以宋者起公解宋圍爲此盟也宋得與盟則宋解可知也而公釋之見矣

二十有八年春晉侯侵曹晉侯伐衛曷爲

再言晉侯 據楚人圍陳納頓子于頓亦兩事不再出楚人 非兩之也然則何以不言遂 據侵蔡遂伐楚言遂 未侵曹也未侵曹則其言侵曹何致其意也其意侵曹則曷爲伐衛晉侯將侵曹假塗于衛衛曰不可得則固將伐之也 曹有罪晉文行霸征之衛壅遏不得使義兵以時進故著言侵曹以致其意所以通賢者之心不使壅塞也宋襄公伐齊月此不月者晉文公功信未著且當脩文德未當深求於諸侯故不美也 公子買戍衛不卒戍刺之不卒戍者何不卒戍者內辭也不可使往也 即往當言戍衛不卒 不可使往則其言戍衛何 據言戍衛行文 遂公意也 使臣子不可使恥深故諱使若往不卒竟事者明臣不得壅塞君命 刺之者何殺之也殺之則

大伯九十八

曷爲謂之剌之内諱殺大夫謂之剌之也有罪無罪皆不得專殺故諱殺言剌之不言剌公子買但言不卒戍剌之者起爲上事剌之也内殺大夫例有罪不日無罪日外殺大夫皆時楚人救衛三月丙午晉侯入曹執曹伯畀宋人畀者何與也其言畀宋人何據下執衛侯言歸之于京師與使聽之也與使聽其獄也時天王居于鄭晉文欲討楚師以宋王者之後法度所存故因假使治之宋稱人者明聽訟必師斷與其師衆共之曹伯之罪何甚惡也其甚惡奈何不可以一罪言也曹伯數侵伐諸侯以自廣大傳曰晉侯執曹伯班其所取侵地于諸侯是也齊桓既没諸侯背叛無道者非一晉與曹同姓恩惠當先施刑罰當後加起而征之嫌其失義故著其甚惡者可知也以兵得不言獲者晉文伯討不坐獲者故亦不責曹不死義兵日者喜義兵得時入夏四月己巳晉侯齊師宋師秦師及楚人

戰于城濮楚師敗績此大戰也曷爲使微者（据秦稱師録功知大戰必不使微者楚雖無大夫齊桓行霸書屈完也）子玉得臣也（以上敗績下殺得臣）子玉得臣則其稱人何（据屈完當桓公稱名氏）爲貶（据邲之戰林父不貶）大夫不敵君也（臣無敵君戰之義故絶正也秦稱師者助霸者征伐克勝有功故褒進之齊桓先朝天子晉文先討夷狄者晉文之時楚與爭彊所遭遇異）楚殺其大夫得臣（楚無大夫其言大夫者欲起上楚人本當言子玉得臣所以詳録霸事不氏者子玉得臣楚之驕蹇臣數道其君侵中國故貶明當與君俱治也）衞侯出奔楚（晉文逐之不言逐之者以王事逐之擇立其以無絶衞之心惡不[illegible]出奔重）五月癸丑公會晉侯齊侯宋公蔡侯鄭伯衞子莒子盟于踐土陳侯如會其言如會何（据曹伯襄言會諸侯）後會也（訟與會伐宋同刺陳

侯不慕霸者反岐意于楚失信後會會不致者安信與晉文也
盟日老議出衛稱子者起叔武本無即位之意陳岐意于楚在
二十七年公朝于王所曷爲不言公如京師据三月公如京
師天子在是也天子在是則曷爲不言天子
在是据狩于河陽不與致天子也時晉文公年老恐霸功不成故上白天子曰諸
侯不可卒致願三居踐土下謂諸侯曰天子在是不可不朝迫
使正君臣明王法雖非正起時可與故書朝因正其義不書諸
侯朝者外小惡不書僖錄内岀不書如不
言天王者從外正君臣所以見文公之功六月衛侯鄭自
楚復歸于衛言復歸者天子有命歸之名者刺天子歸有非也言自楚者爲天子之諱也天子所以陵
遲者爲善不賞爲惡不誅衛侯出奔當絶叔武讓國不當復廢
而反衛侯令殺叔武故使若從楚歸者復歸例皆時此月者爲
下卒出也衛元咺出奔晉陳侯款卒不書葬者爲晉文諱行霸不務致人
以孝陳有大喪而彊會其孤故深爲恥之宋襄亦背殯獨
不爲齊桓諱者時宋襄自會之卒不日者賤其岐意于楚秋

杞伯姬來公子遂如齊冬公會晉侯齊侯宋公蔡侯鄭伯陳子莒子邾婁子秦人于溫天王狩于河陽狩不書此何以書據常事也不與再致天子也一失禮尚愈再失禮重故深正其義使若天子自狩非致也魯子曰溫近而踐土遠也此魯子一說也溫近狩地故可言狩踐土遠狩地故不言狩也公以再朝而日言之上說是壬申公朝于王所其日何據上朝不日録乎内也危録内再失禮將爲有義者所惡不月而日者自是諸侯不繫天子若日不繫於月晉人執衛侯歸之于京師歸之于者何歸于者何歸之于者罪已定矣歸于者罪未定也罪未定則何以得爲伯討據此難成公十五年晉侯執曹伯歸于

（京師）歸之于者，執之于天子之側者也，罪定不定，已可知矣。（歸之者，決絶之辭。執于天子之側，巳白天子，罪定不定自在天子，故言巳可知。）歸于者，非執之于天子之側者也，罪定不定未可知也。（未得白天子分別之者，但欲明諸侯尊貴，不得自相治，當斷之于天子爾。大惡雖未可知，執有罪當爲伯討矣，無罪而執人，當貶稱人。）衛侯之罪何？殺叔武也。何以不書？（据殺大夫書。）爲叔武諱也。春秋爲賢者諱。何賢乎叔武？（据失兄意。）讓國也。其讓國柰何？文公逐衛侯而立叔武，叔武辭立而他人立，則恐衛侯之不得反也，故於是己立，（故上稱子。）然後爲踐土之會，治反衛侯。（叔武訟治於晉文公，令白王者反衛侯使還國也。叔武讓國，見殺而爲叔武諱。）

殺者明叔武治反衛侯欲兄饗國故爲去殺己之罪所以起其功而重衛侯之無道衛侯得反曰叔武篡我元咺爭之曰叔武無罪終殺叔武元咺走而出此晉侯也其稱人何此以伯討而何貶者言歸之于伯討明知坐他事故更問之貶曷爲貶据他罪不見衛之禍文公爲之也文公爲之柰何文公逐衛侯而立叔武使人兄弟相疑春秋許人臣者必使臣許人子者必使子文公惡衛侯大深愛叔武大甚故使兄弟相疑放乎殺母弟者文公爲之也文公本逐之非故致此禍也逐之文不見故貶主書者以起文公逐之衛元咺自晉復歸于衛自者何有力焉者也有力焉者有力于晉也言恃晉有屬己力以歸方難下意故於是發問此執其君其言自何上元咺出奔晉而文公執

衞侯知以元咺訴執之怪訴其君而助之爲叔武爭也解文公助之意以元咺爲叔武爭訴以爲忠於己而助之雖然臣無訴君之義復於衞非也悖君臣之義故著言自明不當有力於惡人也言復歸者深爲霸者恥之使若無罪諸侯遂圍許曹伯襄復歸于曹遂會諸侯圍許曹伯言復歸者天子歸之也名者與衞侯鄭同義執歸不書書者名惡當見本無事不當言遂又不更舉曹伯者見其能悔過即時從霸者征伐也霸兵不月者刺文公不偃武脩文以附疏倉卒欲服許卒不能降威信自是衰故不成其善

二十有九年春介葛盧來介葛盧者何夷狄之君也何以不言朝据諸侯來曰朝不能乎朝也不能升降揖讓也介者國也葛盧者名也進稱名者能慕中國朝賢君明當扶勉以禮義公至自圍許夏六月公會王人晉人宋人齊人陳人蔡人秦人盟于狄泉文公圍許不能服自知威信不行故復上假王人以會諸侯年

老志衰不能自致故諸侯亦使微者會之月者惡霸功之廢於是秋大雨雹夫人專愛之所生冬介葛盧來前公圍許不在故更來朝不稱字者一年再朝不中禮故不復進也

三十年春王正月夏狄侵齊秋衛殺其大夫元咺及公子瑕衛侯未至其稱國以殺何据歸在下道殺也時已得天子命還國於道路遇而殺之坐之與至國同故但稱國不復別也言及公子瑕者下大夫別尊卑衛侯鄭歸于衛此殺其大夫其言歸何据未至而有專殺之惡與入惡同歸惡乎元咺也衛侯歸殺無惡則元咺之惡明矣曷爲歸惡乎元咺据師還元咺之事君也君出則己入晉人執衛侯歸之于京師元咺自晉復歸于衛恃晉力以歸是也君入則己出衛侯鄭自楚復歸于衛元咺出奔晉是也以爲不臣也故不從犯伯執爲天子所還言復歸

（從出入無惡言歸以見元咺有出入罪衛侯得殺之所以專臣事君之義名者爲殺叔武惡天子歸有罪也執歸不書主書者名惡當見）晉人秦人圍鄭介人侵蕭（稱人者侵中國故退之）冬天王使宰周公來聘（與葵丘會同義）公子遂如京師遂如晉大夫無遂事此其言遂何公不得爲政爾（不從公政令也時見使如京師而橫生事矯君命聘晉故疾其驕蹇自專當絕之不舉重者遂當有本）

三十有一年春取濟西田惡乎取之（以不月與取運異知非内叛邑）取之曹也曷爲不言取之曹（据取叢言邾婁田也）諱取同姓之田也（同姓相貪利惡差重恥差深）此未有伐曹者則其言取之曹何（据伐同姓不諱即有兵當舉伐曹下日若甲戌取須朐）晉侯執曹伯班其所取侵地于諸侯也（班者布徧）

還之辭晉侯執曹伯班其所取侵地于諸侯則何諱乎取同姓之田據晉還之得爲伯久也魯本爲霸者所還當時不取久後有悔更緣前語取之不應復得故當坐取邑公子遂如晉夏四月四卜郊不從乃免牲猶三望曷爲或言三卜或言四卜三卜禮也四卜非禮也三卜何以禮四卜何以非禮據俱卜也求吉之道三三卜吉凶必有相奇者可以決疑故求吉必三卜禘嘗不卜郊何以卜禘比祫爲大嘗比四時祭爲大故据之卜郊非禮也禮天子不卜郊卜郊何以非禮據上言三卜禮魯郊非禮也以魯郊非禮故卜爾昔武王既沒成王幼少周公居攝行天子事制禮作樂致大平有王功周公薨成王以王禮葬之命魯使郊以彰周公之德非正故卜三卜吉則用之不吉則免牲謂之郊者天人相與交接

之意也不言郊天者謙不敢斥尊魯郊何以非禮据成公乃不郊惡之天子祭天郊者所以祭天也天子所祭莫重於郊居南郊者就陽位也槀席玄酒器用陶匏大珪不瑑大羹不和爲天至尊物不可悉備故推質以事之諸侯祭土土謂社也諸侯所祭莫重於社卿大夫祭五祀士祭其先祖天子有方望之事方望謂郊時所望祭四方羣神日月星辰風伯雨師五嶽四瀆及餘山川凡三十六所無所不通盡八極之内天之所覆地之所載無所不至故得郊也諸侯山川有不在其封内者則不祭也故魯郊非禮也曷爲或言免牲或言免牛免牲禮也魯卜郊不吉免之禮卜郊不吉則爲牲作玄衣纁裳使有司玄端放之於南郊明本爲天不敢留天牲免牛非禮也免牛何以非禮傷者曰牛養牲不謹敬有災傷天不饗用不得復爲天牲故以本牛名之非禮者非天牲不當復見免但當内自省責而已三望者何望祭也然則曷祭祭

泰山河海曷爲祭泰山河海據郊者主爲祭天山川有能潤于百里者天子秩而祭之此皆助天宣氣布功故祭天及之秩者隨其大小尊卑高下所宜禮祭天牲角繭栗社稷宗廟角握六宗五嶽四瀆角尺其餘山川視卿大夫天燎地瘞日月星辰布山縣水沉風磔雨升燎者取俎上七體與其珪寶在辦中置於柴上燒之觸石而出膚寸而合側手爲膚按指爲寸言其觸石理而出無有膚寸而不合不崇朝而徧雨乎天下者唯泰山爾崇重也不重朝言一朝也河海潤于千里亦能通氣致雨潤澤及于千里韓詩傳曰湯時大旱使人禱于山川是也郊望非一獨祭三者魯郊非禮故獨祭其大者猶者何通可以已也已止何以書譏不郊而望祭也譏尊者不食而卑者獨食書者惡失禮也魯至是郊者僖公賢君欲尊明其先祖之功德不就廢之譏者春秋不見事不書皆從事舉可知也不吉言不從者明己意汲汲欲郊而卜不從爾

所以見事鬼神當加精誠秋七月冬杞伯姬來求婦其言來求婦何兄弟辭也其稱婦何有姑之辭也書者無出道也狄圍衛十有二月衛遷于帝丘月者惡大國遷至小國城郭堅固人衆彊遷徙畏人故惡之也

三十有二年春王正月夏四月己丑鄭伯接卒不書葬者殺大夫申侯也君殺大夫皆就葬別有罪無罪唯內無貶公之道不可去葬故從殺時別之衛人侵狄秋衛人及狄盟不地者起因上侵就狄盟也復出衛人者嫌與內微者同也言及者時出不得狄君也稱人而言及則知狄盟者卑冬十有二月己卯晉侯重耳卒

三十有三年春王二月秦人入滑齊侯使

國歸父來聘夏四月辛巳晉人及姜戎敗秦于殽其謂之秦何（据敗者稱師未得師稱人）夷狄之也曷爲夷狄之（据俱見敗）秦伯將襲鄭（輕行疾至不戒以入曰襲）百里子與蹇叔子諫曰千里而襲人未有不亡者也（行疾不假塗變必生道遠多險阻遭變必亡）秦伯怒曰若爾之年者宰上之木拱矣（宰冢也拱可以手對抱）爾曷知師出百里子與蹇叔子送其子而戒之曰爾即死必於殽之嶔巖是文王之所辟風雨者也（其處險阻隘勢一人可要百故文王過之驅馳常若辟風雨襲鄭所當由也）吾將尸爾焉（在牀曰尸在棺曰柩）子揖師而行（揖其父於師中介冑不拜爲其拜如蹲）百里

子與蹇叔子從其子而哭之秦伯怒曰爾曷爲哭吾師對曰臣非敢哭君師哭臣之子也言恐臣先死子不見臣故先哭之弦高者鄭商也鄭商賈人遇之殽矯以鄭伯之命而犒師焉詐稱曰犒犒勞也見其軍行非常不似君子恐見虜掠故生意矯君命勞之或曰往矣或曰反矣軍中語也時以爲鄭實使弦高犒之或以爲鄭伯已知將見襲必設備不如還或曰緒出當遂往之然而晉人與姜戎要之殽而擊之匹馬隻輪無反者然然上議猶豫留住之頃也匹馬一馬也隻踦也皆喻盡其言及姜戎何据秦人白狄不言及吳子吳子主會也姜戎微也故絕言及稱人亦微者也何言乎姜戎之微据邢人狄人伐衞不言及先軫也先軫晉大夫也言姜戎微則知稱人者尊或曰襄公親

之以既貶又危文公葬襄公親之則其稱人何据桓十三年衛侯背殯用兵不稱人貶曷爲貶据俱背殯用兵君在乎殯而用師危不得葬也與衛迫齊宋異故惡不子也詐戰不日此何以日据不言敗績外詐戰文也詐卒也齊人語也盡也惡晉不仁癸巳葬晉文公狄侵齊公伐邾婁取叢取邑不致者得意可知例秋公子遂率師伐邾婁晉人敗狄于箕不月者略微者與夷狄也冬十月公如齊月者善公念齊恩及子孫十有二月公至自齊乙巳公薨于小寢霣霜不殺草李梅實何以書記異也何異爾不時也周之十二月夏之十月也易中孚記曰陰假陽威之應也早霣霜而不殺萬物至當霣霜之時根生之物復榮不死斯陽假與陰威陰威列索故陽自霣霜而反不能殺也此祿去公室

政在公子遂之應也晉人陳人鄭人伐許

春秋公羊卷第五

經七千一百五十二字
注一萬八百字

春秋公羊經傳解詁文公第六

何休學

元年春王正月公即位二月癸亥朔日有食之是後楚世子商臣弑其君楚滅江六狄比侵中國天王使叔服來會葬其言來會葬何據奔喪以非禮書歸含且賵不言來會葬禮也但解會葬者明言來者常文不爲早晚施也常事書者文公不肖諸侯莫肯會之故書天子之厚以起諸侯之薄蓋以長補短也叔服者王子虎也服者字也叔者長幼稱也不繫王者不以親疏錄也不稱王子者時天子諸侯不務求賢而專貴親親故尤其在位子弟刺其早任以權也僖得言公子者方錄異辭故獨不言王子也諸侯得言子弟者一國失賢輕夏四月丁巳葬我君僖公天王使毛伯來錫公命錫者何賜也命者何加我服也復發傳者嫌禮與桓公同死生

異也王書者惡天子也古者三載考績三考黜陟幽明文公新即位功未足施而錫之非禮也晉侯伐衛叔孫得臣如京師書者與莊二十五年同知不爲喪聘書者聘爲貢職天子當得異方之物以事宗廟又欲以知君父無恙不以喪廢故不譏也如他國就不三年一譏而已衛人伐晉秋公孫敖會晉侯于戚冬十月丁未楚世子商臣弑其君髡楚無大夫言世子者甚惡世子弑父之禍也不言其父言其君者君之於世子有父之親有君之尊言世子者所以明有父之親言君者所以明有君之尊又責臣子當討賊也日者夷狄子弑父忍言其日公孫敖如齊書者譏喪娶吉凶不相干

二年春王二月甲子晉侯及秦師戰于彭衙秦師敗績稱秦師者惡其衆惡其將前以不用賢者之言匹馬隻輪無反者今復重師敗績師敵君不正者賤之不嫌得敵君丁丑作僖公主作僖公主者何爲

僖公作主也爲僖公廟作主也主狀正方穿中央達四方天子長尺二寸諸侯長一尺主者曷用虞主用桑禮平明而葬日中而反虞以陽求陰謂之虞者親喪以下壙皇皇無所親求而虞事之虞猶安神也用桑者取其名與其麤觕所以副孝子之心禮虞祭天子九諸侯七卿大夫五士三其奠處猶吉祭練主用栗謂期年練祭也埋虞主於兩階之間易用栗也夏后氏以松殷人以柏周人以栗松猶容也想見其容貌而事之主人正之意也柏猶迫也親而不遠主地正之意也栗猶戰栗謹敬貌主天正之意也禮士虞記曰桑主不文吉主皆刻而謚之蓋爲禘祫時別昭穆也虞主三代同者用意尚麤觕未暇別也用栗者藏主也藏于廟室中常所當奉事也質家藏于堂作僖公主何以書据作餘公主不書譏何譏爾不時也其不時奈何欲久喪而後不能也禮作練主當以十三月文公亂聖人制欲服喪三十六月十九月作練主又不能卒竟故以二十五月也日者重失禮鬼神三月乙巳及晉處父盟此晉陽處父

大百六六

也何以不氏據晉陽處父代楚救江諱與大夫盟也諱去氏者使若得其君加經言邾婁儀父矣不出君起公就於晉也日者起公盟也俱沒公齊高傒不使若於處父使若君若親就其國恥不得其君故使若得其君也如晉不書不致者深諱之夏六月公孫敖會宋公陳侯鄭伯晉士縠盟于垂斂盟不日者欲共盟誅商臣雖不能誅猶爲疾惡故也褒與信辭也不加亞丘兩舉會盟詳録之者時至即盟會禮一不成自十有二月不雨至于秋七月何以書記異也以不言旱大旱以災書此亦旱也曷爲以異書大旱之日短而云災云言也言有災故以災書此不雨之日長而無災故以異書也此祿去公室政在公子遂之所致也不就莊三十一年發傳者此最甚事著八月丁卯大事于大廟躋僖公大事

者何大祫也以言大與有事異文從僖八年禘數之知爲大祫大祫者何合祭也其合祭柰何毁廟之主陳于大祖毁廟謂親過高祖毁其廟藏其主于大祖廟中禮取其廟室笮以爲死者炊沐大祖周公之廟陳者就陳列大祖前大祖東鄉昭南鄉穆北鄉其餘孫從王父父曰昭子曰穆昭取其鄉明穆取其北面尚敬未毁廟之主皆升合食于大祖自外來曰升五年而再殷祭殷盛也謂三年祫五年禘禘所以異於祫者功臣皆祭也祫猶合也禘猶諦也審諦無所遺失禮天子特禘特祫諸侯禘則不礿祫則不嘗大夫有賜於君然後祫其高祖躋者何升也何言乎升僖公據禘于大廟不道所升譏何譏爾逆祀也其逆祀柰何先禰而後祖也升謂西上禮昭穆指父子近取法春秋惠公與莊公當同南面西上隱桓與閔僖亦當同北面西上繼閔者在下文公緣僖公於閔公爲庶兄置僖公於閔公上失先後之義故譏之傳曰後祖者僖公以臣繼閔公猶子繼

父故閔公於文公亦禰祖以自先君言之隱桓及閔僖各當為兄弟顧有貴賤耳自繼代言之有父子君臣之道此恩義逆順各有所施也不言吉祫者就不三年不復譏略為下張本冬晉人宋人陳人鄭人伐秦公子遂如齊納幣納幣不書此何以書譏何譏爾譏喪娶也娶在三年之外則何譏乎喪娶据逆在四年三年之內不圖婚僖公以十二月薨至此未滿二十五月又禮先納采問名納吉乃納幣此四者皆在三年之內故云爾吉禘于莊公譏然則曷為不於祭焉譏据吉禘于莊公譏始不三年大事圖婚俱不三年大事猶從吉禘不復譏三年之恩疾矣疾痛非虛加之也非虛加責之以人心為皆有之以人心恕皆有疾痛不忍娶以人心為皆有之則曷為獨於娶焉譏据孝子疾痛吉事皆不當為非獨娶

也娶者大吉也合二姓之好傳之於無窮故爲大吉非常吉也與大事異其爲吉者主於己主於己身不如祭祀尚有念先人之心以爲有人心焉者則宜於此焉變矣變者變慟哭泣也有人心念親者聞有欲爲己圖婚則當變慟哭泣矣況乃至于納幣成婚哉

三年春王正月叔孫得臣會晉人宋人陳人衛人鄭人伐沈沈潰夏五月王子虎卒王子虎者何天子之大夫也外大夫不卒此何以卒据原仲也新使乎我也王子虎即叔服也新爲王者使來會葬在葬後三年中卒君子恩隆於親親則加報之故卒明當有恩禮也尹氏卒日此不日者在期外也名者卒從正秦人伐晉秋楚人圍江雨螽于宋雨螽者何死而

墜也以先言雨也。隊墜，隋地也。不言如雨言雨螽者夲飛從地上而下至地，似雨尤醇。何以書？記異也。外異不書，此何以書？爲王者之後記異也。螽猶衆也。衆死而墜者，羣臣將爭彊相殘賊之象。是後大臣比爭鬬相殺，司城驚逃，子哀奔亡，國家廓然無人，朝廷久空。蓋猶三世內娶貴近妃族，禍自上下，故異之云爾。冬，公如晉。十有二月己巳，公及晉侯盟。晉陽處父帥師伐楚救江。此伐楚也，其言救江何？据兩之當先言救也。非兩之當重出處父也。生事當言遂，三者皆違例，知後言救江起伐楚意，故問之。爲諼也。諼，詐。其爲諼奈何？伐楚爲救江也。救人之道，當指其所之。實欲救江而反伐楚，以爲其勢必當引圍江兵，當還自救也，故云爾。孔子曰：自古皆有死，民無信不立。

四年春，公至自晉。夏，逆婦姜于齊。其謂之逆婦姜于齊何据不書逆者主名不言如齊不稱女略之也稱婦姜至文也逆與至共文故爲略高子曰娶乎大夫者略之也賤非所以奉宗廟故略之不書逆者主名卑不爲錄使也不言如齊者大夫無國也不稱女者方以婦姜見與至共文重至也不稱夫人爲致文者賤不可奉宗廟也不言氏者本當稱女女者父母辭君子不奪人之親故使從父母辭不言氏狄侵齊秋楚人滅江晉侯伐秦衛侯使甯俞來聘冬十有一月壬寅夫人風氏薨

五年春王正月王使榮叔歸含且賵含者何口實也孝子所以實親口也緣生以事死不忍虛其口天子以珠諸侯以玉大夫以碧士以貝春秋之制也文家加飯以稻米其言歸含且賵何据宰咺歸兩賵不言且也連賵何之者嫌据賵言歸兼之兼之非禮也且兼辭以言且知譏兼之也含言歸者時主持含來也去天者

含者臣子職以至尊行至卑事失尊之義也不從含晚言來者本不當含也主書者從含也三月辛亥葬我小君成風成風者何僖公之母也風氏也任宿顓臾之姓王使召伯來會葬去天者不及事刺比失喪禮也夏公孫敖如晉秦人入鄀秋楚人滅六冬十月甲申許男業卒

六年春葬許僖公夏季孫行父如陳秋季孫行父如晉八月乙亥晉侯讙卒冬十月公子遂如晉葬晉襄公書遂者刺公生時數如晉葬不自行非禮也禮諸侯薨使大夫弔自會葬晉殺其大夫陽處父晉狐射姑出奔狄晉殺其大夫陽處父則狐射姑曷爲

出奔〔据蔡殺其大夫公子燮蔡公子履出奔楚此非同姓恐見及〕射姑殺也〔以非恐見及知其殺〕射姑殺則其稱國以殺何君漏言也〔自上言泄下曰漏〕其漏言柰何君將使射姑將〔謂作中軍大夫〕陽處父諫曰射姑民衆不說不可使將於是廢將陽處父出射姑入君謂射姑曰陽處父言曰射姑民衆不說不可使將射姑怒出刺陽處父於朝而走〔明君漏言殺之當坐殺也易曰君不密則失臣臣不密則失身幾事不密則害成〕

閏月不告月猶朝于廟不告月者何不告朔也〔禮諸侯受十二月朔政於天子藏于大祖廟每月朔朝廟使大夫南面奉天子命君北面而受之比時使有司先告朔慎之至也受於廟者孝子歸美先君不敢自專也言朝者緣生以事死親在朝朝莫夕已死不敢

渫鬼神故事必于朔者感月始生而朝曷爲不告朔据俱月也天無是月也閏月矣何以謂之天無是月是月非常月也所在無常故無政也猶者何通可以已也朝者因視朔政爾無政而朝故加猶不言朔者閏月無告朔禮也不言公者內事可知

七年春公伐邾婁三月甲戌取須朐取邑不日此何以日据取叢也內辭也使若他人然使若公春伐邾婁而去他人自以甲戌日取之內而府取邑然後甚而日也今此一取而日故使若他人然所以深諱者邑之盟不見存并爲取邑故遂城郚主書者甚其生事困極師衆夏四月宋公王臣卒不書葬者坐殺大夫也不日者內娶略宋人殺其大夫何以不名据宋殺其大夫山名宋三世無大夫三世內娶也故使無大

夫戊子晉人及秦人戰于令狐晉先眛以師奔秦此偏戰也何以不言師敗績據秦師敗績敵也俱無勝負此晉先眛也其稱人何據奔無出文貶之知先眛也曷爲貶據新築之戰衛孫良夫敗績不貶外也其外奈何以師外也懷持二心有功欲還無功便持師出奔故於戰貶之起其以師外也本所以懷持二心者其各亦由晉侯要以無功當誅也不起者敵而外事可知也何以不言出據楚囊瓦俱戰而奔言出遂在外也起其生事於竟外從竟外去狄侵我西鄙秋八月公會諸侯晉大夫盟于扈諸侯何以不序大夫何以不名序次也據新城盟諸侯序趙盾名公失序也公失序奈何諸侯不可使與公盟眣晉大夫使與公盟

小二百八十

也以目通指曰朕文公內則欲久喪而後不能喪娶逆祀外則貪利取邑爲諸侯所薄賤不見序故深諱爲不可知之辭不日者順諱爲善文也冬徐伐莒謂之徐者前共滅王者後不知尊先聖法度今自先犯文對事連可以起同惡莒在下不得狄故復狄徐也一罪再狄者明爲莒狄之爾徐先狄在僖十五年公孫敖如莒莅盟

八年春王正月夏四月秋八月戊申天王崩冬十月壬午公子遂會晉趙盾盟于衡雍乙酉公子遂會伊雒戎盟于暴四日不能甬出不卒名者非一事再見也公孫敖如京師不至復丙戌奔莒不至復者何不至復者內辭也不可使往也安居不肯行故諱使若已行但不至還爾即已行當道所至乃言復如至黃矣不可使往

則其言如京師何遂公意也〔正其義不使君命壅塞〕何以不言出〔據慶父言出奔〕遂在外也〔諱使君從外奔不敢復還者也日者嫌敖罪明則起君弱故諱使君無罪〕螽〔先是公如晉公子遂公孫敖比出不可使勢奪於大夫煩擾之應〕宋人殺其大夫司馬宋司城來奔司馬者何司城者何皆官舉也〔皆以官名舉言之天子有大司徒大司馬大司空皆三公官名也諸侯有司徒司馬司空皆卿官也宋變司空爲司城者辟先君武公名也〕曷爲皆官舉〔據宋殺其大夫山不官舉〕宋三世無大夫三世內娶也〔宋以內娶故威勢下流三世妃黨爭權相殺司城驚逃子哀奔亡主或不知所任朝廷久空故但舉官起其事也大夫相殺例皆時〕

九年春毛伯來求金毛伯者何天子之大

大三百千　小二百五十五

夫也何以不稱使（据南季稱使）當喪未君也（時王新有三年喪）踰年矣何以謂之未君（据崩在八年踰年當即位）即位矣而未稱王也未稱王何以知其即位以諸侯之踰年即位亦知天子之踰年即位也（俱繼體其禮不得異）以天子三年然後稱王亦知諸侯於其封内三年稱子也（合信忠於其[illegible]）踰年稱公矣則曷爲於其封内三年稱子緣民臣之心不可一日無君緣終始之義一年不二君（故君薨稱子某既葬稱子明繼體以繫民臣之心）不可曠年無君（故踰年稱公）緣孝子之心則三年不忍當也（孝子三年志在思慕不忍當父位故）

雖即位猶於其封内三年稱子子張曰書云高宗諒闇三年不言何謂也孔子曰何必高宗古之人皆然君薨百官總己以聽冢宰三年毛伯來求金何以書譏何譏爾王者無求求金非禮也然則是王者與㞐未稱王曰非也非王者則曷爲謂之王者王者無求曰是子也雖名爲三年稱子者其實非唯繼父之位繼文王之體守文王之法度文王之法無求而求故譏之也引文王者文王始受命制法度夫人姜氏如齊奔父母之喪也不言奔喪者尊内猶不言朝聘也故以致起得禮也書者大夫家危重言如齊者大夫繫國二月叔孫得臣如京師辛丑葬襄王王者不書葬此何以書不及時書過時書重錄失特我有往者則書謂使大夫往也惡文公不自往故書

葬以起大夫會之日者僖公成風之喪襄王比加禮故恩錄之所以甚責內晉人殺其大夫先都三月夫人姜氏至自齊出獨致者得禮故與臣子辭月者婦人危重從始至例晉人殺其大夫士穀及箕鄭父楚人伐鄭公子遂會晉人宋人衛人許人救鄭夏狄侵齊秋八月曹伯襄卒九月癸酉地震地震者何動地也動者震之故傳先言動者喻若物之動地以曉人也何以書記異也天動地靜者常也地動者象陰爲陽行是時魯文公制於公子遂齊晉失道四方叛德星孛之萌自此而作故下與比干之變所感同也不傳天下異者從王內錄可知冬楚子使椒來聘椒者何楚大夫也楚無大夫此何以書始有大夫也入文公所聞世見升平法內諸夏以外夷狄也屈完子玉得臣者以起霸

事此其正也聘而與大夫者本大國始有大夫則何以不氏据屈完氏許夷狄者不一而足也許與也足其氏則當純以中國禮責之嫌夷狄質薄不可卒備故且以漸秦人來歸僖公成風之襚其言僖公成風何兼之兼之非禮也禮主于斂當各使一使所以別尊卑曷爲不言及成風据及者別公夫人尊卑文也連成風者但閒尊卑體當絕非欲上成風使及僖公成風尊也不可使卑及尊也母尊厚在下者明婦人有三從之義少繫父既嫁繫夫夫死繫子葬曹共公

十年春王三月辛卯臧孫辰卒夏秦伐晉謂之秦者起令狐之戰敵均不敗晉先眛以師奔秦可以足矣而猶不知止故夷狄之楚殺其大夫宜申自正月不雨至于秋七月公子遂之所招及

蘇子盟于女栗冬狄侵宋楚子蔡侯次于屈貉魯恐故書刺微弱也十有一年春楚子伐圈夏叔彭生會晉郤缺于承匡秋曹伯來朝公子遂如宋狄侵齊冬十月甲午叔孫得臣敗狄于鹹狄者何以日嫌夷狄不能偏戰故問也長狄也蓋長百尺兄弟三人言相類如兄弟一者之齊一者之魯一者之晉不書者外異也其之齊者王子成父殺之其之魯者叔孫得臣殺之經言敗殺不明故復云爾則未知其之晉者也其言敗何据敗者內戰文非殺一人也大之也長狄之三國皆欲爲君長大非一人所能討興師動衆然後殺之如

大戰故就其事言敗其日何據日而言敗與公子友敗莒師同非殺一人文大之也如結日大戰其地何大之也如大戰故地也何以書記異也魯成就周道之封齊晉霸尊周室之後長狄之操無羽翮之助別之三國皆欲爲君比象周室衰禮義廢大人無輔佐有夷狄行事以三成不可苟指一故自宣成以往弑君二十八亡國四十

十有二年春王正月盛伯來奔盛伯者何失地之君也何以不名兄弟辭也與郜子同義月者前爲魯所滅今來見歸尤當加意厚遇之杞伯來朝二月庚子子叔姬卒卒者許嫁此未適人何以卒許嫁矣婦人許嫁字而笄之死則以成人之喪治之其稱子何據伯姬卒亦許嫁不稱子貴也其貴奈何母弟也不稱母妹而繫先君

言子者遠別也禮男子不絕婦人之手婦人不絕男子之手夏楚人圍巢秋滕子來朝秦伯使遂來聘遂者何秦大夫也秦無大夫此何以書賢繆公也何賢乎繆公据聘不足與大夫荆人來聘是也以爲能變也其爲能變柰何惟諓諓善竫言諓諓淺薄之貌竫猶撰也俾君子易怠俾使也易怠猶輕惰也而況乎我多有之惟一介斷斷焉無他技一介猶一槩斷斷猶專一也他技奇巧異端也孔子曰攻乎異端斯害也已其心休休休休美大貌能有容能含容賢者逆耳之言是難也是難行也秦繆公自傷前不能用百里子蹇叔子之言感而自變悔遂霸西戎故因其能聘中國善而與之使有大夫子貢曰君子之過也如日月之食焉過也人皆見之更也人皆仰之此之謂也冬十有二月戊午晉人秦人

戰于河曲此偏戰也何以不言師敗績敵也曷爲以水地以水地者謂以水曲折起地遠近所在也据戰于泓不言曲河曲疏矣河千里而一曲也河曲疏以据地明故可以曲地因以起二國之君數興兵相伐戰無已時故不言及不别曲直而地以河曲明兩曲也季孫行父帥師城諸及運書帥師者刺魯微弱臣下不可使邑久不脩不敢徒行興師厲衆然後敢城之言及者别君邑臣邑也

十有三年春王正月夏五月壬午陳侯朔卒不書葬者盈爲晉文諱也晉文雖霸彊會人孤以尊天子自補有餘故復盈爲諱邾婁子籧篨卒自正月不雨至于秋七月公子遂所致世室屋壞世室者何魯公之廟也魯公周公子伯禽周公稱大廟魯公稱世室羣公稱宮少差異其下者所以上尊周公

此魯公之廟也曷爲謂之世室世室猶世室也世世不毀也魯公始封之君故不毀也周公何以稱大廟于魯據魯公始封也封魯公以爲周公也爲周公故語在下周公拜乎前魯公拜乎後始受封時拜于文王廟也尚書曰用命賞于祖是也父子俱拜者明以周公之功封魯公也曰生以養周公生以魯國供養周公死以爲周公主如周公死當以魯公爲祭祀主加曰者成王始受其茅土之辭禮記明堂位曰封周公於曲阜地方七百里革車千乘蓋以爲有王功故半天子也然則周公之魯乎曰不之魯也封魯公以爲周公主然則周公曷爲不之魯據爲周公者謂生以養周公死以爲周公主周公不之魯則不得供養爲主欲天下之一乎周也周公聖人德至重功至大東征則西國怨西征則東國怨嫌之魯恐天下迴心

趣鄉之故封伯禽命使遂供養死則奔喪爲主所以一天下之心于周室魯祭周公何以爲牲据廟異也周公用白牲白牲殷牲也周公死有王禮謙不敢與文武同也不以夏黑牡者嫌改周之文當以夏辟嫌也魯公用騂犅騂犅赤脊周牲也魯公以諸侯不嫌故從周制以脊爲差羣公不毛不毛不純色所以降于尊祖魯祭周公何以爲盛据牲異也周公盛盛者新穀魯公燾燾者冒也故上以新也羣公廩廩者連新於陳上財令半相連爾此謂方祫祭之時序昭穆之差世室屋壞何以書譏何譏爾久不脩也簡忽久不以時脩治至令壞敗故譏之言壞者重宗廟詳録之以不務公室不日者如久不脩當蒙上月冬公如晉衛侯會于沓狄侵衛十有二月己丑公及晉侯盟還自晉鄭伯會公于斐還者何善辭也何善爾往黨衛

侯會公于沓至得與晉侯盟反黨鄭伯會公于斐故善之也黨所也所由時齊人語也文公前扈之盟不見序後能救鄭之難不逆王者之求上得尊尊之義下得解患之恩一出三爲諸侯所榮故加録於其還時皆深善之

十有四年春王正月公至自晉月者爲臣子喜録上事

邾婁人伐我南鄙叔彭生帥師伐邾婁

夏五月乙亥齊侯潘卒不書葬者潘立儲嗣不明乍欲立舍乍欲立商人至使臨葬更相篡弒故絕其身明當更立其先君之次

六月公會宋公陳侯衛侯鄭伯許男曹伯晉趙盾癸酉同盟于新城盟下日者刺諸侯微弱信在趙盾

秋七月有星孛入于北斗孛者何彗星也狀如篲其言入于北斗何据大辰不言入又不言孛名

北斗有中也〔中者魁中〕何以書記異也〔孛者邪亂之氣篲者埽故置新之象也北斗天之樞機玉衡七政所出是時桓文迹息王者不能統政自是之後齊晉並爭吳楚更謀競行天子之事齊宋莒魯弑其君而立之應〕公至自會晉人納接菑于邾婁弗克納　納者何入辭也其言弗克納何〔據言于邾婁與納頓子于頓同俱入國得立辭〕大其弗克納也〔克勝也鄭伯以勝為惡此弗勝故為大〕何大乎其弗克納〔據伐齊納子糾恥不能納〕晉郤缺帥師革車八百乘以納接菑于邾婁力沛若有餘〔沛有餘貌〕而納之邾婁人言曰接菑晉出也貜且齊出也〔出外孫也〕子以其指〔指手指〕則接菑也四貜且也六〔言俱不得天之正性〕子以大國壓之〔壓服也服邾婁使從命〕則未知

齊晉孰有之也設齊復興兵來納貜且亦欲服邾婁使從命未知齊晉誰能使外孫有邾婁者貴則皆貴矣時邾婁再娶二子母尊同體敵雖然貜且也長既兩不得正性又皆貴唯當以年長故立之郤缺曰非吾力不能納也義實不爾克也如邾婁人言義不可奪也故云爾引師而去之故君子大其弗克納也大其不以己非奪人之是此晉郤缺也其稱人何貶曷爲貶据趙鞅納蒯聵不貶不與大夫專廢置君也曷爲不與据大其弗克納實與弗克納是而文不與文曷爲不與大夫之義不得專廢置君也不復發上無天子下無方伯傳者諸侯本有錫命征伐憂天下之道故明有亂大夫不得專也接菑不繫邾婁者見挈于郤缺也不氏者本當言邾婁接菑見當國也九月甲申公孫敖卒于齊

已絕卒之者爲後齊脅魯歸其喪有恥故爲内諱使若尚爲大夫齊公子商人弑其君舍此未踰年之君也其言弑其君舍何据弑其君之子奚齊也連名何之者弑成君未成君但名問例所從也己立之己殺之商人本正當立恐舍緣潘意爲害故先立而弑之成死者而賤生者也惡商人懷詐無道故成舍之君號以賤商人之所爲不解名者言成君可知從成君不日者與卓子同宋子哀來奔宋子哀者何無聞焉爾冬單伯如齊齊人執單伯齊人執子叔姬執者曷爲或稱行人或不稱行人此問諸侯相執大夫所稱例稱行人而執者以其事執也以其所銜奉國事執之晉人執我行人叔孫舍是也不稱行人而執者以己執也己者己大夫自以大夫之罪執之分別之者罪惡各當歸其本單伯

之罪何道淫也惡乎淫淫乎子叔姬（時子叔姬嫁當爲齊夫人使單伯送之）然則曷爲不言齊人執單伯及子叔姬（據夫人婦姜繫公子遂）內辭也使若異罪然（深諱使若各自以他事見執者不書叔姬歸于齊者深諱以起道淫書單伯如齊者起送叔姬也齊稱人者諱文使若非伯討）

十有五年春季孫行父如晉三月宋司馬華孫來盟（月者文公微弱大夫秉政宋亦蔽於三世之黨二亂結盟故不與信辭不稱使者宋無大夫官舉者見宋亂也錄華孫者明惡一國非以惡華孫也）夏曹伯來朝齊人歸公孫敖之喪何以不言來（據齊人來歸子叔姬）內辭也脅我而歸之筍將而來也（筍者竹箯一名編輿齊魯以北名之曰筍將送也爲叔姬淫惡魯類故取其尸置編輿中傳送而來脅魯令受之故諱不言來起其來有恥不可言來也不月者不以恩錄與子叔姬

異

六月辛丑朔日有食之鼓用牲于社是後楚人滅庸宋人弑其君處臼齊人弑其君商人宣公弑子赤莒弑其君庶其單伯至自齊大夫不致此致者喜患禍解也不省去氏者淫莒絕使若他單伯至也晉郤缺帥師伐蔡戊申入蔡入不言伐此其言伐何至之日也其日何据甲寅齊人伐衛日伐也至之日也嫌至日伐不至日入故曰入也主書與甲寅同義秋齊人侵我西鄙季孫行父如晉冬十有一月諸侯盟于扈不序不日者順上諱文使若扈之盟都不可得而知十有二月齊人來歸子叔姬其言來何据齊人歸公孫敖之喪不言來閔之也閔傷其棄絕來歸此有罪何閔爾父母之於子雖有罪猶若其不欲服罪然孔子

曰父爲子隱子爲父隱直在其中矣所以崇父子之親也言齊人不以棄歸爲文者令與敎同文相發明叔姬于文公爲姊妹言父母者時文公母在明孝子當申母恩也月者閔錄之從無罪例齊侯侵我西鄙遂伐曹入其郛郛者何恢郭也恢大也郭城外大郭入郛書乎曰不書圍不言入入郛是也入郛不書此何以書動我也諱使若爲同姓見入郛故動懼我也動我者何内辭也其實我動焉爾齊侵魯魯實爲子叔姬故動懼失操云爾鄉者不去幾亦入我郛故舉入郛以起魯恥且明兵之所鄉苟得其罪則莫敢不懼

十有六年春季孫行父會齊侯于陽穀齊侯弗及盟其言弗及盟何据序上會也連盟何者嫌据盟不見與盟也與齊期盟爲叔姬故中見簡賤不見與盟侮辱有恥故諱使若行父會而去齊侯不及得與盟故言

齊侯弗及亦所以起齊侈不肯夏五月公四不視朔視朔說在六年不舉不朝廟者禮月終于廟先受朔政乃朝明王敬尊也朝廟私也故以不視朔爲重常以朔者重始也公曷爲四不視朔据無事也公有疾也以不諱舉公知有疾公有疾乃復舉公是也何言乎公有疾不視朔据有疾無惡也自是公無疾不視朔也有疾無惡不當書又不言有疾者欲起公自是無疾不視朔也然則曷爲不言公無疾不視朔有疾猶可言也無疾不可言也言無疾大惡不可言也是後公不復視朔政事委任公子遂六月戊辰公子遂及齊侯盟于犀丘秋八月辛未夫人姜氏薨毀泉臺泉臺者何郎臺也莊公所築臺于郎以郎譏[illegible]民之漱浣郎臺則曷爲謂之泉臺未成爲郎臺未成時但以地

名之既成爲泉臺既成更以所置名之毀泉臺何以書譏何譏爾築之譏毀之譏先祖爲之已毀之不如勿居而已矣但當勿居令自毀壞不當故毀暴揚先祖之惡也築毀譏同知例皆時

楚人秦人巴人滅庸

冬十有一月宋人弒其君處臼弒君者曷爲或稱名氏或不稱名氏大夫弒君稱名氏賤者窮諸人賤者謂士也士正自當稱人大夫相殺稱人賤者窮諸盜降大夫使稱人降士使稱盜者所以別死刑有輕重也無尊上非聖人不孝者斬首梟之無營上犯軍法者斬要殺人者刎頸故重者錄輕者略也不日者內娶略賤之

十有七年春晉人衞人陳人鄭人伐宋夏

四月癸亥葬我小君聖姜聖姜者何文公之母也齊侯伐我西鄙六月癸未公及齊侯盟于穀諸侯會于扈秋公至自穀冬公子遂如齊

十有八年春王二月丁丑公薨于臺下秦伯罃卒秦穆公也至此卒者因其賢夏五月戊戌齊人弒其君商人商人弒君賊復見者與大夫異齊人已君事之殺之宜當坐弒君六月癸酉葬我君文公秋公子遂叔孫得臣如齊不舉重者譏魯偎使二大夫出虛國家廢政事重録内也冬十月子卒子卒者孰謂謂子赤也何以不日据子般卒日隱之也何隱

弑也弑則何以不日據子般卒日不忍言也所聞世臣子恩痛王父深厚故不忍言其日與子般異夫人姜氏歸于齊歸者大歸也夫死子弑賊人立無所歸留故去也有去道書者重絕不復反季孫行父如齊莒弑其君庶其稱國以弑何據莒人弑其君密州稱國以弑者衆弑君之辭一人弑君國中人人盡喜故舉國以明失衆當坐絕也例皆時者略之也

春秋公羊卷第六　經三千五百三十六字　注五千八百一十七字

春秋公羊經傳解詁宣公第七

何休學

元年春王正月公即位繼弑君不言即位此其言即位何其意也桓公篡成君宣公篡未踰年君嫌其義異故復發傳

公子遂如齊逆女譏喪娶復書不親迎者嫌觸諱不成其文也有母言如者緣內諱無貶公文

三月遂以夫人婦姜至自齊遂何以不稱公子一事而再見者卒名也卒竟也竟但舉名者省文

夫人何以不稱姜氏据僑如以夫人婦姜氏至自齊也經有姜不但問不稱氏者嫌据夫人氏欲使去姜貶曷爲貶之据但至也譏喪娶也喪娶者公也則曷爲貶夫人据師還也内無貶于公之道也

明下無咎上之義內無貶于公之道則曷爲貶夫人據俱有諱義夫人與公一體也恥辱與公共之夫人貶則公惡明矣去氏此於去姜差輕輕可言故不諱貶夫人其稱婦何據桓公夫人至不稱婦有姑之辭也有姑當以婦禮至無姑當以夫人禮至故分別言之言以者見行遂意也見繼重在遂因遠別也月者公不親迎危録之例也夏季孫行父如齊晉放其大夫胥甲父于衛放之者何猶曰無去是云爾是衞是然則何言爾近正也此其爲近正奈何古者大夫已去三年待放古者刑不上大夫蓋以爲摘巢毀卵則鳳皇不翔刳胎焚夭則麒麟不至刑之則恐誤刑賢者死者不可復生刑者不可復屬故有罪放之而已所以尊賢者之類也三年者古者疑獄三年而後斷易曰繫用徽墨寘於叢棘三歲不得凶是也自嫌有罪當誅故三年不敢去君放之

非也[曰無去是非也]大夫待放正也[聽君不去衛正也]古者臣有大喪則君三年不呼其門[重奪孝子之恩也禮父母之喪三年不從政齊衰大功之喪三月不從政故孔子曰夏后氏三年之喪既殯而致事殷人既葬而致事周人卒哭而致事君子不奪人之親亦不可奪親也]已練可以弁冕[此說時衰正失非謂禮當然弁禮所謂皮弁爵弁也皮弁武冠爵弁文冠夏曰收殷曰冔周曰弁加旒曰冕主所以入宗廟]服金革之事[謂以兵事使之]君使之非也[非古道也]臣行之禮也[臣順君命亦禮也此與君放之非臣待君放正同故引同類相發明]閔子[閔子騫以孝聞]要絰而服事[禮已練男子除乎首婦人除乎帶]既而曰若此乎古之道不即人心[既事畢言古者不敢斥君即近也]退而致仕[退退身也致仕還祿位于君]孔子蓋善之也[善其服事外得事君之義致仕內不失親親之恩言古者又孫

三九五

順不訕其君也不言君子者時賢者多以爲非唯孔子以爲是公會齊侯于平州

公子遂如齊六月齊人取濟西田外取邑

不書此何以書據曹[illegible]之不書所以賂齊也魯所以賂遺齊故諱

人共國辭曷爲賂齊據上無戰伐無所謝爲弒子赤之賂也

子赤齊外孫宣公篡弒之恐爲齊所誅爲是賂之故諱使若齊自取之者亦因惡齊取篡者賂當坐取邑未之齊坐

者由律行言許受賂也月者惡內甚于邾婁子益秋邾婁子來朝楚子鄭

人侵陳遂侵宋微者不得言遂遂者楚子之遂也不從鄭人去遂者兵尊者兼將晉

趙盾帥師救陳宋公陳侯衛侯曹伯會晉

師于斐林伐鄭此晉趙盾之師也據上趙盾救陳微者

不能會諸侯曷爲不言趙盾之師據公子遂會晉趙盾于衡雍伊雒戎

（盟再出名氏）君不會大夫之辭也（時諸侯爲趙盾所會不與畀致尊故正之去六夫名氏使若更有師也殊會地之者起諸侯爲盾所會）冬晉趙穿帥師侵柳柳者何天子之邑也（天子之間田也有大夫守之晉與大夫忿爭侵之）曷爲不繫乎周（据王師敗績于貿戎繫王）不與伐天子也（絕正其義使若兩國自相伐）晉人宋人伐鄭

二年春王二月壬子宋華元帥師及鄭公子歸生帥師戰于大棘宋師敗績獲宋華元（復出宋者非獨惡華元明恥惡及宋國）秦師伐晉（秦稱師者閔其衆惡其將奔秦之忿起殺之戰令襄公繆公已死可以止矣而復伐晉惡其構怨結禍無已）夏晉人宋人衛人陳人侵鄭秋九月乙丑晉趙盾弑其君

夷獋冬十月乙亥天王崩匡王

三年春王正月郊牛之口傷改卜牛牛死

乃不郊猶三望其言之何据食角不言之緩也辭間容之故爲緩不若食角急也到天牲之以角書者譏宣公養牲不謹敬不絜清而災重事至尊故詳録其簡甚曷爲

不復卜据宣十五年牛死改卜牛養牲養二卜二卜語在下帝牲

不吉帝皇天六帝在地居之中主總領天地五帝羣神也不吉者有災則板稷牲而

卜之先卜帝牲養之有災更引稷牲卜之以爲天牲養之凡當二卜爾復不吉不復郊帝牲在

于滌三月滌宮名養帝牲三牢之處也謂之滌者取壯蕩滌絜清三牛者各主一月取三月一時足以充其天牲於稷者唯具是視視其身體具無災害而已不特養于滌宮所以降稷尊帝

郊則曷爲必祭稷据郊者主爲祭天王者必以其祖

配祖謂后稷周之始祖姜嫄履大人迹所生配配食也王者則曷爲必以其祖配据方父事天自內出者無匹不行匹合也無所與會合則不行自外至者無主不止必得主人乃止者天道闇昧故推人道以接之不以文王配者重本尊始之義也故孝經曰郊祀后稷以配天宗祀文王於明堂以配上帝五帝在太微之中迭生子孫更王天下書改卜者善其應變得禮葬匡王楚子伐賁渾戎夏楚人侵鄭秋赤狄侵齊宋師圍曹冬十月丙戌鄭伯蘭卒葬鄭繆公葬不月者子未三年而弒故略之

四年春王正月公及齊侯平莒及郯莒人不肯公伐莒取向此平莒也其言不肯何据取汶陽田不言棘不肯辭取向也爲公取向作辭也取行義爲利故諱使若莒不肯聽公平伐取

其邑以弱之者僞也甚言及[illegible]甚不肯起其平也善齊侯孝公不能獨[illegible]者惡録之秦伯稻卒夏六月乙酉鄭公子歸生弑其君夷赤狄侵齊秋公如齊公至自齊冬楚子伐鄭五年春公如齊夏公至自齊秋九月齊高固來逆子叔姬叔孫得臣卒不日者知公子遂欲弑君爲人臣知賊而不言明當誅冬齊高固及子叔姬來何言乎高固之來据當舉叔姬爲重大夫私事不當書言叔姬之來而不言高固之來則不可禮大夫妻歲一歸宗叔姬歸嫁而與高固來如但言叔姬來而不言高固來則魯負教戒重不可言故書高固明失教戒重在固言及者猶公及夫人子公羊子曰其諸爲其雙雙而俱至者與言其雙行匹至似於鳥獸楚

人伐鄭

六年春晉趙盾衞孫免侵陳趙盾弑君此其復見何据宋督鄭歸生齊崔杼弑其君後不復見親弑君者趙穿也復見趙盾者欲起親弑者趙穿非盾親弑君者趙穿則曷爲加之趙盾不討賊也何以謂之不討賊据皆去葬月不加弑晉史書賊曰晉趙盾弑其君夷獋趙盾曰天乎無辜辜罪也呼天告寃吾不弑君誰謂吾弑君者乎史曰爾爲仁爲義人弑爾君而復國不討賊此非弑君如何復反也趙盾不能復應者明義之所責不可辭趙盾之復國奈何靈公爲無道使諸大夫皆内

朝禮公族朝於內朝親親也雖有貴者以齒明父子也外朝以官體異姓也宗廟之中以爵爲位崇德也宗人授事以官尊賢也升餕受爵以上嗣尊祖之正也喪紀以服之精麤爲序不奪人之親也然後處乎臺上引彈而彈之已趨而辟丸已已諸大夫也是樂而已矣以是爲笑樂趙盾已朝而出與諸大夫立於朝有人荷畚自閨而出者荷負也畚草器若今市所量穀者是也齊人謂之鍾宮中之門謂之闈其小者謂之閨從內朝出立于外朝見出閨者知外朝在閨外內朝在閨內可知趙盾曰彼何也夫畚曷爲出乎閨彼何若始怪何等物之辭熟視知其爲畚乃言夫畚者賤器何故乃出尊者之閨乎呼之不至怪而呼欲問之曰子大夫也欲視之則就而視之徹君責己以視人欲以見就爲解也古者士大夫通曰子趙盾就而視之則赫然死人也赫然已支解之貌趙盾

曰是何也曰膳宰也主宰割殺膳者若今大官宰人熊蹯不熟蹯掌公怒以斗摮而殺之摮猶𣪠也𣪠謂旁擊頭項支解將使我棄之趙盾曰嘻趨而入靈公望見趙盾愬而再拜愬者驚貌禮臣拜然後君荅拜靈公先拜者畨出盾入知其欲諫欲以敬拒之使不復言也禮天子爲三公下階卿前席大夫興席士式几趙盾逡巡北面再拜稽首頭至地曰稽首頭至手曰拜手趨而出以欲諫君君以拜謝知己意不冀當覺寤故出靈公心怍焉怍慙貌慙盾知己過欲殺之於是使勇士某者往殺之某者本有姓字記傳者失之勇士入其大門則無人門焉者入其閨則無人閨焉者焉者於也是無人於閨門守視者也上其堂則無人焉但言焉絕語辭堂不設守視人故不言焉者俯而

大二四五

闚其戶俯俛頭戶室戶方食魚飧勇士曰嘻子誠仁人也吾入子之大門則無人焉入子之閨則無人焉上子之堂則無人焉是子之易也易猶省也子爲晉國重卿而食魚飧是子之儉也君將使我殺子吾不忍殺子也雖然吾亦不可復見吾君矣負君命也遂刎頸而死勇士自斷頭也傳極道此者明約儉之衞甚於重門擊柝孔子曰禮與其奢寧儉此之謂也靈公聞之怒滋欲殺之甚滋猶益也衆莫可使往者於是伏甲于宮中召趙盾而食之趙盾之車右祁彌明者國之力士也禮大夫驂乘有車右有御者仡然從乎趙盾而

入仡然壯勇貌放乎堂下而立嫌靈公復欲殺盾故入以爲意禮器記曰天子堂高九尺諸侯七尺大夫五尺士三尺趙盾已食靈公謂盾曰吾聞子之劒蓋利劒也子以示我吾將觀焉授君劒當拔而進其首靈公因欲以推殺之趙盾起將進劒祁彌明自下呼之曰盾食飽則出何故拔劒於君所趙盾知之由人曰知之自己知曰覺焉躇階而走躇猶超遽不暇以次靈公有周狗周狗可以比周之狗所指如意謂之獒犬四尺曰獒呼獒而屬之獒亦躇階而從之祁彌明逆而踆之以足逆蹋曰踆絶其頷頷口趙盾顧曰君之獒不若臣之獒也然而宮中甲鼓而起甲即上所道伏甲約勒聞鼓聲當起殺盾有起

于甲中者抱趙盾而乘之〔欲趨疾走〕趙盾顧曰吾何以得此于子〔猶曰吾何以得此救急之恩於子邪非所以意悟〕曰子某時所食活我于暴桑下者也〔某時者記傳者失之暴桑蒲蘇桑傳道此者明人當素積恩德〕趙盾曰子名爲誰〔後欲報之〕曰吾君孰爲介〔介甲也猶曰我晉君誰爲興此甲兵豈不爲盾乎〕子之乘矣何問吾名〔之乘即上車也猶曰子已上車矣何不疾去而反徐問吾名乎欲令蚤免去不望報也〕趙盾驅而出衆無留之者〔明盾賢人不忍殺也且靈公無道民衆不說以致見殺〕趙穿緣民衆不說起弑靈公然後迎趙盾而入與之立于朝〔復大夫位也即所謂復國不討賊明史得用責之傳極道此上事者明君雖不君臣不可以不臣〕而立成公黑臀〔不書者明以惡夷獋猶不書剽立〕夏四月秋八月螺〔先是

宣公伐莒取向公比如齊所致冬十月

七年春衛侯使孫良夫來盟夏公會齊侯伐萊秋公至自伐萊大旱爲伐萊踰時也冬公會晉侯宋公衛侯鄭伯曹伯于黑壤

八年春公至自會夏六月公子遂如齊至黄乃復其言至黄乃復何据公孫敖不言至復又不言乃有疾也乃難辭也上言乃復下有卒知以疾爲難何言乎有疾乃復据公如晉以有疾乃復殺恥以爲有疾無惡譏何譏爾大夫以君命出聞喪徐行而不反聞喪者聞父母之喪徐行者不忍疾疾行又爲君當使人追代之以喪喻疾者喪尚不當反況於疾乎順經文而重責之言乃不言有疾者有疾猶不得反也敖不言乃者明無所難爲重敖當誅遂當絶辛巳有

事于大廟仲遂卒于垂仲遂者何据不稱公子故問之公子遂也自是後無遂卒知公子遂何以不稱公子据公子季友卒雖加字猶稱公子貶曷爲貶据叔孫得臣卒不貶爲弑子赤貶然則曷爲不於其弑焉貶据暈終隱之篇貶欲使於文十八年子赤卒年中貶於文則無罪於子則無年此解十八年秋如齊不貶意也十八年編於文公貶之則嫌有罪於文公無罪於子赤也卒乃貶者元年逆女嫌爲喪娶貶也公會平州下如齊嫌公遂八年如齊嫌坐乃復貶也貶加字者起嬰齊所氏明爲歸父後大宗不得絕也地者卒外明當有卒外禮也日者不去樂也書有事者爲不去樂張本壬午猶繹萬入去籥繹者何祭之明日也禮繹繼昨日事但不灌地降神爾天子諸侯曰繹大夫曰賓尸士曰宴尸去事之殺也必繹者尸屬昨日配先祖食不忍輒忘故因以復祭禮則無有誤敬愼之至殷曰彤周曰繹繹者据今日道昨日不敢

斥尊言之文意也形者形形不絕据昨日道今日斥尊言之質意也祭必有尸者節神也禮天子以卿爲尸諸侯以大夫爲尸卿大夫已下以孫爲尸夏立尸殷坐尸周旅酬六尸萬者何干舞也干謂楯也能爲人扞難而不使害人故聖王貴之以爲武樂萬者其篇名武王以萬人服天下民樂之故名之云爾籥者何籥舞也籥所吹以節舞也吹籥而舞文樂之長其言萬入去籥何据入者不言萬去樂不言名去其有聲者不欲令人聞之廢其無聲者廢置也置者不去也齊人語存其心焉爾存其心焉爾者何知其不可而爲之也明其心猶存於樂知其不可故去其有聲者而爲之猶者何通可以已也禮大夫死爲廢一時之祭有事于廟而聞之者去樂卒事卒事而聞之者廢繹日者起明日也言入者据未奏去籥時書凡祭自三年喪已下各以日月廢時祭唯郊社越紼而行事可戊子夫人熊氏薨晉師白狄伐秦楚

人滅舒蓼。秋七月甲子，日有食之，既。是後楚莊王圍宋，析骸易子，伐鄭勝晉，鄭伯肉袒，晉大敗於邲，中國精奪，屈服彊楚之應。冬十月己丑，葬我小君頃熊。雨不克葬。庚寅日中而克葬。頃熊者何？宣公之母也。熊氏，楚女。宣公即信公妾子。而者何？難也。乃者何？問定公日下昊乃克葬。難也。禮，卜葬從遠日，不克葬，見難者，臣子重難不得以正日葬其君。曷爲或言而，或言乃？乃難乎而也。言乃者內而深，言而者外而淺。下昊日昳久，故言乃。孔子曰：「其爲之也難，言之得無訒乎？」皆所以起孝子之情也。雨不克葬者，爲不得行葬禮。孔子曰：「生事之以禮，死葬之以禮，祭之以禮。」故不得行禮則不葬也。魯錄雨不克葬者，恩錄內尤深也。別朝莫者，明見日乃葬也。城平陽。楚師伐陳。

九年春王正月，公如齊。月者，善宣公事齊合古禮。卒使齊歸濟西田，不就十年月者五年再朝近得正孔子曰知和而和不以禮節之亦不可行也明雖事人皆當合禮公至自齊夏仲孫蔑如京師齊侯伐萊秋取根牟根牟者何邾婁之邑也曷爲不繫乎邾婁諱亟也亟疾也屬有小君之喪邾婁子來加禮未期而取其邑故諱不繫邾婁也上有小君喪而下諱取之則邾婁加禮明矣未期年從加禮數者猶王子虎從會葬數八月滕子卒九月晉侯宋公衛侯鄭伯曹伯會于扈晉荀林父帥師伐陳辛酉晉侯黑臀卒于扈扈者何晉之邑也諸侯卒其封內不地此何以地据陳侯鮑卒不地卒于會故地也起時衰多窮厄伐喪而卒於諸侯會上故地危之未出其地故不言會也左右皆臣民雖卒於會上危愈於竟外故不復著言

會也出外死有輕重死於師尤甚於會次之如人國次之封內最輕不書葬者篡也 冬十月癸酉
衛侯鄭卒 不書葬者殺公子瑕也 宋人圍滕楚子伐鄭
晉郤缺帥師救鄭陳殺其大夫泄冶
十年春公如齊公至自齊齊人歸我濟西
田齊巳取之矣其言我何 據歸讙及闡齊巳取不言我 言我
者未絕于我也曷爲未絕于我 據有俄道 齊巳
言取之矣 齊巳言語許取之 其實未之齊也 其人民貢賦尚屬於
魯實未歸於齊不言來者明不從齊來不當坐取邑凡歸邑物例皆時 夏四月丙辰
日有食之 與甲子既同事重故累食 己巳齊侯元卒齊崔
氏出奔衛崔氏者何齊大夫也其稱崔

氏何據齊高無咎出奔名連崔氏者與尹氏俱稱氏嫌爲采邑貶曷爲貶據外大夫奔不貶

譏世卿世卿非禮也復見譏者嫌尹氏王者大夫職重不當世諸侯大夫任輕可世也因齊大國禍著故就可以爲法戒明王者尊莫大於周室彊莫大於齊國世卿猶能危之公如齊不言奔喪者尊內也猶不言朝聘五月公至自齊癸巳陳夏徵舒弒其君平國六月宋師伐滕公孫歸父如齊葬齊惠公晉人宋人衛人曹人伐鄭秋天王使王季子來聘王季子者何天子之大夫也其稱王季子何據叔服不繫王不稱子王札子不稱季貴也其貴柰何母弟也子者王子也天子不言子弟故變文上季繫先王以明之著其骨肉貴體親也公孫歸父帥師伐邾婁取蘱大水先是城平陽取

根牟及顓役重民怨之所生季孫行父如齊冬公孫歸父如齊齊侯使國佐來聘饑何以書以重書也民食不足百姓不可復興危亡將至故重而書之明當自省減開倉廩贍振之哀公問於有若曰年饑用不足如之何有若對曰盍徹乎曰二吾猶不足如之何其徹也對曰百姓足君孰與不足百姓不足君孰與足楚子伐鄭

十有一年春王正月夏楚子陳侯鄭伯盟于辰陵不日月者莊王行霸約諸侯明王法討徵舒善其憂中國故爲信辭公孫歸父會齊人伐莒秋晉侯會狄于欑函離不言會言會者見所聞世治近升平內諸夏而詳錄之殊夷狄也下發傳於吳者方具說其義故從外內悉舉者明言之冬十月楚人殺陳夏徵舒此楚子也其稱人何据下入陳稱子貶曷爲貶据徵舒有罪不與外討也辟天子故貶見之即

所謂貶絕然後罪惡見不與外討者因其討乎外而不與也雖內討亦不與也雖自討其臣下亦不得與也曷爲不與据言爲齊誅之實與不言執與討賊同文而文不與文曷爲不與諸侯之義不得專討也諸侯之義不得專討則其曰實與之何上無天子下無方伯天下諸侯有爲無道者臣弒君子弒父力能討之則討之可也與齊桓專封同義不書兵者時不伐丁亥楚子入陳日者惡莊王討賊之後欲利其國復出楚子者爲下納善不當貶不可因上貶文納公孫寧儀行父于陳此皆大夫也其言納何据納者謂巳絕也寧儀行父上未有出奔絕文故見大夫反言納也納公黨與也嘗與弒君

甯儀行父如楚訴徵舒徵舒之黨從後絕其位楚爲討徵舒而納之本以弑公見絕故言納公黨與不書徵舒絕之者以弑君爲重主書者美楚能變悔改過以遂前功卒不取其國而存陳不繫國者因上入陳可知

十有二年春葬陳靈公討此賊者非臣子也何以書葬據惠公殺里克不書卓子葬君子辭也楚已討之矣臣子雖欲討之而無所討也無所復討也不從殺泄冶不書葬者泄冶有罪故從討賊書葬則君子辭與泄冶罪兩見矣不月者獨甯儀行父有訴楚功上已言納故從餘臣子恩薄略之

楚子圍鄭夏六月乙卯晉荀林父帥師及楚子戰于邲晉師敗績大夫不敵君此其稱名氏以敵楚子何據城濮之戰子玉得臣貶不與晉而與楚子爲禮也不與晉而反與楚子爲君臣之禮以

惡晉曷爲不與晉而與楚子爲禮也據城濮之戰貶得臣者不與楚爲禮莊王伐鄭勝乎皇門勝戰勝皇門鄭郭門放乎路衢路衢郭內衢道四達謂之衢鄭伯肉袒左執茅旌茅旌祀宗廟所用迎道神指護祭者斷曰藉不斷曰旌用茅者取其心理順一自本而暢乎末所以通精誠副至意右執鸞刀鸞刀宗廟割切之刀環有和鋒有鸞執宗廟器者示以宗廟不血食自歸首以逆莊王曰寡人無良邊垂之臣諸侯自稱曰寡人天子自稱曰朕良善也無善喻有過言己有過於楚邊垂之臣謙不敢斥莊王以干天禍干犯也謙不敢斥莊王歸之於天是以使君王沛焉沛焉者怒有餘之貌猶傳曰力沛若有餘辱到敝邑遠自勞辱到於鄭也諸侯自稱國曰敝邑君如矜此喪人自謂已喪亡錫之不毛之地墝埆不生五穀曰不毛謙不敢求肥饒使帥一二耋老而綏焉

六十稱耋七十稱老綏安也謙不敢多索丁夫願得主帥一二老夫以自安請唯君王之命莊王曰君之不令臣交易爲言是亦莊王謙不斥鄭伯之辭令善也交易猶往來也言君之不善臣數往來爲惡言是以使寡人得見君之玉面而微至乎此微喻小也積小語言以致於此莊王親自手旌自以手持旌也緇廣充幅長尋曰旐繼旐如燕尾曰旆加文章曰旗錯革鳥曰旟注旄首曰旌左右撝軍退舍七里將軍子重諫曰南郢之與鄭相去數千里南郢楚都不能二千里言數千里者欲深感莊王使納其言諸大夫死者數人廝役扈養死者數百人艾草爲防者曰廝汲水漿者曰役養馬者曰扈炊亨者曰養今君勝鄭而不有無乃失民臣之力乎無乃猶得無莊王曰古者杅不穿

皮不蠹則不出於四方杅飲水器穿敗也皮裘也蠹壞也言杅穿皮蠹乃出四方者出四方朝聘征伐皆當多少闕有所喪費然後乃行爾喻已出征伐士卒死傷固其宜也不當以是故滅有鄭恥不能早服也是以君子篤於禮而薄于利篤厚也不惜杅皮之費而貴朝聘征伐者厚於禮義薄於財利要其人而不要其土本所以伐鄭者欲要其人服罪過爾不要取其土地也古朝聘欲厚禮義不顧杅皮告從不赦不詳從服從善用心曰詳吾以不詳道民災及吾身何日之有何日之有猶無有日既則晉師之救鄭者至荀林父也曰請戰荀林父請戰莊王許諾將軍子重諫曰晉大國也國大衆彊王師淹病矣淹久也諸大夫廝役死者是君請勿許也莊王曰弱者吾威之彊者吾辟之

是以使寡人無以立乎天下（以是故必使寡人無以立功名于天下）令之還師而逆晉寇（言還者時莊王勝鄭去矣會晉師至復還戰也言寇者傳序經意謂晉如夷狄寇虜）莊王鼓之晉師大敗晉衆之走者舟中之指可掬矣（時晉乘舟渡邲水戰兵敗反走欲急去先入舟者斬後扳舟者指指隋舟中自隋邲水中而死可掬者言其多也以兩手曰掬禮天子造舟諸侯維舟卿大夫方舟士特舟）莊王曰嘻吾兩君不相好百姓何罪（敵大夫戰言兩君者林父本以君命來）令之還師而佚晉寇（佚猶過使得過渡邲水去也晉見莊王行義於陳功立威行嫉妬欲敗之救鄭鄭解猶擊之不止爲其欲壞楚善行以求上人故爭不使與楚成禮而序林父於上罪起其事言及者以臣及君不嫌晉自明晉汲汲欲敗楚爾陸戰當舉地而舉水者大莊王閔隋水而佚晉寇）秋七月冬十有二月戊寅楚子滅蕭（日者屬上有王言今反滅人故）

深責之晉人宋人衛人曹人同盟于清丘宋師伐陳衛人救陳

十有三年春齊師伐衛夏楚子伐宋秋螽先是新饑而使歸父會齊人伐莒賦斂不足國家遂虛下求不已之應冬晉殺其大夫先縠

十有四年春衛殺其大夫孔達夏五月壬申曹伯壽卒日者公子喜時父也緣臣子尊榮莫不欲與君父共之故加錄之所以養孝子之志許人子者必使父也晉侯伐鄭秋九月楚子圍宋月者惡久圍宋使易子而食之葬曹文公冬公孫歸父會齊侯于穀

十有五年春公孫歸父會楚子于宋宋見圍不得與會地以宋者善内爲救宋行雖不能解猶爲見人之戹則矜之故養遂其善意不嫌與貫解宋同文者正事見刺皆可知夏五月宋人及楚人平外平不書此何以書據上楚鄭平不書大其平乎己也己二大夫何大乎其平乎己據大夫無遂事莊王圍宋軍有七日之糧爾盡此不勝將去而歸爾於是使司馬子反乘堙而闚宋城宋華元亦乘堙而出見之堙距堙上城具司馬子反曰子之國何如華元曰憊矣曰何如問憊意也曰易子而食之析骸而炊之析破骸人骨也司馬子反曰嘻甚矣憊雖

然雖如所言吾聞之也圍者古有見圍者柑馬而秣之秣者以粟置馬口中柑者以木銜其口不欲令食粟示有畜積使肥者應客示飽足也是何子之情也猶曰何大露情華元曰吾聞之君子見人之戹則矜之矜閔小人見人之戹則幸之幸僥幸吾見子之君子也是以告情于子也司馬子反曰諾諾者受語辭勉之矣勉猶努力使努力堅守之吾軍亦有七日之糧爾盡此不勝將去而歸爾揖而去之反于莊王反報於莊王莊王曰何如司馬子反曰憊矣曰何如曰易子而食之析骸而炊之莊王曰嘻甚矣憊雖然雖已憊

吾今取此然後而歸爾（意未足也）司馬子反曰不可臣已告之矣軍有七日之糧爾莊王怒曰吾使子往視之子曷爲告之司馬子反曰以區區之宋（區區小貌）猶有不欺人之臣可以楚而無乎是以告之也莊王曰諾（先以諾受絕子反語）舍而止（更命築舍而止示無去計）雖然（雖宋已知我糧短）吾猶取此然後歸爾（欲徼糧待勝也）司馬子反曰然則君請處于此臣請歸爾莊王曰子去我而歸吾孰與處于此吾亦從子而歸爾引師而去之故君子大其平乎己也（大其有仁

恩
此皆大夫也其稱人何貶曷爲貶據大平其平
者在下也言在下者譏二子在君側不先以便宜反報歸美于君而生事專平故貶稱人等不勿貶不言遂者
在君側無遂道也以亡坐在君側遂爲罪也知經不以文實與也凡爲文實貶者皆以取專事爲罪月者專平不易六月
癸卯晉師滅赤狄潞氏以潞子嬰兒歸潞
何以稱子據其滅稱氏潞子之爲善也躬足以
亡爾躬身雖然君子不可不記也離于夷狄
疾夷狄之俗而去離之故稱子而未能合于中國未能與中國合同禮義相親比也故
猶繫赤狄晉師伐之中國不救狄人不有是以亡
也以去俗歸義亡君子閔傷進之日者謂錄之名者示所聞世始錄小國也錄以歸者因可責而責之責而加進之
者明下當絕當復其氏秦人伐晉王札子殺召伯毛伯王

札子者何長庶之號也天子之庶兄札者冠且字也禮天子庶兄冠而不名所以尊之王者王子也天子不言子弟故變文上札繫先王以明之不稱伯仲者辟同母兄弟起其爲庶兄也主書者惡天子不以禮尊之而任以權至令殺尊卿二人不言其大夫者挈也惡二大夫居尊卿之位爲下所提挈而殺之大夫相殺不稱人者正之諸侯大夫顧弒君重故降稱人王者至尊不得顧

秋螽從十三年之後上求未已而又歸父比年再出會內譏稅畝百姓動擾之應

仲孫蔑會齊高固于牟婁初稅畝

初者何始也稅畝者何履畝而稅也時宣公無恩信於民民不肯盡力於公田故履踐案行擇其善畝穀最好者稅取之初稅畝何以書譏何譏爾譏始履畝而稅也何譏乎始履畝而稅據用田賦不言初亦不言稅畝古者什一而藉什一以借民力以什與民自取其一爲公田古者曷爲什一而藉據數非什一者天下之中

正也多乎什一大桀小桀奢泰多收於民比於桀也寡乎什一大貉小貉蠻貉無社稷宗廟百官制度之費稅薄什一者天下之中正也什一行而頌聲作矣頌聲者太平歌頌之聲帝王之高致也春秋經傳數萬指意無窮狀相須而舉相待而成至此獨言頌聲作者民以食為本也夫飢寒並至雖堯舜躬化不能使野無寇盜貧富兼并雖皋陶制法不能使彊不陵弱是故聖人制井田之法而口分之一夫一婦受田百畝以養父母妻子五口為一家公田十畝即所謂什一而稅也廬舍二畝半凡為田一頃十二畝半八家而九頃共為一井故曰井田廬舍在內貴人也公田次之重公也私田在外賤私也井田之義一曰無泄地氣二曰無費一家三曰同風俗四曰合巧拙五曰通財貨因井田以為市故俗語曰市井種穀不得種一穀以備災害田中不得有樹以妨五穀還廬舍種桑荻雜菜畜五母雞兩母豕瓜果種疆畔女工蠶織老者得衣帛焉得食肉焉死者得葬焉多於五口名曰餘夫餘夫以率受田二十五畝十井共出兵車一乘司空謹別田之高下善惡分為三品上田一歲一墾中田二歲一墾下田三歲一墾肥饒不得獨樂墝埆不得獨苦故三年一換土易居

財均力平兵車素定是謂均民力彊國家在田曰廬在邑曰里一里八十戶八家共一巷中里爲校室選其耆老有高德者名曰父老其有辯護伉健者爲里正皆受倍田得乘馬父老比三老孝弟官屬里正比庶人在官之吏民春夏出田秋冬入保城郭田作之時春父老及里正旦開門坐塾上晏出後時者不得出莫不持樵者不得入五穀畢入民皆居宅里正趨緝績男女同巷相從夜績至於夜中故女功一月得四十三日作從十月盡正月止男女有所怨恨相從而歌飢者歌其食勞者歌其事男年六十女年五十無子者官衣食之使之民間求詩鄉移於邑邑移於國國以聞於天子故王者不出牖戶盡知天下所苦不下堂而知四方十月事訖父老教於校室八歲者學小學十五者學大學其有秀者移於鄉學鄉學之秀者移於庠庠之秀者移於國學學於小學諸侯歲貢小學之秀者於天子學於大學其有秀者命曰造士行同而能偶別之以射然後爵之士以才能進取君以考功授官三年耕餘一年之畜九年耕餘三年之積三十年耕有十年之儲雖遇唐堯之水殷湯之旱民無近憂四海之內莫不樂其業故曰頌聲作矣冬蝝生未有言蝝生者此其言蝝生何蝝即蝗也始生曰蝝大曰蝗蝝生不書此何以

書幸之也幸僥幸幸之者何聞災當懼反喜非其類故執不知問猶曰受之云爾受之云爾者何上變古易常上謂宣公變易公田古常舊制而稅畝應是而有天災應是變古易常而有天災蝝民用飢其諸則宜於此焉變矣言宣公於此天災饑後能受過變寤明年復古行中冬大有年其功美過於無災故君子深爲喜而僥幸之變蝝言蝝以不爲災書起其事饑

十有六年春王正月晉人滅赤狄甲氏及留吁言及者留吁行微不進夏成周宣謝災成周者何東周也後周分爲二天下所名爲東周名爲成周者本成王所定名天下初號之云爾宣謝者何宣宮之謝也宣宮周宣王之廟也至此不毀者有中興之功室有東西廂曰廟無東西廂有室曰寢無室曰謝何言乎成周宣謝災据天子之居稱京師宋災不別所燒

樂器藏焉爾宣王中興所作樂器成周宣謝災何以書記災也外災不書此何以書新周也新周故分別所災不與宋同也孔子以春秋當新王上黜杞下新周而故宋因天災中興之樂器示周不復興故繫宣謝於成周使若國文黜而新之從爲王者後記災也秋郯伯姬來歸嫁不書者爲媵也來歸書者後爲嫡也死不卒者已棄有更適人之道或時爲大夫妻故不得待以初也棄歸例有罪時無罪月冬大有年

十有七年春王正月庚子許男錫我卒丁未蔡侯申卒夏葬許昭公葬蔡文公不月者齊桓晉文沒後先背中國與楚故略之與楚在文十年六月癸卯日有食之是後邾婁人戕鄫子四國大夫敗齊師于鞌齊侯逸獲君道微臣道彊之所致己未公會晉侯衛侯曹伯邾婁子同盟于斷道秋公至自會

冬十有一月壬午公弟叔肹卒稱字者賢之宣公篡立叔肹不仕其朝不食其禄終身於貧賤故孔子曰篤信好學守死善道危邦不入亂邦不居天下有道則見無道則隱此之謂也禮盛德之士不名天子上大夫不名春秋公子不爲大夫者不卒卒而字者起其宜爲天子上大夫也孔子曰興滅國繼絶世舉逸民天下之民歸心焉

十有八年春晉侯衛世子臧伐齊公伐杞

夏四月秋七月邾婁人戕鄫子于鄫戕鄫子于鄫者何殘賊而殺之也支解節斷之故變殺言戕戕則殘賊惡無道也言于鄫者刺鄫無守備小國本不卒故亦不日甲戌楚子旅卒何以不書葬据日而名吳楚之君不書葬辟其號也旅即莊王也葬從臣子辭當稱王故絶其葬明當誅之至此卒者因其有賢行公孫歸父如晉

冬十月壬戌公薨于路寢歸父還自晉至檉遂奔齊還者何善辭也何善爾歸父使於晉上如晉是還自晉至檉聞君薨家遣家爲魯所逐遣以先人弑君故也墠帷墠地曰墠今齊俗名之云帷將袒踊故設帷重形哭君成踊踊辟踊也禮必踊者如嬰兒之慕母矣成踊成三日五哭踊之禮禮臣爲君本服斬衰故成踊比二日朝莫哭踊三日朝哭踊莫不復哭踊去事之殺也反命乎介因介反命禮卿出聘以大夫爲上介以士爲衆介自是走之齊

主書者善其不以家見逐怨懟成踊哭君終臣子之道起時莫能然也言至檉者善其得禮於檉言遂者因介反命是也不待報非也遂弑君本當絶小善録者非直公同篡之人又不當逐不日者從罰可逐故從有罪例也

春秋公羊卷第七 經三千八百二十四字 注六千八百一十七字

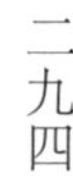

宋撫州本春秋公羊經傳解詁

漢 何休撰 唐 陸德明釋文

宋淳熙間撫州公使庫刻紹熙四年重修印本

第二册

山東人民出版社·濟南

春秋公羊經傳解詁成公第八

何休學

元年，春，王正月，公即位。二月辛酉，葬我君宣公。無冰。（周二月，夏十二月。尚書曰：舒恒燠若。易京房傳曰：當寒而温，倒賞也。是時成公幼少，季孫行父專權而委任之所致。）三月，作丘甲。何以書？譏。何譏爾？譏始丘使也。（四井爲邑，四邑爲丘。甲，鎧也。譏始使丘民作鎧也。古者有四民：一曰德能居位曰士，二曰辟土殖穀曰農，三曰巧心勞手以成器物曰工，四曰通財鬻貨曰商。四民不相兼，然後財用足。月者，重録之。）夏，臧孫許及晉侯盟于赤棘。（時有謀結𥶡之戰，不相負也。後爲晉所執，不日者，執在三年外，尋舊盟後，非此盟所能保。）秋，王師敗績于貿戎。孰敗之？蓋晉敗之。（以晉比侵柳、圜、郊，知王師討晉而敗之。）或曰貿戎敗之。

以地貿戎故然則曷爲不言晉敗之據侵柳圍郊言晉王者無敵莫敢當也正其義使若王自敗于貿戎莫敢當敵敗之也不日月者深正之使若不戰冬十月

二年春齊侯伐我北鄙夏四月丙戌衛孫良夫帥師及齊師戰于新築衛師敗績六月癸酉季孫行父臧孫許叔孫僑如公孫嬰齊帥師會晉郤克衛孫良夫曹公子手及齊侯戰于鞌齊師敗績曹無大夫公子手何以書據羈無氏憂内也春秋託王于魯因假以見王法明諸侯有能從王者征伐不義克勝有功當襃之故與大夫大夫敵君不貶者隨從王者大夫得敵諸侯也不從内

言敗之者，君子不掩人之功，故從外言戰也。魯舉四大夫不舉重者，惡內多虛國家悉出用兵，重錄內也。

秋七月，齊侯使國佐如師。己酉，及國佐盟于袁婁。

君不使乎大夫，此其行使乎大夫何？据高子來盟魯無君不稱使。不從王者大夫稱使者，實晉郤克爲主，經先晉，傳舉郤克是也。佚獲也。佚獲者，已獲而逃亡也。當絶賤，使與大夫敵體以起之。君獲不言師敗績等，起不去師敗績者，辟內敗文。其佚獲奈何？

師還齊侯，還繞。晉郤克投戟，逡巡再拜稽首馬前。逢丑父者，頃公之車右也。人君驂乘，有車右，有御者。面目與頃公相似，衣服與頃公相似，禮，皮弁以征，故言衣服相似。頃公有負晉魯之心，故特選丑父備急，欲以自代。代頃公當左，升車象陽，陽道尚左，故人君居左，臣居右。使頃公取飲，頃公操飲而至，不知頃公將欲堅敵意邪勢未得去邪曰華取清者華更也軍中人多水泉濁欲使遠取清者因亡去公用是佚而不反不書獲者內大惡諱逢丑父曰吾賴社稷之神靈吾君已免矣郤克曰欺三軍者其法柰何顧問執法者曰法斮斮斬於是斮逢丑父丑父死君不賢之者經有使乎大夫於王法頃公當絶如賢丑父是賞人之臣絶其君也若以丑父故不絶頃公是開諸侯戰不能死難也如以衰世無絶頃公者自齊所當善爾非王法所當貴己酉及齊國佐盟于袁婁曷爲不盟于師而盟于袁婁据國佐如師前此者晉郤克與臧孫許同時而聘于齊不書恥之蕭同姪子者齊君之母也蕭同國名姪子者蕭同君姪娣之子嫁於齊生頃公踊于棓而窺客踊上也凡無高下有絶加躡板曰棓齊人語

則客或跛或眇於是使跛者迓跛者使眇者迓眇者迓迎御主迎者也聘禮賓至大夫率至于館卿致館宰夫朝服致飧飧明訝于館二大夫出相與踦閭而語閭當道門閉一扇開一扇一人在外一人在內曰踦閭將別恨為齊所侮戲謀伐之而不欲使人聽之移日然後相去齊人皆曰患之起必自此始知必為國家憂明勿羞之言不可戀且起頃公不覺寤二大夫歸相與率師為鞌之戰齊師大敗齊侯使國佐如師怪師勝猶不解往問之郤克曰與我紀侯之甗齊襄公滅紀所得甗邑其土肥饒欲得之或說甗玉甑反魯衛之侵地使耕者東畝使耕者東西如晉地且以蕭同姪子為質見侮戲本由蕭同姪子則吾舍子矣國佐曰與我紀

侯之亂請諸反魯衛之侵地請諸使耕者東畝是則土齊也則晉悉以齊爲土地是不可行蕭同姪子者齊君之母也齊君之母猶晉君之母也不可言至尊不可爲質請戰如欲使耕者東西畝質齊君之母當請戰壹戰不勝請再再戰不勝請三言齊雖敗尚可三戰三戰不勝則齊國盡子之有也何必以蕭同姪子爲質揖而去之郤克眣魯衛之使使以其辭而爲之請郤克恥傷其威故使魯衛大夫以國佐辭爲國佐請然後許之逮于袁婁而與之盟逮及也追及國佐于袁婁也傳極道此者本禍所由生因録國佐受命不受辭義可拒則拒可許則許一言使四國大夫汲汲追與之盟八月壬

午宋公鮑卒庚寅衛侯遬卒取汶陽田汶陽田者何鞌之賂也以國佐言反魯衛之侵地請諾本所侵地非一摠繫汶陽者省文也不言取之齊者恥内乘勝脅齊求賂得邑故諱使若非齊邑冬楚師鄭師侵衛

十有一月公會楚公子嬰齊于蜀丙申公及楚人秦人宋人陳人衛人鄭人齊人曹人邾婁人薛人鄫人盟于蜀此楚公子嬰齊也其稱人何據會而盟一處知一人也得壹貶焉爾得壹貶者獨此一事得具見其惡故貶之爾不然則當没公也如齊高傒矣不没公者明不主爲公故也上會不序諸侯大夫者嬰齊楚專政驕蹇臣也數道其君率諸侯侵中國故獨先擧於上乃貶之明本在嬰齊當先誅其本乃及其末

三年春王正月公會晉侯宋公衛侯曹伯

伐鄭辛亥葬衛繆公二月公至自伐鄭甲子新宮災三日哭新宮者何宣公之宮也以無新宮知宣公之宮廟宣宮則曷爲謂之新宮不忍言也親之精神所依而災孝子隱痛不忍正言也謂之新宮者因新入宮易其西北角示昭穆相繼代有所改更也其言三日哭何据桓僖宮災不言三日哭廟災三日哭禮也善得禮痛傷鬼神無所依歸故君臣素縞哭之新宮災何以書記災也此象宣公篡立當誅絕不宜列昭穆成公幼少臣威大重結怨彊齊將不得久承宗廟之應乙亥葬宋文公夏公如晉鄭公子去疾率師伐許公至自晉秋叔孫僑如率師圍棘棘者何汶陽之不服邑也棘人初未服於魯其言圍之何据國內兵不舉不聽也不聽

者叛也不言叛者爲內諱故書圍以起之不先以文德來之而便以兵圍之當與圍外邑同罪故言圍也得曰取不得曰圍

大雩成公幼少大臣秉政變亂政教先是作丘甲爲鞌之戰伐鄭圍棘不恤民之所生晉郤克衛孫良夫伐將咎如冬十有一月晉侯使荀庚來聘衛侯使孫良夫來聘丙午及荀庚盟丁未及孫良夫盟此聘也其言盟何据不舉重嫌與盟故此以輕問重也聘而言盟者尋舊盟也尋猶尋繹也以不與重連聘而言之知尋繹舊故約誓也書者惡之詩曰君子屢盟亂是用長二國既脩禮相聘不能相親信反復相疑故舉聘以非之鄭伐許謂之鄭者惡鄭襄公與楚同心數侵伐諸夏自此之後中國盟會無已兵革數起夷狄比周爲黨故夷狄之

四年春宋公使華元來聘三月壬申鄭伯

堅卒杞伯來朝夏四月甲寅臧孫許卒公如晉葬鄭襄公秋公至自晉冬城運鄭伯伐許未踰年君稱伯者時樂成君位親自伐許故如其意以著其惡

五年春王正月杞叔姬來歸始歸不書與鄭伯姬同仲孫蔑如宋夏叔孫僑如會晉荀秀于穀梁山崩梁山者何河上之山也梁山崩何以書記異也何異爾大也何大爾梁山崩壅河三日不沠故不日以起之不書壅河者舉崩大爲重外異不書此何以書爲天下記異也山者陽精德澤所由生君之象河者四瀆所以通道中國與王道同記山崩壅河者此象諸侯失勢王道絕大夫擅恣爲海内害自是之後六十年之中弑君十四亡國三十二故

（溴梁之盟徧刺天下之大夫）秋大水（先是既有丘甲鞌棘之役又重以城鄆民怨之所生）冬十有一月己酉天王崩（定王）十有二月己丑公會晉侯齊侯宋公衛侯鄭伯曹伯邾婁子杞伯同盟于蟲牢（約備彊楚）

六年春王正月公至自會（月者前魯大夫獲齊侯今親相見故危之）二月辛巳立武宮武宮者何武公之宮也（在春秋前）立者何立者不宜立也立武宮非禮也（禮天子諸侯立五廟受命始封之君立一廟至於子孫過高祖不得復立廟周家祖有功尊有德立后稷文武廟至於子孫自高祖已下而七廟天子卿大夫三廟元士二廟諸侯之卿大夫比元士二廟諸侯之士一廟立武宮者蓋時衰多廢人事而好求福於鬼神故重而書之臧孫許伐齊有功故立武宮）取鄟鄟者何邾婁之

邑也曷爲不繫于邾婁諱亟也諱魯背信亟也屬相與爲蟲牢之盟旋取其邑故使若非蟲牢人矣衛孫良夫率師侵宋夏

六月邾婁子來朝公孫嬰齊如晉壬申鄭伯費卒不書葬者爲中國諱蟲牢之盟約備彊楚楚伐鄭喪不能救晉又侵之故去葬使若非伐喪

秋仲孫蔑叔孫僑如率師侵宋楚公子嬰齊率師伐鄭冬季孫行父如晉晉欒書率師侵鄭

七年春王正月鼷鼠食郊牛角改卜牛鼷鼠又食其角乃免牛鼷鼠者鼠中之微者角生上指逆之象易京房傳曰祭天不慎鼷鼠食郊牛角書又食者重録魯不覺寤重有災也不重言牛獨重言鼠者言角牛可知食牛者未必故鼠故重言

吳伐郯吳國見者罕與中國交至升平乃見故因始見以漸進夏五月曹伯來朝不郊猶三望秋楚公子嬰齊率師伐鄭公會晉侯齊侯宋公衛侯曹伯莒子邾婁子杞伯救鄭八月戊辰同盟于馬陵公至自會吳入州來冬大雩先是公會諸侯救鄭承前不恤民之所致衛孫林父出奔晉

八年春晉侯使韓穿來言汶陽之田歸之于齊來言者何內辭也脅我使我歸之也以此經加之知見使即聞晉語自歸之但當言歸曷爲使我歸之據本魯邑鞌之戰齊師大敗齊侯歸弔死視疾七年不飲

酒不食肉晉侯聞之曰嘻奈何使人之君七年不飲酒不食肉請皆反其所取侵地晉侯聞齊侯悔過自責高其義畏其德使諸侯還奪之所喪邑魯見使卑有恥故諱不言使者因兩爲其義諸侯不得相奪土地晉適可來議語之魯宜聞義自歸之爾不得使也王書者善晉之義齊晉欒書帥師侵蔡公孫嬰齊如莒宋公使華元來聘夏宋公使公孫壽來納幣納幣不書此何以書据紀履緰來逆女不書納幣錄伯姬也伯姬守節逮火而死賢故詳錄其禮所以殊於衆女晉殺其大夫趙同趙括秋七月天子使召伯來錫公命其稱天子何据天王使毛伯來錫文公命不稱天子元年春王正月正也正者文不變也其餘皆通矣其餘謂不繫于元年者或言王

或言天王或言天子皆相通矣以見刺譏是非也王者號也德合元者稱皇孔子曰皇象元逍遥術無文字德明謚德合天者稱帝河洛受瑞可放仁義合者稱王符瑞應天下歸往天子者爵稱也聖人受命皆天所生故謂之天子此錫命稱天子者爲王者長愛幼少之義欲進勉幼君當勞來與賢師良傅如父教子不當賜也月者例也爲魯喜録之

冬十月癸卯杞叔姬卒棄而日卒者爲下脅杞歸其喪張本文使若尚爲杞夫人晉侯使士燮來聘叔孫僑如會晉士燮齊人邾婁人伐郯衛人來媵媵不書此何以書据逆女不書媵録伯姬也言來媵者禮君不求媵諸侯自媵夫人伯姬以賢聞諸侯諸侯爭欲媵之故善而詳録之媵例時

九年春王正月杞伯來逆叔姬之喪以歸杞伯曷爲來逆叔姬之喪以歸据已棄也內辭也脅而歸之也言已歸者與忿怒執人同辭而不得專其本意知其爲脅也已棄而脅歸其喪

四百一十六

公羊

恃義恥深惡重故使若杞伯自來逆之公會晉侯齊侯宋公衛侯鄭伯曹伯莒子杞伯同盟于蒲不日者已得鄭盟當以備楚而不以罪執之旋使離叛楚緣隙潰莒不能救禍由中國無信故諱爲信辭使若莒潰非盟失信所以甚中國因與下潰日相起公至自會二月伯姬歸于宋夏季孫行父如宋致女未有言致女者此其言致女何錄伯姬也古者婦人三月而後廟見稱婦擇日而祭於禰成婦之義也父母使大夫操禮而致之必三月者取一時足以別貞信貞信著然後成婦禮書者與上納幣同義所以彰其絜且爲父母安榮之言女者謙不敢自成禮婦人未廟見而死歸葬於女氏之黨晉人來媵媵不書此何以書錄伯姬也義與上同復發傳者樂道人之善秋七月丙子齊侯無野卒晉人執鄭伯晉欒書帥師伐鄭

冬十有一月葬齊頃公楚公子嬰齊帥師伐莒庚申莒潰日者録責下國無信同盟不能相救至爲夷狄所潰楚人入運秦人白狄伐晉鄭人圍許城中城

十年春衞侯之弟黑背率師侵鄭夏四月五卜郊不從乃不郊其言乃不郊何据上不郊不言乃僖公不從言免牲也不免牲故言乃不郊也不免牲當坐盜天牲以事天之道故諱使若重難不得郊五月公會晉侯齊侯宋公衞侯曹伯伐鄭不致者成公數卜郊不從怨懟故不免牲不但不免牲而已故奪臣子辭以起之齊人來媵媵不書此何以書録伯姬也三國來媵非禮也曷爲皆以録伯姬之辭言之

婦人以衆多爲侈也侈大也朝廷侈於婦上婦人侈於婦下伯姬以至賢爲三國所爭媵故侈大其能容之唯天子娶十二女丙午晉侯獳卒不書葬者殺大夫趙同等秋七月公如晉如晉者冬也去冬者惡成公前既怨懟不免牲今復如晉過郊乃反遂怨懟無事天之意當絕之

十有一年春王三月公至自晉晉侯使郤州來聘己丑及郤州盟夏季孫行父如晉秋叔孫僑如如齊冬十月

十有二年春周公出奔晉周公者何天子之三公也王者無外此其言出何自其私土而出也私土者謂其國也比起諸侯入爲天子三公也周公驕蹇不事天子出居私土不聽京師之政天子召之而出

走明當并絕其國故以出國録也不月者小國也夏公會晉侯衛侯于沙澤秋晉人敗狄于交剛冬十月

十有三年春晉侯使郤錡來乞師三月公如京師月者善公尊天子夏五月公自京師遂會晉侯齊侯宋公衛侯鄭伯曹伯邾婁人滕人伐秦其言自京師何據僖公二十八年諸侯遂圍許不言自王所公鑿行也以起公鑿行也鑿猶更造之意公鑿行奈何不敢過天子也時本欲直伐秦塗過京師不敢過天子而不朝復生事脩朝禮而後行故起時善而褒成其意使若故朝然後生事也間無事復出公者善公鑿行曹伯廬卒于師秋七月公至自伐秦月者危公幼而遠用兵冬葬曹宣公

十有四年春王正月莒子朱卒莒大子郲妻至此乃卒者庶其見殺不得卒至此始卒又不得日夏衛孫林父自晉歸于衛秋叔孫僑如如齊逆女凡娶早晚皆不譏者從紀履緰一譏而已鄭公子喜率師伐許九月僑如以夫人婦姜氏至自齊冬十月庚寅衛侯臧卒秦伯卒

十有五年春王二月葬衛定公三月乙巳仲嬰齊卒仲嬰齊者何疑仲遂後故問之公孫嬰齊也未見於經爲公孫嬰齊今爲大夫死見於經爲仲嬰齊公孫嬰齊則曷爲謂之仲嬰齊爲兄後也爲兄後則曷爲謂之仲嬰齊据本公孫爲人後者爲之子也更爲公孫

之子故不得復氏公孫爲人後者爲其子則其稱仲何据氏非一孫以王父字爲氏也謂諸侯子也顧興滅繼絕故紀族明所出然則嬰齊孰後後歸父也歸父使于晉而未反宣公十八年自晉至檉奔齊誌今未還何以後之据巳絕也叔仲惠伯傅子赤者也叔仲者叔彭生氏也文家字積於叔叔仲有長幼故連氏之經云仲者明春秋質家當積於仲惠謚也文公死子幼子赤幼也公子遂謂叔仲惠伯曰君幼如之何願與子慮之叔仲惠伯曰吾子相之老夫抱之禮大夫七十而致事若不得謝則必賜之几杖行役以婦人從遊四方乘安車自稱曰老夫何幼君之有公子遂知其不可與謀退而殺叔仲惠伯弒子赤而立宣

大字卅五

公殺叔仲惠伯不書者舉弒君爲重叔仲惠伯事與荀息相類不得爲累者有異也叔仲惠伯直先見殺爾不如荀息死之宣公死成公幼臧宣叔者相也臧孫許宣諡君死不哭聚諸大夫而問焉曰昔者叔仲惠伯之事孰爲之諸大夫皆雜然曰仲氏也其然乎於是遣歸父之家時見君幼欲以防示諸大夫然後哭君歸父使乎晉還自晉至檉聞君薨家遣墠帷哭君成踊反命于介自是走之齊魯人徐傷歸父之無後也徐者皆共之辭也關東語傷其先人爲惡身見逐絕不忿懟也於是使嬰齊後之也弟無後兄之義爲亂昭穆之序失父子之親故不言仲孫明不與子爲父孫癸丑公會晉侯衛侯鄭伯曹伯

宋世子成齊國佐邾婁人同盟于戚晉侯執曹伯歸之于京師（爲篡喜時）公至自會夏六月宋公固卒（又曰者衆失二國滕非禮故略之）楚子伐鄭秋八月庚辰葬宋共公宋華元出奔晉宋華元自晉歸于宋（不言自宋復出宋華元者宋公卒子幼華元以憂國爲大夫山所譖出奔晉晉人理其罪宋人反華元誅山故繫宋大夫之也言歸者明罪入無惡）宋殺其大夫山（不氏者見殺在華元歸後嫌直自見誅者故貶之明以譖華元故）宋魚石出奔楚（與山有親恐見及也從得言復入者出無惡知非君爲言魚石不殺山）冬十有一月叔孫僑如會晉士燮齊高無咎宋華元衛孫林父鄭公子鰌邾婁人會吳于鍾離曷爲殊會吳（據楚不殊）外吳也曷

爲外也據襄五年不外之春秋內其國而外諸夏內諸夏而外夷狄內其國者假魯以爲京師也諸夏外土諸侯也謂之夏者大摠下土言之辭也不殊楚者楚始見所傳聞世尚外諸夏未得殊也至於所聞世可得殊又卓然有君子之行吳似夷狄差醇而適見於可殊之時故獨殊吳王者欲一乎天下曷爲以外內之辭言之據大一統言自近者始也明當先正京師乃正諸夏諸夏正乃正夷狄以漸治之葉公問政於孔子孔子曰近者說遠者來季康子問政於孔子孔子曰政者正也子帥以正孰敢不正是也內者危錄之諸侯既委任大夫復命交接夷狄許遷于葉

十有六年春王正月雨木冰雨木冰者何雨而木冰也何以書記異也木者少陽幼君大臣之象冰者凝陰兵之類也冰脅此者君臣將執於兵之徵也夏四月辛未滕子卒滕子始卒於宣公日於成

公不名邾婁始卒於六公日於襄公名俱葬於昭公是以知勝小鄭公子喜帥師侵宋六月丙寅朔日有食之是後楚滅舒庸晉厲公見弒殺尤重故十七年復食晉侯使欒黶來乞師甲午晦晦者何冥也何以書記異也此王公失道臣代其治故陰代陽晉侯及楚子鄭伯戰于鄢陵楚子鄭師敗績敗者稱師楚何以不稱師據宋公戰于泓敗績稱師王痍也王痍者何傷乎矢也時為飛矢所中然則何以不言師敗績据王痍末言爾末無也無所取於言師敗績也凡舉師敗績為重衆今親傷人君當舉傷君為重以言戰又言敗績知非詐當蒙上日也楚殺其大夫公子側秋公會晉侯齊侯衛侯宋華元邾婁人于沙隨不見公

公至自會不見公者何公不見見也（不見見者恚乞師不得欲執之）公不見見大夫執何以致會（据不得意邑之會公失序不致）不恥也曷為不恥（探意之會公失序恥）公幼也（因公幼殺恥為諱辭不書行父執者公不見見已重矣）公會尹子晉侯齊國佐邾婁人伐鄭曹伯歸自京師執而歸者名曹伯何以不名而不言復歸于曹（据曹伯襄復歸于曹）易也（易故末言之不復舉國名）其易柰何公子喜時在內也公子喜時在內則何以易（据本篡喜時也）公子喜時者仁人也內平其國而待之（和平其臣民令專心于負芻）外治諸京師而免之（訟治于京師解免使來歸）其言自京師何

据僖二十八年晉人執衛侯歸之于京師後復歸于衛俱天
子所歸不言自京師不連歸問者嫌自京師天子有力文言
其易欲并問力文庾上詼喜時錯 言甚易也舍是無難矣 言歸自京師者
與內据臣子致公同文欲言甚易也舍此所從還無危難矣主
所以昇曹伯歸未得喜時平國反之書非録京師有力也執歸
書者賢喜時爲叔所篡終無怨心而復深推精
誠憂免其難非至仁莫能行之故書起其功也 九月晉人
執季孫行父舍之于招丘執未有言舍之
者此其言舍之何仁之也曰在招丘悕矣悕悲
也仁之者若曰在招丘可悲矣閔録之辭 執未有言仁之者此其言仁之
何代公執也其代公執奈何前此者晉人來
乞師而不與不書者不與無惡 公會晉侯會沙隨也 將執公
季孫行父曰此臣之罪也於是執季孫行

父戌公將會晉厲公謂上伐鄭也言謚者別嬰齊所請也明言公會晉侯者嬰齊所請事也故下與嬰齊傳合同會不當期將執公季孫行父曰臣有罪執其君子有罪執其父此聽失之大者也今此臣之罪也舍臣之身而執臣之君吾恐聽失之爲宗廟羞也於是執季孫行父善其過則稱巳美則稱君累代公執在危殆之地故也言舍所月之者痛傷忠臣不得其所爲代公執不稱行人者在君側非出使冬十月乙亥叔孫僑如出奔齊十有二月乙丑季孫行父及晉郤州盟于扈行父執釋不致者舉公至爲重公至自會乙酉刺公子偃十有七年春衛北宮結率師侵鄭夏公會

尹子單子晉侯齊侯宋公衛侯曹伯邾婁人伐鄭六月乙酉同盟于柯陵秋公至自會齊高無咎出奔莒九月辛丑用郊用者何用者不宜用也九月非所用郊也周之九月夏之七月天氣上升地氣下降又非郊時故加用之然則郊曷用郊用正月上辛魯郊博卜春三月言正月者因見百王正月皆當用之三王之郊一用夏正言正月者春秋之制也正月者歲首上辛猶始新皆取其首先之意日者明用辛例不郊則不日或曰用然後郊或曰用者先有事於后稷祈名也晉人將有事於河必先有事於惡池齊人將有事於泰山必先有事於配林魯人將有事於天必先有事於泮宮言用郊於悖禮故言用小大盡譏之以不郊乃譏三望知郊不得譏之也以其牲告后稷當在日上不得在日下晉侯使荀罃來乞師冬公會單子晉侯宋公衛侯曹

小二九十

伯齊人邾婁人伐鄭十有一月公至自伐鄭月者六正下壬申故月之壬申公孫嬰齊卒于貍軫非此月日也曷爲以此月日卒之據下丁巳朔知壬申在十月待君命然後卒大夫曷爲待君命然後卒大夫起昭公出奔辛于叔孫旹前此者嬰齊走之晉不書者以爲公請除出奔之罪也公會晉侯將執公嬰齊爲公請公許之反爲大夫歸至于貍軫而卒十月壬申日貍軫魯地無君命不敢卒大夫國人未被君命不成使就大夫禮公至十一月至言在也曰吾固許之反爲大夫許反爲大夫即受命矣然後卒之善其不敢自專故引其死月下就公至月卒之起其事所以激當世之驕臣十有二月丁巳朔

日有食之邾婁子貜且卒晉殺其大夫郤錡郤州郤至楚人滅舒庸舒庸東夷道吳圍巢

十有八年春王正月晉殺其大夫胥童庚申晉弑其君州蒲日者二月庚申日上繫於正月者起正月見幽二月庚申日死也厲公猥殺四大夫臣下人人恐見及以致此禍故日起其事深爲有國者戒也齊殺其大夫國佐公如晉夏楚子鄭伯伐宋宋魚石復入于彭城不書叛者楚爲魚石伐宋取彭城以封之本受于楚非得于宋故舉伐於上起其意也楚以封魚石復本繫于宋言復入者不與楚專封故從犯君錄之主書者起其專封公至自晉晉侯使士匄來聘秋杞伯來朝八月邾婁子來朝築鹿囿何以書譏何譏爾有囿矣又爲也刺奢泰妨

民天子圍方百里公侯十里伯七里子男五里皆取一也己丑公薨于路寢冬楚人鄭人侵宋晉侯使士彭來乞師十有二月仲孫蔑會晉侯宋公衛侯邾婁子齊崔杼同盟于虛朾不日者時欲行義爲宋誅魚石故善而爲信辭或喪盟略丁未葬我君成公

春秋公羊卷第八

經三千三百八十六字

注四千二百四十六字

春秋公羊經傳解詁襄公第九

何休學

元年春王正月公即位仲孫蔑會晉欒黶宋華元衛甯殖曹人莒人邾婁人滕人薛人圍宋彭城宋華元曷爲與諸侯圍宋彭城据晉趙鞅以地正國加叛文今此無加叛文故問之爲宋誅也故華元無惡文其爲宋誅柰何魚石走之楚楚爲之伐宋取彭城以封魚石魚石之罪柰何以入是爲罪也説在成十八年書者善諸侯爲宋誅雖不能誅猶有屈彊臣之功楚已取之矣曷爲繫之宋据莒人伐杞取牟婁後莒牟夷以牟婁來奔不繫杞不與諸侯

專封也故奪繫於宋使若宋邑者楚救不書者從封内兵也夏晉韓屈帥師伐鄭仲孫蔑會齊崔杼曹人邾婁人杞人次于合刺欲救宋而後不能也知不救鄭者時鄭背中國不能救不得刺秋楚公子壬夫帥師侵宋九月辛酉天王崩邾婁子來朝冬衛侯使公孫剽來聘晉侯使荀罃來聘

二年春王正月葬簡王鄭師伐宋夏五月庚寅夫人姜氏薨六月庚辰鄭伯睔卒不書葬者諱伐喪晉師宋師衛甯殖侵鄭秋七月仲孫蔑會晉荀罃宋華元衛孫林父曹人邾婁人

于戚己丑葬我小君齊姜齊姜者何齊姜與繆姜則未知其爲宣夫人與成夫人與（齊姜者宣公夫人九年繆姜者成公夫人也傳家依違者襄公服繆姜喪未踰年親自伐鄭有惡故傳從内義不正言也）叔孫豹如宋冬仲孫蔑會晉荀罃齊崔杼宋華元衛孫林父曹人邾婁人滕人薛人小邾婁人于戚遂城虎牢虎牢者何鄭之邑也（以下戍繫鄭）其言城之何（据外城邑不書）取之也取之則曷爲不言取之（据取牟婁）爲中國諱也曷爲爲中國諱（据莒伐杞取牟婁不爲中國諱）諱伐喪也曷爲不繫乎鄭爲中國諱也大夫無遂事此其言遂何

歸惡乎大夫也使若大夫自生事取之者即實遂但當言取之楚殺其大夫公子申

三年春楚公子嬰齊帥師伐吳公如晉夏四月壬戌公及晉侯盟于長樗公至自晉盟地者不于都也以晉致者上盟不于都嫌如晉不得入故以晉致起之不別盟得意者成公比失意于晉公獨得容盟得意亦可知六月公會單子晉侯宋公衛侯鄭伯莒子邾婁子齊世子光己未同盟于雞澤盟下日者信在世子光也陳侯使袁僑如會其言如會何據曹伯襄言會諸侯鄭子言會盟後會也不直言會盟者時諸侯不親與袁僑盟又下方殊及之戊寅叔孫豹及諸侯之大夫及陳袁僑盟曷爲

殊及陳袁僑〔据俱諸侯之大夫也言之大夫者辟諸侯與大夫皆盟〕爲其與袁僑盟也〔陳鄭楚之與國陳侯有慕中國之心有疾使大夫會諸侯欲附疏不復備責遂與之盟共結和親故殊之起主爲與袁僑盟也復出陳者喜得陳國也不重出地有諸侯在臣繫君故因上地〕秋公至自會冬晉荀罃帥師伐許

四年春王三月己酉陳侯午卒夏叔孫豹如晉秋七月戊子夫人弋氏薨葬陳成公八月辛亥葬我小君定弋定弋者何襄公之母也〔定弋莒女也襄公者成公之妾子〕冬公如晉陳人圍頓

五年春公至自晉夏鄭伯使公子發來聘叔孫豹鄫世子巫如晉外相如不書此何

以書（據晉郤克與臧孫許同時而聘于齊不書）為叔孫豹率而與之俱也（以不殊鄫世子俱言如也）叔孫豹則曷為率而與之俱（據非內大夫）蓋舅出也（巫者鄫前夫人襄公母姊妹之子也俱莒外孫故曰舅出）莒將滅之故相與往殆乎晉也（殆疑疑讞于晉齊人語）莒將滅之則曷為相與往殆乎晉（據當以兵救之）取後乎莒也其取後乎莒柰何莒女有為鄫夫人者蓋欲立其出也（時莒女嫁為鄫後夫人夫人無男有女還嫁之于莒有外孫鄫子愛後夫人而無子欲立其外孫主書者善之得為善者雖揚父之惡救國之滅者可也）仲孫蔑衛孫林父會吳于善稻（不殊衛者晉侯欲會吳于戚使魯衛先通好見使弁故不殊並起所恥）秋大雩（先是襄公數用兵圍彭城城虎牢三年再會四年如晉踰年乃反又賦斂重恩澤不施之所致）楚殺其

大夫公子王夫公會晉侯宋公陳侯衛侯鄭伯曹伯莒子邾婁子滕子薛伯齊世子光吳人鄫人于戚吳何以稱人据上善稻之會不稱人吳鄫人云則不辭孔子曰言不順則事不成方以吳抑鄫國列在稱人上不以順辭故進吳稱人所以抑鄫者經書莒人滅鄫又與巫訴巫當存惡鄫文不見見惡必以吳者夷狄尚知父死子繼故以甚鄫也等不使鄫稱國者鄫不如夷狄故不得與夷狄同文公至自會冬戍陳孰戍之諸侯戍之曷爲不言諸侯戍之据下救陳言諸侯離至不可得而序離至離別前後至也陳坐欲與中國被強楚之害中國宜雜然同心救之乃解怠前後至故不序以剌中國之無信故言我也言我者以魯至時書與魯微者同文微者同文者使若城楚丘辟魯獨戍之戍例時楚公子貞帥師伐陳公會晉侯宋

公衛侯鄭伯曹伯莒子邾婁子滕子薛伯齊世子光救陳十有二月公至自救陳辛未季孫行父卒

六年春王三月壬午杞伯姑容卒始卒便名日書葬者新黜未忍便略也夏宋華弱來奔秋葬杞桓公滕子來朝莒人滅鄫莒稱人者莒公子鄫外孫稱人者從莒無大夫也言滅者以異姓爲後莒人當坐滅也不月者取後于莒非兵滅冬叔孫豹如邾婁季孫宿如晉十有二月齊侯滅萊曷爲不言萊君出奔据譚子言奔國滅君死之正也明國當存不書殺萊君者舉滅國爲重

七年春郯子來朝夏四月三卜郊不從乃

免牲小邾婁子來朝城費秋季孫宿如衛八月螺先是邾小邾婁來朝有賓主之賦加以城費季孫宿如衛煩擾之應冬十月衛侯使孫林父來聘壬戌及孫林父盟楚公子貞帥師圍陳十有二月公會晉侯宋公陳侯衛侯曹伯莒子邾婁子于鄬鄬伯髡原如會未見諸侯丙戌卒于操操者何鄭之邑也諸侯卒其封內不地此何以地据陳侯鮑卒不地隱之也何隱爾弒也孰弒之其大夫弒之曷爲不言其大夫弒之据鄭公子歸生弒其君夷書爲中國諱也曷爲爲中國諱据歸生弒君不爲中國諱鄭伯將

大二ㄋ二十五

會諸侯于鄬其大夫諫曰中國不足歸也則不若與楚鄭伯曰不可其大夫曰以中國爲義則伐我喪據城虎牢事以中國爲彊則不若楚言楚屬圍陳不能救於是弒之禍由中國無義故深諱使若自卒鄭伯髡原何以名據陳侯如會不名傷而反未至乎舍而卒也舍止日所舍止處也以操鄭邑知傷而反也未見諸侯尚往辭知未至舍也云爾者古者保辜諸侯卒名故於如會名之明如會時爲大夫所傷以傷辜死也君親無將見辜者辜內當以弒君論之辜外當以傷君論之未見諸侯其言如會何致其意也鄭伯欲與中國意未達而見弒故養遂而致之所以達賢者之心陳侯逃歸起鄭伯欲與中國卒逢其禍諸侯莫有恩痛自疾之心於是懼然後逃歸故書以刺中國之無義加逃者抑陳侯也孔子曰夷狄之有君不如諸夏之亡不當背也

八年春王正月公如晉 月者起鄬之會鄭伯以弑陳侯逃歸公獨脩禮於大國得自安之道故善録之 夏葬鄭僖公賊未討何以書葬爲中國諱也 探順上事使若無賊然不月者本實當去葬責臣子故不足也 鄭人侵蔡獲蔡公子燮此侵也其言獲何 據宋師敗績獲宋華元戰乃言獲也 侵而言獲者適得之也 時適遇值其不備獲得之易不言取之者封内兵不書嫌如子糺取一人故言獲起有兵也又將兵禦難不明候伺雖不戰鬬當坐獲 季孫宿會晉侯鄭伯齊人宋人衞人邾婁人于邢丘公至自晉莒人伐我東鄙秋九月大雩 由城費公比出會如晉莒人伐我動擾不恤民之應 冬楚公子貞帥師伐鄭晉侯使士匄來聘

九年春宋火曷爲或言災或言火大者曰災小者曰火大者謂正寢社稷宗廟朝廷也下此則小矣災者雖本辭故可以見火然則內何以不言火據西宮災不言火內不言火者甚之也春秋以內爲天下法動作當先自克責故小有火如大有災何以書記災也外災不書此何以書爲王者之後記災也是時周樂已毀先聖法度浸䟽遠不用之應夏季孫宿如晉五月辛酉夫人姜氏薨秋八月癸未葬我小君繆姜冬公會晉侯宋公衞侯曹伯莒子邾婁子滕子薛伯杞伯小邾婁子齊世子光伐鄭十有二月己亥同盟于戲事連上伐不致者惡公服繆姜喪未踰年而親伐鄭故奪臣子

辭

楚子伐鄭

十年春公會晉侯宋公衛侯曹伯莒子邾婁子滕子薛伯杞伯小邾婁子齊世子光會吳于柤夏五月甲午遂滅偪陽公至自會滅日者甚惡諸侯不崇禮義以相安反遂爲不仁開道彊夷滅中國中國之禍連蔓日及故疾録之滅比于取邑例不當書致書致者深諱使若公與上會不與下滅楚公子貞鄭公孫輒帥師伐宋晉師伐秦秋莒人伐我東鄙公會晉侯宋公衛侯曹伯莒子邾婁子齊世子光滕子薛伯杞伯小邾婁子伐鄭冬盜殺鄭公子斐公子發公孫輒不言其大夫者降從盜故與盜同文戊

鄭虎牢孰戍之諸侯戍之曷爲不言諸侯戍之離至不可得而序故言我也刺諸侯既取虎牢以爲蕃蔽不能雜然同心安附之諸侯已取之矣曷爲繫之鄭据莒牟夷以牟婁來奔本杞之邑不繫于杞諸侯莫之主有故反繫之鄭諸侯本無利虎牢之心欲共以距楚爾無主有之者故不當坐取邑故反繫之鄭見其意也所以見之者上諱伐喪不言取今刺戍之舒緩嫌於義反故正之云爾楚公子貞帥師救鄭公至自伐鄭

十有一年春王正月作三軍三軍者何三卿也爲軍置三卿官也卿大夫爵號大同小異方据上卿道中下故揔言三卿作三軍何以書欲問作多書乎作少書乎故復全舉句以問之譏何譏爾古者上卿

下卿上士下士說古制司馬官數古者諸侯有司徒司空上卿各一下卿各二司馬事省上下卿各一上士相上卿下士相下卿足以爲治襄公委任彊臣國家内亂兵革四起軍職不共不推其原乃益司馬作中卿官踰王制故譏之言軍者本以軍數置之月者重録之夏四月四卜郊不從乃不郊成公下文不致此致者襄公但不免牲爾不怨懟無所起鄭公孫舍之帥師侵宋公會晉侯宋公衛侯曹伯齊世子光莒子邾婁子滕子薛伯杞伯小邾婁子伐鄭秋七月己未同盟于京城北公至自伐鄭楚子鄭伯伐宋公會晉侯宋公衛侯曹伯齊世子光莒子邾婁子滕子薛伯杞伯小邾婁子伐鄭會于蕭魚此伐鄭也其言

會于蕭魚何据伐鄭常難今有詳録之文蓋鄭與會爾中國以鄭故三年之中五起兵至是乃服其後無干戈之患二十餘年故喜而詳録其會起得鄭爲重公至自會楚人執鄭行人良霄冬秦人伐晉爲楚救鄭

十有二年春王三月莒人伐我東鄙圍台邑不言圍此其言圍何伐而言圍者取邑之辭也伐而不言圍者非取邑之辭也外取邑有嘉惡當書不直言取邑者深恥中國之無信也前九年伐得鄭同盟于戲楚伐鄭不救卒爲鄭所背中國以弱蠻荆以彊兵革亟作蕭魚之會服鄭最難不務長和親復相貪犯故諱而言圍以起之月者加責之季孫宿帥師救台遂入運入運者討叛也封内兵書者爲遂舉討叛惡遂者得而不取與不討同故言入起其事大夫無遂事此其言遂何公不得爲政

爾（時公微弱政教不行故季孫宿遂取鄆以自益其邑）夏晉侯使士彭來聘

秋九月吳子乘卒（至此卒者與中國會同本在楚後賢季子因始卒其父是後亦欲見其迭爲君卒皆不日吳遠于楚）冬楚公子貞帥師侵宋公如晉

十有三年春公至自晉夏取詩詩者何邾婁之邑也曷爲不繫乎邾婁諱亟也（諱背蕭魚之會亟）

秋九月庚辰楚子審卒冬城防

十有四年春王正月季孫宿叔老會晉士匄齊人宋人衛人鄭公孫蠆曹人莒人邾婁人滕人薛人杞人小邾婁人會吳于向（月者危刺諸侯委任大夫交會彊夷臣日以彊三年之後君若贅旒然）二月乙未朔日有

食之是後衛侯爲彊臣所逐出奔湨梁之盟信在大夫夏四月叔孫豹會晉荀偃齊人宋人衛北宮結鄭公孫蠆曹人莒人邾婁人滕人薛人杞人小邾婁人伐秦己未衛侯衎出奔齊日者爲孫氏甯氏所逐後甯氏復納之出納之者同當相起故獨日也不書孫甯逐君者舉君絶爲重見逐説在二十七年莒人侵我東鄙秋楚公子貞帥師伐吳冬季孫宿會晉士匄宋華閱衛孫林父鄭公孫蠆莒人邾婁人于戚

十有五年春宋公使向戌來聘二月己亥及向戌盟于劉劉夏逆王后于齊劉夏者

何天子之大夫也劉者何邑也其稱劉何据宰渠伯糾繫官以邑氏也諸侯入爲天子大夫不得氏國稱本爵故以所受采邑氏稱子所謂采者不得有其土地人民采取其租稅爾禮記王制曰天子三公之田視公侯卿視伯大夫視子男元士視附庸稱子者參見義顧爲天子大夫亦可以見諸侯不生名亦可以見爵亦可以見大夫稱傳曰天子大夫是也不稱劉子而名者禮逆王后當使三公故貶去大夫明非禮也外逆女不書此何以書過我也明魯當共送迎之禮夏齊侯伐我北鄙圍成俱犯蕭魚此不月十二年月者疾始可知公救成至遇其言至遇何据季孫宿救台不言所至不敢進也兵不敵不敢進也不言止次如公次于郎以刺之者量力不責重民也故與至攜同文封内兵書者爲不進張本季孫宿叔孫豹帥師城成郛秋八月丁巳日有食之是後溴梁之盟信在大夫齊蔡莒吳衛之禍徧滿天下邾婁人伐我

南鄙冬十有一月癸亥晉侯周卒

十有六年春王正月葬晉悼公三月公會晉侯宋公衞侯鄭伯曹伯莒子邾婁子薛伯杞伯小邾婁子于溴梁戊寅大夫盟諸侯皆在是其言大夫盟何据葵丘之盟諸侯皆在有大夫不言大夫盟信在大夫也故書大夫盟不言諸侯之大夫者起信在大夫何言乎信在大夫据上三年戊寅不起徧刺天下之大夫也曷爲徧刺天下之大夫据戊寅不刺之君若贅旒然旒旂旒贅繫屬之辭若今俗名就壻爲贅壻矣以旂旒喻者爲下所執持東西旒者其數名禮記玉藻曰天子旂十有二旒諸侯九卿大夫七士五不言諸侯之大夫者明所刺者非但會上大夫并徧刺天下之大夫不殊內大夫者欲一其文見惡同也至此所以徧刺之者蕭魚之會

服鄭最難諸侯勞倦莫肯復出而大夫常行三委于臣而君遂失權大夫故得信在故孔子曰唯器與名不可以假人不重出地者與三年雞澤大夫盟同義晉人執莒子邾婁子以歸錄以歸者甚惡晉有罪無罪皆當歸京師不得自治之齊侯伐我北鄙夏公至自會五月甲子地震是時溴梁之盟政在臣下其後叛臣二弑君五楚滅舒鳩齊侯襲莒乖離出奔兵事最甚叔老會鄭伯晉荀偃衛甯殖宋人伐許秋齊侯伐我北鄙圍成大雩先是伐許齊侯圍成動民之應冬叔孫豹如晉

十有七年春王二月庚午邾婁子瞷卒宋人伐陳夏衛石買帥師伐曹秋齊侯伐我北鄙圍洮齊高厚帥師伐我北鄙圍防九

月六雩此年仍見圍不暇恤民之應宋華臣出奔陳冬邾婁人伐我南鄙

十有八年春白狄來白狄者何夷狄之君也何以不言朝不能朝也夏晉人執衛行人石買秋齊師伐我北鄙冬十月公會晉侯宋公衛侯鄭伯曹伯莒子邾婁子滕子薛伯杞伯小邾婁子同圍齊曹伯負芻卒于師楚公子午帥師伐鄭

十有九年春王正月諸侯盟于祝阿下有執不日者蓋同伐齊故褒叛信辭晉人執邾婁子公至自伐齊此

同圍齊也何以致伐〔據諸侯圍許致圍〕未圍齊也〔以致伐起〕未圍齊則其言圍齊何抑齊也曷爲抑齊〔據侵蔡伐楚猶不抑〕爲其亟伐也或曰爲其驕蹇使其世子處乎諸侯之上也〔以下若此略或說是也亟伐者比年數爾加圍者明當從滅列二等奪其爵也〕取邾婁田自漷水其言自漷水何〔據齊人取濟西田不言自濟水〕以漷爲竟也何言乎以漷爲竟〔據取邑未嘗道竟界〕漷移也〔魯本與邾婁以漷爲竟漷移入邾婁界魯隨而有之諸侯土地本有度數不得隨水隨水有之當坐取邑故云爾〕季孫宿如晉葬曹成公夏衞孫林父帥師伐齊秋七月辛卯齊侯瑗卒晉士匄帥師侵齊至穀聞齊侯卒乃還還者何善辭

也何善爾大其不伐喪也此受命乎君而伐齊則何大乎其不伐喪（據公子買戍衛不卒戍言戍衛遂公意）大夫以君命出進退在大夫也（禮兵不從中御外臨事制宜當敵爲師唯義所在士匄聞齊侯卒引師而去恩動孝子之心義服諸侯之君是後兵寢數年故起時善之言乃者士匄有難重廢君命之心故見之言至穀者未侵齊也言聞者在竟外舉侵者張本）八月丙辰仲孫蔑卒齊殺其大夫高厚鄭殺其大夫公子喜冬葬齊靈公（不月者抑其父嫌子可得無過故奪臣子恩明光代父從政處諸侯之上不孝也）城西郛（言西郛者據都城錄道東西）叔孫豹會晉士匄于柯城武城

二十年春王正月辛亥仲孫遬會莒人盟

于向夏六月庚申公會晉侯齊侯宋公衛侯鄭伯曹伯莒子邾婁子滕子薛伯杞伯小邾婁子盟于澶淵秋公至自會仲孫遬帥師伐邾婁蔡殺其大夫公子變蔡公子履出奔楚陳侯之弟光出奔楚爲二慶所譖還在二十三年叔老如齊冬十月丙辰朔日有食之自溴梁之盟臣恣日甚故比年日食季孫宿如宋

二十有一年春王正月公如晉月者溴梁之盟後中國方乖離善公獨能與大國邾婁庶其以漆閭丘來奔邾婁庶其者何邾婁大夫也邾婁無大夫此何以

書據快無氏重地也惡受人叛臣邑故重而書之不言叛者舉地言奔則魯坐受與庶其叛兩明故省文也夏公至自晉秋晉欒盈出奔楚九月庚戌朔日有食之冬十月庚辰朔日有食之曹伯來朝公會晉侯齊侯宋公衛侯鄭伯曹伯莒子邾婁子于商任十有一月庚子孔子生時歲在己卯

二十有二年春王正月公至自會月者危公前彊隨漷有邾婁地又受其叛臣邑而今與會不於上會月者與日食同月不得復見夏四月秋七月辛酉叔老卒冬公會晉侯齊侯宋公衛侯鄭伯曹伯莒子邾婁子滕子薛伯杞伯小邾婁

婁子于沙隨公至自會楚殺其大夫公子追舒

二十有三年春王二月癸酉朔日有食之

三月己巳杞伯匄卒夏邾婁鼻我來奔邾婁鼻我者何邾婁大夫也邾婁無大夫此何以書以近書也（以奔無他義知以治近升平書也所傳聞世見治始起外諸夏錄大略小大國有大夫小國略稱人所聞之世內諸夏治小如大廩廩近升平故小國有大夫治之漸也見於邾婁者自近始也獨舉一國者時亂實未有大夫治亂不失其實故取足張法而已）

葬杞孝公陳殺其大夫慶虎及慶寅陳侯之弟光自楚歸于陳（前爲二慶所譖出奔楚楚人治其罪陳人誅二慶反光故言歸宋大夫山譖華元貶此不貶者殺二慶而光歸譖光可知）

晉欒盈復入于晉入于曲沃曲沃者何晉之邑也其言入于晉入于曲沃何據當舉重欒盈將入晉晉人不納由乎曲沃而入也欒盈本欲入晉篡大夫位晉人不納更入於曲沃得其士衆以入晉國曲沃大夫當坐故復言入篡大夫位例時秋齊侯伐衛遂伐晉八月叔孫豹帥師救晉次于雍渝曷爲先言救而後言次據次于聶北救邢先通君命也惡其不遂君命而專止次故先通君命言救己卯仲孫遬卒冬十月乙亥臧孫紇出奔邾晉人殺欒盈曷爲不言殺其大夫據篡得大夫之位非其大夫也明非君所置不得爲大夫無大夫文而殺之稱人者從討賊辭大其除亂也齊侯襲莒

二十有四年春叔孫豹如晉仲孫羯帥師侵齊夏楚子伐吴秋七月甲子朔日有食之既是後楚滅舒鳩齊崔杼衞甯喜弑其君齊崔杼帥師伐莒大水八月癸巳朔日有食之前此叔孫豹救晉仲孫羯侵齊比興師衆民怨之所生與甲子同公會晉侯宋公衞侯鄭伯曹伯莒子邾婁子滕子薛伯杞伯小邾婁子于陳儀冬楚子蔡侯陳侯許男伐鄭公至自會陳鍼宜咎出奔楚叔孫豹如京師大饑有死傷曰大饑無死傷曰饑

二十有五年春齊崔杼帥師伐我北鄙夏

五月乙亥齊崔杼弑其君光公會晉侯宋公衛侯鄭伯曹伯莒子邾婁子滕子薛伯杞伯小邾婁子于陳儀六月壬子鄭公孫舍之帥師入陳日者陳鄭俱楚之與國今鄭背楚入陳明中國當憂助鄭以離楚弱陳故爲中國憂之録之秋八月己巳諸侯同盟于重丘會盟再出不舉重者起諸侯欲誅崔杼故詳録之公至自會衛侯入于陳儀陳儀者何衛之邑也曷爲不言入于衛据與鄭突入櫟同諼君以弑也以先言入後言弑也時衛侯爲剽所簒遂不能以義自復詐願居是邑爲剽臣然後候間伺便使甯喜弑之君子恥其所爲故就爲臣以諼君惡之未得國言入者起詐簒從此始楚屈建帥師滅舒鳩冬鄭公孫囆帥師伐陳十有二月

吴子謁伐楚門于巢卒門于巢卒者何入門乎巢而卒也入門乎巢而卒者何入巢之門而卒也以先言門後言于巢吳子欲伐楚過巢不假塗卒暴入巢門門者以爲欲犯巢而射殺之君子不怨所不知故與巢得殺之使若吳爲自死文所以彊守禦也書伐者明持兵入門乃得殺之吳子謁何以名據諸侯伐人不名傷而反未至乎舍而卒也以名卒聞無事知以傷辜死還就殺本文代名知傷而反卒繫巢知未還至舍巢不坐殺復見辜者辜內當以弒君論之辜外當以傷君論之

二十有六年春王二月辛卯衛甯喜弒其君剽甯喜爲衛侯衎弒剽不舉衎弒剽者護成于喜衛孫林父入于戚以叛衎盜國林父未君事衎言叛者林父奉遂衎衎入故叛衎得誅之猶定公得誅季氏故正之云爾甲午

衛侯衎復歸于衛此諼君以弑也其言復歸何（據齊陽生至陳乞家時書入于齊不書復歸復歸者入無惡文）惡剽也（主惡剽衛侯入無惡則剽惡明矣）曷爲惡剽（據齊陽生不書歸惡舍）剽之立於是未有說也（凡篡立皆緣親親也剽以公孫立於是位尤非其次故衛人未有說喜由此得成諼禍故惡以爲戒也篡重不書反惡此者因重不得書故得惡輕亦欲以見重）然則曷爲不言剽之立（據衛人立晉）不言剽之立者以惡衛侯也（欲起衛侯失衆出奔故不書剽立剽立無惡則衛侯惡明矣日者起甯氏復納之故出入同文也甯喜弑君而衛侯歸則甯氏納之明矣以歸出奔俱日知出納之者同衛侯歸而孫氏叛孫氏不與甯氏共逐之亦可知也名者起盜國盜國明則復歸爲惡剽出見矣）夏晉侯使荀吳來聘公會晉人鄭良霄宋人曹人于澶淵秋宋公殺其世子痤（痤有罪故平公書葬）晉人

執衛甯喜此執執有罪何以不得爲伯討据甯喜弑君者稱人而執非伯討不以其罪執之也明不得以爲功當坐執人八月壬午許男甯卒于楚冬楚子蔡侯陳侯伐鄭葬許靈公

二十有七年春齊侯使慶封來聘夏叔孫豹會晉趙武楚屈建蔡公孫歸生衛石惡陳孔瑗鄭良霄許人曹人于宋衛殺其大夫甯喜衛侯之弟鱄出奔晉衛殺其大夫甯喜則衛侯之弟鱄曷爲出奔晉据與射姑同爲殺甯喜出奔也曷爲爲殺甯喜出奔据非同姓

衛甯殖與孫林父逐衛侯而立公孫剽甯殖病將死謂喜曰黜公者非吾意也孫氏爲之（黜猶出逐）我即死女能固納公乎（固猶必也喜者殖子殖本與孫氏共立剽而孫氏獨得其權故有此言）喜曰諾甯殖死喜立爲大夫使人謂獻公曰黜公者非甯氏也孫氏爲之吾欲納公何如獻公曰子苟欲納我吾請與子盟（盟者欲堅固喜意）喜曰無所用盟（時喜見獻公多詐欲使公子鱄保之故辭不肯盟曰臣納君義也無用爲盟矣）請使公子鱄約之（喜素信鱄以爲鱄能保獻公）獻公謂公子鱄曰甯氏將納我吾欲與之盟其言曰無所用盟請使公子鱄約

之子固爲我與之約矣。公子鱄辭曰：夫負羈縶（縶，馬絆也），執鈇鑕，從君東西南北，則是臣僕庶孽之事也（僕從者庶孽衆賤子，猶樹之有孽生）。若夫約言爲信，則非臣僕庶孽之所敢與也（鱄見獻公多詐，不敢保）。獻公怒曰：黜我者非甯氏與孫氏，凡在爾（欲以此語迫從令必約之）。公子鱄不得已而與之約。已約，歸至，殺甯喜（獻公歸至國，背約殺甯喜）。公子鱄挈其妻子而去之（慙恚不能保獻公）。將濟于河，攜其妻子（攜猶提也）而與之盟（恐乘舟有風波之害，己意不得展，故將濟豫與之盟），曰：苟有履衛地、食衛粟者，昧雉彼視（昧，割也。時割雉以爲盟，猶曰視彼割雉，負此盟則如彼矣。傳極道此者，見獻公無信）。

剌鱄兄為彊臣所逐既不能救又移心事剽背為姦約獻公雖復因喜得反誅之小負未為大惡而深以自絶所謂守小信而忘大義拘小介而失大忠不為君漏言者而漏言當坐殺大夫不得以正葬正葬明喜有罪秋七月辛巳豹及諸侯之大夫盟于宋曷為再言豹據盟于首載不再出公殆諸侯也殆危也危諸侯故再出豹懼録之曷為殆諸侯據首載不殆為衛石惡在是也曰惡人之徒在是矣衛侯衎不信而使惡臣石惡來故深為諸侯危懼其將負約為禍原先見此者衎負鱄殺喜得書葬嫌於義絶可欲起其小負會盟再出不舉重者方再出豹也石惡惡者下出奔是也冬十有二月乙亥朔日有食之是後閽殺吳子餘祭蔡世子般弒其君莒人弒其君之應

二十有八年春無冰豹顓為政之所致夏衛石惡出奔晉邾婁子來朝秋八月大雩公方欲如楚先是豫賦于民之所致仲

孫羯如晉冬齊慶封來奔十有一月公如楚（如楚皆月者危公朝夷狄也）十有二月甲寅天王崩（靈王）乙未楚子昭卒（乙未與甲寅相去四十二日蓋閏月也葬以閏數卒不書閏書正取朞月明朞三年之喪始死得以閏數非死月不得以數閏）

二十有九年春王正月公在楚何言乎公在楚（据二十一年正月公在晉不書）正月以存君也（正月歲終而復始臣子喜其君父與歲終而復始執贄存之故言在在晉不書在楚書者惡襄公久在夷狄爲臣子危録之）夏五月公至自楚庚午衛侯衎卒閽弒吳子餘祭閽者何門人也（守門人號）刑人也（以刑爲閽古者肉刑墨劓臏宮與大辟而五孔子曰三皇設言民不違五帝畫象世順機三王肉刑揆渭加應世黠巧姦僞多）刑人則曷爲謂之

閽者非刑人名刑人非其人也以刑人爲閽非其人故變盜言閽君子不近刑人近刑人則輕死之道也刑人不自賴而用作閽由之出入卒爲所殺故以爲戒不言其君者公家不畜士庶不友放之遠地欲去聽所之故不繫國不繫國故不言其君仲孫羯會晉荀盈齊高止宋華定衞世叔齊鄭公孫段曹人莒人邾婁人滕人薛人小邾婁人城杞書者杞時微善能城亡者後晉侯使士鞅來聘杞子來盟貶稱子者微弱不能自城危社稷宗廟當坐善諸侯城之復貶者諸侯自閔而城之非杞能以善道致諸侯吳子使札來聘吳無君無大夫此何以有君有大夫據向之會稱國賢季子也何賢乎季子据聘不足賢而使賢有君有大夫荊人來聘是也讓國也其讓國奈何謁

也餘祭也夷眛也與季子同母者四（與并也并季子四人）季子弱而才兄弟皆愛之同欲立之以爲君謁曰今若是迮而與季子國（迮起也倉卒意）季子猶不受也請無與子而與弟弟兄迭爲君（迭猶更也）而致國乎季子皆曰諾故諸爲君者皆輕死爲勇飲食必祝（祝因祭祝也論語曰雖疏食菜羹瓜祭是也）曰天苟有吳國（猶曰天誠欲有吳國當與賢弟）尚速有悔於予身（尚猶努力速疾也悔咎予我也欲急致國于季子意）故謁也死餘祭也立（故迭爲君）餘祭也死夷眛也立夷眛也死則國宜之季子者也季子使而亡焉僚者長庶也即之

緣兄弟相繼而即位所以不書僚簒者緣季子之心惡以己之是揚兄之非故爲之諱所以起至而君之季子使而反至而君之爾不爲讓國者僚已得國無所讓闔廬曰先君之所以不與子國而與弟者凡爲季子故也將從先君之命與則國宜之季子者也如不從先君之命與則我宜立者也僚惡得爲君乎於是使專諸刺僚闔廬謁之長子光專諸膳宰僚者炙魚因進魚而刺之而致國乎季子季子不受曰爾弑吾君吾受爾國是吾與爾爲簒也爾殺吾兄吾又殺爾是父子兄弟相殺終身無已也凡弟相殺者謂闔廬爲季子殺僚去之延陵延陵吳下邑禮公子無去國之義故

不越竟終身不入吳國不入吳朝既不忍討闔廬義不可留事故君子以其不受爲義以其不殺爲仁故大其能去以其不以貧賤苟止故排二事與之賢季子則吳何以有君有大夫据其本不賢其君以季子爲臣則宜有君者也方以季子賢許使有臣有大夫故宜有君札者何吳季子之名也春秋賢者不名此何以名許夷狄者不壹而足也故降之而名季子者所賢也曷爲不足乎季子許人臣者必使臣許人子者必使子也緣臣子尊榮莫不欲與君父共之字季子則遠其君夷狄淆倒離君父辭故不足以隆父子之親厚君臣之義季子讓在殺僚後豫於此賢之者移諱于闔廬不可以見讓故復因聘起其事秋九月葬衛獻公齊高止出奔北燕

冬仲孫羯如晉

三十年春王正月楚子使薳頗來聘月者公數如晉希見荅今見聘故喜錄之夏四月蔡世子般弒其君固不日者深爲中國隱痛有子弒父之禍故不忍言其日五月甲午宋災伯姬卒伯姬守禮含悲極思之所生外災例時此日者爲伯姬卒日天王殺其弟年夫王者得專殺書者惡失親親也未三年一去王者大惡不思慕而殺弟不與子行也不從直稱君者舉重也甚殺意欲以失子行錄設但殺弟不能書是也不爲諱者年夫有罪王子瑕奔晉稱王子者惡天子重失親親秋七月叔弓如宋葬宋共姬外夫人不書葬此何以書隱之也何隱爾宋災伯姬卒焉說在下也其稱謚何据葬紀伯姬不言謚賢也何賢爾宋災伯姬

存焉有司復曰火至矣請出伯姬曰不可吾聞之也婦人夜出謂有事宗廟不見傅母不下堂禮后夫人必有傅母所以輔正其行衛其身也選老大夫爲傅選老大夫妻爲母傅至矣母未至也逮乎火而死故賢而錄其譏鄭良霄出奔許自許入于鄭鄭人殺良霄冬十月葬蔡景公賊未討何以書葬君子辭也君子爲中國諱使若加弒月者弒父比髡原那九重故因諱辭晉人齊人宋人衛人鄭人曹人莒人邾婁人滕人薛人杞人小邾婁人會于澶淵宋災故宋災故者何諸侯會于澶淵凡爲宋災故也會未有言其所爲者此言

所爲何録伯姬也重録伯姬之賢爲諸侯所閔憂諸侯相聚聚斂也相聚斂財物而更宋之所喪更復也若今俗名解流亡復之爲更云曰死者不可復生爾財復矣復若如故時諸侯共償復其所喪此大事也曷爲使微者据詳録所爲故卿也卿則其稱人何貶之曷爲貶之据善事也卿不得憂諸侯也時雖名諸侯使之恩實從卿發故貶起其事明大夫之義得憂内不得憂外所以抑臣道也宋憂内并貶名非救危亡禁作福也

三十有一年春王正月夏六月辛巳公薨于楚宮公朝楚好其宮歸而作之故名之云爾作不書者見者不復見秋九月癸巳子野卒己亥仲孫羯卒冬十月滕子來會葬此書者與叔服同義癸酉葬我君襄公十有一月莒

人弑其君密州莒子納去疾及展立莒子廢之展因國人攻莒子殺之去疾奔齊稱人以弑者莒無大夫密州為君惡民所賤故稱國以弑之

春秋公羊卷第九

經五千字三万四千六百八十
注五千二百七十一字五字

春秋公羊經傳解詁昭公第十

何休學

元年春王正月公即位叔孫豹會晉趙武楚公子圍齊國酌宋向戌衛石惡陳公子招蔡公孫歸生鄭軒虎許人曹人于漷戌惡皆與君同名不正之者正之當貶之嫌觸大惡方譏二名爲諱義當正亦可知

此陳侯之弟招也何以不稱弟据八年稱弟貶曷爲貶据八年殺偃師猶不貶爲殺世子偃師貶曰陳侯之弟招殺陳世子偃師大夫相殺稱人此其稱名氏以殺何難八年事言將自是弒君也明其欲弒君故令與弒君而立者同文孔瑗弒

君本謀在招今將爾詞曷為與親弒者同君親無將將而必誅焉然則曷為不於其弒焉貶据未弒也以親者弒然後其罪惡甚春秋不待貶絶而罪惡見者不貶絶以見罪惡也据殺偃師是也貶絶然後罪惡見者貶絶以見罪惡也招稱公子及楚人討夏徵舒貶皆是也今招之罪已重矣曷為復貶乎此据棄疾不豫貶著招之有罪也何著乎招之有罪据棄疾不著言楚之託乎討招以滅陳也起楚託討招以滅陳意也所以起之者八年先言滅後言執託討招不明故豫貶於此明楚先以正罪討招乃滅陳也三月取運運者何内之邑也其言取之何据自魯之有

不聽也不聽者叛也不言叛者爲内諱故書取以起之不先以文德來之而便以兵取之當與外取邑同罪故書取月者爲内喜得之夏秦伯之弟鍼出奔晉秦無大夫此何以書仕諸晉也爲仕之於晉書曷爲仕諸晉据國地足以祿之有千乘之國十井爲一乘公侯封方百里凡千乘伯四百九十乘子男二百五十乘時秦侵伐自廣大故曰千乘而不能容其母弟故君子謂之出奔也弟賢當任用之不肖當安處之乃仕之他國與逐之無異故云爾六月丁巳邾婁子華卒晉荀吴帥師敗狄于大原此大鹵也曷爲謂之大原据讀言大原也地物從中國以中國形名言之所以曉中國教殊俗也邑人名從主人邑人名自夷狄所名也不若地物有形名可得正故從夷狄辭言之原者何上平曰原下平曰

隰分別之者地勢各有所生原宜粟隰宜麥當蓺民所宜因以制貢賦秋莒去疾自齊入于莒莒展出奔吴主書去疾者重篡也莒無大夫書展者起與去疾爭篡當國出奔言自齊者當坐有力也皆不氏者當國也不從莒無大夫去氏者莒殺意恢稱公子篡重不嫌本不當氏叔弓帥師疆運田疆運田者何與莒爲竟也疆竟也與莒是正竟界若言城中丘與莒爲竟則曷爲帥師而往据非侵伐畏莒也畏莒有賊臣亂子而與師與之正竟刺魯微弱失操煩擾百姓葬邾婁悼公冬十有一月己酉楚子卷卒楚公子比出奔晉辟内難也

二年春晉侯使韓起來聘夏叔弓如晉秋鄭殺其大夫公孫黑冬公如晉至河乃復

其言至河乃復何（据公如晉次于乾侯而還言至自乾侯不言至乾侯乃復）不敢進也（乃難辭也時聞晉欲執之不敢往君子榮見與恥見距故諱使若至河河水有難而反）季孫宿如晉

三年春王正月丁未滕子泉卒夏叔弓如滕五月葬滕成公（月者襄公上葬諸侯莫肯加禮獨滕子來會葬故恩録之明公當自行不當遣大夫失禮尤重以責內）秋小邾婁子來朝八月大雩（先是公季孫宿比如晉）冬大雨雹（爲季氏）北燕伯款出奔齊（名者所見世著治大平責小國詳録出奔當誅）

四年春王正月大雨雪（爲季氏）夏楚子蔡侯陳侯鄭伯許男徐子滕子頓子胡子沈子

小邾婁子宋世子佐淮夷會于申不殊淮夷者楚子主會行義故君子不殊其類所以順楚而病中國楚人執徐子秋七月楚子蔡侯陳侯許男頓子胡子沈子淮夷伐吴執齊慶封殺之此伐吴也其言執齊慶封何爲齊誅也故繫之齊其爲齊誅柰何慶封走之吴以襄公二十八年奔魯自是走之吴不書者以絶于齊在魯不復爲大夫賤故不復録之吴封之於防不書入防者使防繫吴嫌犯吴也去吴嫌齊邑也然則曷爲不言伐防据防已爲國不與諸侯專封也故奪言伐吴慶封之罪何脅齊君而亂齊國也道爲齊誅意也稱侯而執者伯討也月者善義兵遂滅厲莊王滅蕭日此不日者靈王非賢責之略九月取鄫其

言取之何據國言滅滅之也滅之則其言取之何內大惡諱也因鄶上有滅文故使若取內邑冬十有二月乙卯叔孫豹卒

五年春王正月舍中軍舍中軍者何復古也善復古也然則曷爲不言三卿據上言作三軍等問不言軍云卿者上師解言三卿因以爲難五亦有中三亦有中此乃解上一作三軍時意作時益中軍不可言中軍者五亦有中三亦有中不知何中也今此據上作三軍不言中則益三之中舍三之中皆可知也弟子本據上言作三難下中不言三也如師解言本益中故下言舍中爲其將復據下中難上不言中故解上以解下如此則下不言三亦可知也不言卿者欲同上下文以相起傳不足以解之者以上解下文當同亦可知月者善録之楚殺其大夫屈申公如晉夏莒牟夷以牟婁及防兹

來奔莒牟夷者何莒大夫也莒無大夫此何以書重地也其言及防茲來奔何据漆閭丘不言及高張言及不以私邑累公邑也公邑君邑也私邑臣邑也累次也義不可使臣邑與君邑相次序故言及以絕之秋七月公至自晉戊辰叔弓帥師敗莒師于濆泉濆泉者何直泉也直泉者何涌泉也蓋戰而涌爲異也不傳異者外里不書此象公在晉臣下專受莒叛臣地以興兵戰鬬百姓悲怨歎息氣逆之所致故因以著戰處欲明天之與人相報應之義秦伯卒何以不名据諸侯名秦者夷也匿嫡之名也嫡子生不以名令于四竟擇勇猛者而立之其名何据秦伯罃稻名嫡得之也嬰罃稻以嫡得立之冬楚子蔡侯陳侯許男頓子沈子徐人越人

伐吳吳未服慶封之罪故也越稱人者俱助義兵意進于淮夷故加人以進之義兵不月者進越爲義兵明故省文

六年春王正月杞伯益姑卒不日者行微弱故略之上城杞已貶復卒略之者入所見世責小國詳始録內行也諸侯內行小失不可勝書故於終略責之見其義葬秦景公夏季孫宿如晉葬杞文公宋華合比出奔衛秋九月大雩先是季孫宿如晉是後叔弓與公比如楚有豫賦之煩也楚薳頗帥師伐吳冬叔弓如楚齊侯伐北燕

七年春王正月暨齊平書者善録內也不出主名者君相與平國中皆安故以舉國體言之月者剌內暨暨也時魯方結婚于吳外慕強楚故不汲汲于齊三月公如楚叔孫舍如齊莅盟夏四月甲辰朔日有食之

是後楚滅陳楚弑其君于乾谿秋八月戊辰衛侯惡卒九月公至自楚冬十有一月癸未季孫宿卒十有二月癸亥葬衛襄公當時而日者世子輒有惡疾不早廢之臨死乃命臣下廢之自下廢上鮮不爲亂故危録之

八年春陳侯之弟招殺陳世子偃師說在元年變其言陳者起招致楚滅陳自此始故重舉國夏四月辛丑陳侯溺卒叔弓如晉楚人執陳行人干徵師殺之陳公子留出奔鄭秋蒐于紅蒐者何簡車徒也徒衆何以書蓋以罕書也說在桓六年陳人殺其大夫公子過大雩先是公如楚比年乃歸費多賦重所致冬十月壬

午楚師滅陳執陳公子招放之于越殺陳孔瑗葬陳哀公日者疾許諼滅人也不舉滅爲重復書三事言執者疾諼託義故列見之託義不先書者本懷滅心重舉陳者上已言滅不復重舉無以明

九年春叔弓會楚子于陳陳已滅復見者從地名錄猶宋部以邑錄

許遷于夷不㪅舉小地者顧後當存

夏四月陳火陳已滅矣其言陳火何據災異爲有國者戒存陳也陳已滅復火者死灰復燃之象也此天意欲存之故從有國記災

曰存陳悕矣書火存陳者若曰陳爲天所存悲之曷爲存陳據災非一天意曷爲悲陳而存之滅人之國執人之罪人罪人招也殺人之賊孔瑗弒君賊也葬人之君若是則陳存悕矣楚爲無道託討賊行義陳臣子辟門虛心待之而滅其國若是則天存之者悲之也不書孔瑗

弑君者本爲招弑當舉招爲重方不與楚討賊故没招正賊文以將與上貶起之月者閔之秋仲孫貜如齊冬築郎囿

十年春王正月夏晉欒施來奔秋七月季孫隱如叔弓仲孫貜帥師伐莒戊子晉侯彪卒九月叔孫舍如晉葬晉平公十有二月甲子宋公戌卒去冬首蓋昭公取吳孟子之年故貶之

十有一年春王正月叔弓如宋葬宋平公夏四月丁巳楚子虔誘蔡侯般殺之于申楚子虔何以名据誘戎曼子不名絕曷爲絕之据俱誘之爲其誘討也使不自知而死故加誘此討賊也蔡侯般弑父而立雖誘

之則曷爲絕之據與莊王外討晉文譎尊懷惡而討不義君子不予也內懷利國之心而外託討賊故不與其討賊而責其誘詐也也者起以好會誘之楚公子棄疾帥師圍蔡五月甲申夫人歸氏薨大蒐于比蒲大蒐者何簡車徒也何以書蓋以罕書也說在桓六年仲孫貜會邾婁子盟于侵羊不日者蓋諱喪盟使若議結善事秋季孫隱如會晉韓起齊國酌宋華亥衛北宮佗鄭軒虎曹人杞人于屈銀九月己亥葬我小君齊歸齊歸者何昭公之母也歸氏胡女襄公嫡夫人冬十有一月丁酉楚師滅蔡執蔡世

小二伯二十字

子有以歸用之此未踰年之君也其稱世
子何據陳子也不君靈公不成其子也靈公即般也不君不
與靈公坐弒父誅不得為君也不戊其子不成有得稱子繼父也上不與楚誘討嫌有不當絕故正之云耳不君
靈公則曷為不成其子據惡惡止其身誅君之
子不立雖不與楚誘討其惡坐弒父誅當以誅君論之故云爾言執者時楚託義滅之非
怒也無繼也父誅子當絕惡乎用之用之防也其
用之防柰何蓋以築防也持其足以頭築防惡不以道孔子曰人而
不仁疾之已甚亂也日者疾讒滅人
十有二年春齊高偃帥師納北燕伯于
陽伯于陽者何即納上伯款非犯父命不當言于陽又微國出入不兩書伯不當再出故

闕三字問之公子陽生也子曰我乃知之矣子謂孔子乃乃是歲也時孔子年二十三具知其事後作春秋案史記知公誤爲伯子誤爲于陽在生川滅闕在側者曰子苟知之何以不革曰如爾所不知何如猶柰也猶曰柰女所不知何寧可強更之乎此夫子欲爲後人法不欲令人妄億措子絕四毋意毋必毋固毋我春秋之信史也其序則齊桓晉文唯齊桓晉文會能以德優劣國大小相次序其會則主會者爲之也非齊桓晉文則如主會者爲之雖優劣大小相越不改更信史也其詞則丘有罪焉爾丘孔子名其貶絕譏刺之辭有所失者是丘之罪聖人德盛尚謙故自名爾主書者惡納簒也不書所簒出奔者微國雖未踰年君猶不錄不足陽下言于北燕者史文也北燕本在上從史文也三月壬申鄭伯嘉卒夏宋公使華定來聘公如

晉至河乃復五月葬鄭簡公楚殺其大夫成然秋七月冬十月公子整出奔齊楚子伐徐晉伐鮮虞謂之晉者中國以無義故爲夷狄所強今楚行詐滅陳蔡諸夏懼然去而與晉會二屈銀下因以大綏諸侯先之以博愛而先伐同姓從親親者欲以立威行霸故狄之

十有三年春叔弓帥師圍費夏四月楚公子比自晉歸于楚弒其君虔于乾谿此弒其君其言歸何据齊陽生入惡不言歸歸無惡於弒立也歸無惡於弒立者何靈王爲無道作乾谿之臺三年不成楚公子棄疾脅比而立之然後令于乾谿之役曰比已立矣後歸

者不得復其田里，衆罷而去之。靈王經而死。時棄疾詐告比得晉力可以歸至而脅立之比之義宜效死不立而立君因自經故加弒也言歸者明其本無弒君而立之意加弒責之爾不日者惡靈王無道封內地者起禍所由因以爲戒楚公子棄疾弒公子比。比已立矣，其稱公子何？据齊公子商人弒其君舍其意不當也。据上傳知其脅其意不當則曷爲加弒焉爾？据王子朝不貶比之義宜乎效死不立。大夫相殺稱人，此其稱名氏以弒何？据經言弒公子比也言將自是爲君也。故使與弒君而立者同文也不言其者比實已立嫌觸實公子棄疾則楚子居也秋，公會劉子、晉侯、齊侯、宋公、衛侯、鄭伯、曹伯、莒子、邾婁子、滕子、薛伯杞伯小邾婁子于平丘八月甲戌同盟于平丘不舉重者起諸侯欲討棄疾故詳録之不言劉子及諸侯者間無異事可知矣公不與盟晉人執季孫隱如以歸公至自會公不與盟者何公不見與盟也時晉主會疑公如楚不肯與公盟故諱使若公自不肯與盟公不見與盟大夫執何以致會据得意乃致會不恥也曷爲不恥据扈之會公失序恥之諸侯遂亂反陳蔡君子不恥不與焉時諸侯將征棄疾棄疾乃封陳蔡之君使說諸侯諸侯從陳蔡之君言還反不復討楚楚亂遂成故云爾公不與盟不書成楚亂者時不受賂也諸侯實不與公盟而言公不與盟者遂亂雖見與公猶不宜與也故因爲公張義蔡侯廬歸于蔡陳侯吳歸于陳此皆滅國也其

言歸何据歸者有國辭不與諸侯專封也故使若有國自歸者也名者專受其封當誅書者因以起楚封之所以能起之者上有存陳文陳見滅無君所責又蔡季以篡見殺但不成其子不絕其國即諸侯存之當有文實也冬十月葬蔡靈公書葬者經不與楚討嫌不可責復讎故書葬明當從誅君論之不得責臣子公如晉至河乃復吳滅州來不日者略兩夷

十有四年春隱如至自晉三月曹伯滕卒夏四月秋葬曹武公八月莒子去疾卒入昭公卒不日不書葬者本篡故因不序冬莒殺其公子意恢莒無大夫書殺公子者未踰年而殺其君之子不孝尤甚故重而錄之稱氏者明君之子

十有五年春王正月吳子夷昧卒二月癸

大字伯二千八小字伯三十

酉有事于武宮籥入叔弓卒去樂卒事其言去樂卒事何據入者言萬去籥言名不言卒事禮也以加錄卒事知非禮但當言去樂而已若去籥矣揔言樂者明悉去也君有事于廟聞大夫之喪去樂恩痛不忍舉卒事畢竟祭事大夫聞君之喪攝主而往主謂已主祭者臣聞君之喪義不可以不即行故使兄弟若宗人攝行主事而往不廢祭者古禮也古有分土無分民大夫不世已父未必爲今君臣也孝經曰資于事父以事君而敬同大夫聞大夫之喪尸事畢而往賓尸事畢而往也日者爲卒日夏蔡昭吳奔鄭不言出者始封名之歸嫌與天子歸有罪同故舉其有國之辭明專封六月丁巳朔日有食之此十七年食蓋與孛于大辰同占秋晉荀吳帥師伐鮮虞冬公如晉

十有六年春齊侯伐徐楚子誘戎曼子殺之楚子何以不名據誘蔡侯名夷狄相誘君子不疾也曷為不疾據俱誘也若不疾乃疾之也以為固當常然者乃所以為惡也顧以無知薄責之戎曼稱子者入昭公見王道大平百蠻貢職夷狄皆進至其爵不日者本不卒不地者略也夏公至自晉秋八月己亥晉侯夷卒九月大雩先是公數如晉季孫隱如如晉冬十月葬晉昭公

十有七年春小邾婁子來朝夏六月甲戌朔日有食之秋郯子來朝八月晉荀吳帥師滅賁渾戎冬有星孛于大辰孛者何彗星也三字皆發問者或言入或言于或言方嫌為孛異猶問錄之其言于大辰何

据北斗言入于大辰非常名在大辰也大辰者何大火也大火謂心大火爲大辰伐爲大辰伐謂參伐也大火與伐天所以示民時早晚天下所取正故謂之大辰辰時也北辰亦爲大辰北辰北極天之中也常居其所迷惑不知東西者須視北辰以別心伐所在故加亦亦者兩相須之意何以書記異也心者天子明堂布政之宮亦爲孛彗者邪亂之氣埽故置新之象是後周分爲二天下兩主宋南里以亡楚人及吳戰于長岸詐戰不言戰此其言戰何据於越敗吳于醉李敵也俱無勝負不可言敗故言戰也不月者略兩夷

十有八年春王三月曹伯須卒夏五月壬午宋衛陳鄭災何以書記異也何異爾異其同日而俱災也外異不書此何以書爲

天下記異也詩云其儀不忒正是四國四國天下象也是後王室亂諸侯莫肯救故天應以同日俱災若曰無天下云爾六月邾婁人入鄅秋葬曹平公冬許遷于白羽

十有九年春宋公伐邾婁夏五月戊辰許世子止弑其君買蔡世子般弑父不忍日此日者加弑爾非實弑也己卯地震季氏稍盛宋南里以叛王室大亂諸侯莫肯救晉人圍郊吳勝雞父尹氏立王子朝之應秋齊高發帥師伐莒冬葬許悼公賊未討何以書葬不成于弑也曷爲不成于弑據將而誅之止進藥而藥殺也時悼公病止進藥悼公飲藥而死止進藥而藥殺則曷爲加弑焉爾據意善也譏子道之

不盡也其譏子道之不盡柰何曰樂正子春之視疾也樂正子春曾子弟子以孝名聞復加一飯則脫然愈復損一飯則脫然愈復加一衣則脫然愈復損一衣則脫然愈脫然疾除貌也言消息得其節止進藥而藥殺是以君子加弒焉爾失其消息多少之宜曰許世子止弒其君買是君子之聽止也聽治止罪葬許悼公是君子之赦止也原止進藥本欲愈父之病無害父之意故赦之赦止者免止之罪辭也明止但得免罪不得繼父後許男斯代立無惡文是也

二十年春王正月夏曹公孫會自鄸出奔

宋奔未有言自者此其言自何（據始出奔未有言此者與宋華亥入宋南里復出奔異）畔也（時會盜ㄴ鄭以奔宋）畔則曷爲不言其畔（言叛者當言以鄭如邾婁庶期）爲公子喜時之後諱也春秋爲賢者諱（諱使若從鄭出奔者故與自南里同文）何賢乎公子喜時（據喜時不書）讓國也其讓國柰何曹伯廬卒于師（在成十三年）則未知公子喜時從與（喜時廬曹伯手）公子負芻從與（負芻喜時從兄）或爲主于國或爲主于師（言者諸侯師出世子率與守國次宜爲君者持指絜從所以備不虞或時疾病相代行本史文不具故傳疑之）公子喜時見公子負芻之當主也逡巡而退賢公子喜時則曷爲爲會諱

君子之善善也長惡惡也短惡惡止其身（不遷怒也）善善及子孫賢者子孫故君子爲之諱也（君子不使行善者有後患故以喜時之讓除會之叛不通鄭爲國如通濫者喜時本正當立有明王興當還國明叔術功惡相除裁足通濫爾）秋盜殺衛侯之兄輒毋兄稱兄兄何以不立（据立嫡以長）有疾也何疾爾惡疾也（惡疾謂瘖聾盲癘秃跛傴不逮人倫之屬也書者惡衛侯兄有疾不憐傷厚遇營衛不固至令見殺失親親也公子不言之兄弟言之者敵體辭嫌於尊卑不明故加之以絕之所以正名也）冬十月宋華亥向甯華定出奔陳（月者危三大夫同時出奔將爲國家患明當防之）十有一月辛卯蔡侯盧卒

二十有一年春王三月葬蔡平公夏晉侯

使士鞅來聘宋華亥向甯華定自陳入于宋南里以畔宋南里者何若曰因諸者然因諸者齊故刑人之地公羊子齊人故以齊喻也宋樂大心自曹入于蕭不言宋言宋南里者略叛臣從刑人于國家尤危故重舉國秋七月壬午朔日有食之是後周有篡禍八月乙亥叔痤卒冬蔡侯朱出奔楚出奔者爲東國所篡也大國奔例月此時者惡背中國而與楚故略之公如晉至河乃復

二十有二年春齊侯伐莒宋華亥向甯華定自宋南里出奔楚前出奔已絕賊復錄者以故大夫專勢入國里犯君而出當誅也言自者別從國去大蒐于昌姦夏四月乙丑天王崩六月叔鞅如京師葬景王王室亂謂王猛之事何

景王

言乎王室亂據天子之居稱京師天王入于成周天王出居于鄭皆不言亂言不及外也宮謂之室刺周家之微邪庶並篡無一諸侯之助匹夫之故如一家之亂也故變京師言王室不言成周言王室者正王以責諸侯也傳不事事悉解者言不及外外當責之故正王可知也不爲天子諱者方責天下不救之劉子單子以王猛居于皇其稱王猛何據未踰年已葬當稱子當國也時欲當王者位故稱王猛見當國也錄居者事所見也不舉猛爲重者時猛尚幼以二子爲計勢故加以以者行二子意辭也二子不舉重者尊同權等秋劉子單子以王猛入于王城王城者何西周也時居王城邑自號西周王其言入何據非成周篡辭也時雖不入成周已得京師地半稱王置宮自號西周故從篡辭言入起其事也不言西周者正之無二京師也不月者本無此國無可與別輕重也冬十月王子猛卒此未踰年之君也其稱王

子猛卒何[据子卒不言名外未踰年君不當卒]不與當也不與當者不與當父死子繼兄死弟及之辭也[春秋篡成者皆與使當君之父死子繼兄死弟及者篡所緣得位成爲君辭也猛未悉得京師未得成王又外未踰年君二者皆不當卒卒又名者非與使當成爲君也嫌上入無成周文非篡辭故從得位卒明其爲篡也月者方以得位明事故從外未踰年君例]十有二月癸酉朔日有食之[是後晉人圍郊犯天子邑]

二十有三年春王正月叔孫舍如晉癸丑叔鞅卒晉人執我行人叔孫舍晉人圍郊郊者何天子之邑也[天子閒田有大夫主之]曷爲不繫于周不與伐天子也[與侵柳同義]夏六月蔡侯東國卒于楚[不日者惡背中國而與楚故略之月者比肸附父讎責之淺也不書葬者篡也篡不書者]

以惡朱在三年之内不共悲哀舉錯無度失衆見簒秋七月莒子庚輿來奔戊辰吴敗頓胡沈蔡陳許之師于雞父胡子髡沈子楹滅獲陳夏齧此偏戰也曷爲以詐戰之辭言之据甲戌齊國書及吴戰于艾陵俱與夷狄言戰今此從詐戰辭言敗不與夷狄之主中國也序上言戰別客主人直不直也今吴序上而言戰則主中國辭也然則曷爲不使中國主之据齊國書主吴中國亦新夷狄也中國所以異于夷狄者以其能尊尊也王室亂莫肯救君臣上下壞敗亦新有夷狄之行故不使主之不稱國國出師者賤略之言之師者辟許獨稱師上五國稱國之嫌其言滅獲何据蔡公孫歸生滅沈以沈子嘉歸殺之國言滅君言殺又獲晉侯言獲此陳夏齧亦言獲君大夫無別別君臣也君死于位曰滅生得曰獲大夫

生死皆曰獲大夫不世故不别死位不與夷狄之主中國則其言獲陳夏齧何据荆敗蔡師于莘以蔡侯獻舞歸不言獲吴少進也能結日偏戰行少進故從中國辭治之髡楹下云滅者死戰當加禮使若自卒相順也經先舉敗文嫌敗走及殺之故以自滅爲文明本死位乃敗之爾名者從赴辭也天王居于狄泉此未三年其稱天王何据毛伯來求金不稱天王著有天子也時庶孽並篡天王失位徙居微弱甚故急著正其號明天下當救其難而事之尹氏立王子朝貶言尹氏者著世卿之權尹氏貶王子朝不貶者年未滿十歲未知欲富貴不當坐明罪在尹氏八月乙未地震是時猛朝更起與王爭入遂至數年晉陵周竟吴敗六國季氏逐昭公吴光弑僚滅徐故日至三食地爲再動冬公如晉至河公有疾乃復何言乎公有疾乃復据上比乃復不言公不言有疾殺恥

也因有疾以殺畏晉之恥舉公者重疾也子之所慎齊戰疾

二十有四年春王二月丙戌仲孫貜卒叔孫舍至自晉夏五月乙未朔日有食之是後季氏逐昭公吳滅巢弑其君僚又滅徐秋八月大雩先是公如晉仲孫貜卒民被其役明年叔倪出會故秋七月復大雩丁酉杞伯鬱釐卒冬吳滅巢葬杞平公

二十有五年春叔孫舍如宋夏叔倪會晉趙鞅宋樂世心衛北宮喜鄭游吉曹人邾婁人滕人薛人小邾婁人于黃父有鸜鵒來巢何以書記異也何異爾非中國之禽

也宜穴又巢也非中國之禽而來居此國國將危亡之象鸜鵒猶權欲宜穴又巢此權臣欲國自下居上之徵也共後卒爲季氏所逐秋七月上辛大雩季辛又雩又雩者何又雩者非雩也聚衆以逐季氏也一月不當再舉雩言又雩者起非雩也昭公依託上雩生事聚衆欲以逐季氏不書逐季氏者諱不能逐反起下孫及爲所敗故因雩起其事也但舉[illegible]不舉辰者辰不同不可相爲上下又日爲君辰爲臣[illegible][illegible]辰則一逐季氏意明矣上不當日言上辛者爲下辛張本不言下辛言季辛者起季氏不執下而逐君九月己亥公孫于齊次于楊州地者臣子痛君失位詳録所舍止齊侯唁公于野井唁公者何昭公將弑季氏傳言弑者從昭公之辭告子家駒曰季氏爲無道僭於公室久矣諸侯稱公室吾欲弑之何如昭公素畏季氏意者

以爲如人君故言弑子家駒曰諸侯僭於天子大夫僭
於諸侯久矣昭公曰吾何僭矣哉失禮成俗不自知也
子家駒曰設兩觀禮天子諸侯臺門天子外闕兩觀諸侯內闕一觀乘
大路禮天子大路諸侯路車大夫大車士飾車朱干干楯也以朱飾楯玉戚戚斧也以玉飾
斧以舞大夏大夏夏樂也周所以舞夏樂者王者始起未制作之時取先王之樂與已同者
假以風化天下天下大同乃自作樂取夏樂者與周俱文也
王者舞六樂于宗廟之中舞先王之樂明有法也舞已之樂
明有制也舞四夷之樂大德廣及之也東夷之樂曰
株離南夷之樂曰任西夷之樂曰禁北夷之樂曰昧八佾
以舞大武此皆天子之禮也且夫牛馬維
婁繫馬曰維繫牛曰婁委已者也委食已者而柔焉柔順季氏
得民衆久矣季氏專賞罰得民衆之心久矣民順從之猶牛馬之於委食己者君無

多辱焉恐民必不從君命而爲季氏用反逐君故云爾子家駒上説正法下引時事以諫者欲使昭公先自正乃正季氏昭公不從其言終弑之而敗焉果反爲季氏所逐走之齊齊侯唁公于野井弔亡國曰唁弔死國曰弔弔喪主曰傷弔所執紼曰綍曰柰何君去魯國之社稷昭公曰喪人自謂亡人不佞不善失守魯國之社稷執事以羞謙自比齊下執事言以羞及君再拜顙顙者猶今叩頭矣謝見唁也慶子家駒慶賀曰慶子免君於大難矣子家駒曰臣不佞陷君於大難君不忍加之以鈇鑕賜之以死鈇鑕要斬之罪即所錫之以死再拜顙謝爲齊侯所慶高子執簞食簞葦器也圓曰簞方曰笥食即下所致糗也與四脡脯屈曰

駒申曰脡國子執壺漿壺禮器腹方口圓曰壺反之曰方壺有爵飾曰吾寡

君聞君在外餕饔未就餕孰食饔孰肉未就未成也解所以致糗意

敢致糗于從者糗糒也謙不敢斥魯侯故言從者昭公曰君不

忘吾先君延及喪人錫之以大禮再拜稽

首以衽受衽衣下裳當前者乏器謙不敢求索高子曰有夫不祥

猶曰人皆有夫不善君無所辱大禮禮臣受君錫荅拜謂之拜命之辱高子見昭公

拜辱大甲故曰君無所辱大禮昭公蓋祭而不甞食必祭者謙不敢便甞示有所

先不甞者待禮讓也景公曰寡人有不腆先君之服未

之敢服腆厚也服謂齊侯所著衣服也言未敢服者見魯侯乃敢服之謙辭也禮天子朝皮弁夕玄端朝服

以聽朝玄端以燕皮弁以征不義取禽獸行射諸侯朝朝服夕深衣玄端以燕裨冕以朝天子以祭其祖禰卿大夫

冕服而助君祭朝服其祖禰士爵弁黻衣裳以助公祭玄端以祭其祖禰有不腆先君之器器謂上所執簞壺未之敢用敢以請請行禮昭公曰喪人不佞失守魯國之社稷執事以羞敢辱大禮敢辭不敢當大禮故以辭景公曰寡人有不腆先君之服未之敢服有不腆先君之器未之敢用請固以請昭公曰以吾宗廟之在魯也以我守宗廟在魯時有先君之服未之能以服有先君之器未之能以出敢固辭已有時未能以事人今已無有義不可以受人之禮景公曰寡人有不腆先君之服未之敢服有不腆先君之器未之敢用請以饗

乎從者欲令受之故爲謙言從者昭公曰喪人其何稱行禮賓主當各有所稱時齊侯以諸侯遇禮接昭公昭公自嫌失國不敢以故稱自稱故孰謙問之景公曰孰君而無稱猶曰誰爲君者而言無所稱乎昭公非君乎昭公於是噭然而哭噭然哭聲貌感景公言而自傷諸大夫皆哭魯諸大夫從昭公者既哭以人爲菑菑周埒垣也所以分別内外衛威儀今大學辟雍作側字以幦爲席幦車覆苓以鞌爲几以遇禮相見以諸侯出相遇之禮相見孔子曰其禮與其辭足觀矣言昭公素能若此禍不至是主書者喜爲大國所唁地者痛録公明臣子當憂納公也冬十月戊辰叔孫舍卒十有一月己亥宋公佐卒于曲棘曲棘者何宋之邑也諸侯卒其封内不地此何以地

憂内也 時宋公聞昭公見逐欲憂納之至曲棘而卒故恩録之 十有二月齊侯取運外取邑不書此何以書爲公取之也 爲公取運以居公善其憂内故書不舉伐者以言語從季氏取之月者善録齊侯

二十有六年春王正月葬宋元公三月公至自齊居于運 月者閔公失國居運致者明臣子當憂納公不當使居運後不復月者始録可知 夏公圍成 書者惡公失國幸而得運不脩文德以來之復擾其民圍成不從叛書者本與國俱叛故不得復以叛爲重不從定公又以親圍下邑爲譏者昭無臣子入即如定公當致也 秋公會齊侯莒子邾婁子杞伯盟于鄟陵 不月者時諸侯相與約欲納公故内喜爲大信辭 公至自會居于運 致會者責臣子明公巳得意于諸侯不憂助納之而使居于運 九月庚申楚子居卒冬十月

天王入于成周成周者何東周也是時王猛自號爲西周天下因謂成周爲東周其言入何据入者篡辭不嫌也上言天王著有天子已明不嫌爲篡主言入者起其難也不言京師者起正居在成周實外之月者爲天下喜録王者反正位尹氏召伯毛伯以王子朝奔楚立王子朝獨舉尹氏出奔并舉召伯毛伯者明本在尹氏當先誅渠帥後治其黨猶楚嬰齊

二十有七年春公如齊公至自齊居于運

夏四月吴弑其君僚不書闔廬弑其君者爲季子諱明季子不忍父子兄弟自相殺讓國闔廬欲其享之故爲没其罪也不舉專諸弑者起闔廬當國賊者不得貶無所明又方見爲季子諱本不出賊以除闔廬罪雖可貶猶不舉月者非失衆見弑故不略之楚殺其大夫郤宛秋晉士鞅宋樂祁犂衛北宫喜曹

人邾婁人滕人會于扈冬十月曹伯午卒邾婁快來奔邾婁快者何邾婁之大夫也邾婁無大夫此何以書以近書也諱其卑我同義公如齊公至自齊居于運

二十有八年春王三月葬曹悼公月者爲下出也公如晉次于乾侯乾侯晉地名月者閔公內爲強臣所逐外如晉不見荅次于乾侯不諱者憂危不暇殺乘後不月者錄始可知夏四月丙戌鄭伯甯卒六月葬鄭定公秋七月癸巳滕子甯卒冬葬滕悼公

二十有九年春公至自乾侯居于運不致以晉者不

見容于晉未至晉齊侯使高張來唁公言不者君運從國內辭書上若如晉不見荅喜見唁也不月者例時也公如晉次于乾侯夏四月庚子叔倪卒秋七月冬十月運潰邑不言潰此其言潰何据國曰潰邑曰叛郛之也郛郭曷爲郛之於成三年棘叛不言潰也君存焉爾昭公居之故從國言潰明罪在公也不言國之言郛之者公失國也不諱者責臣子當憂而納之恥不如致危也孔子曰不患寡而患不均不患貧而患不安蓋本乃由于圍成失大得小而不能御用

三十一年春王正月公在乾侯居者閔公運潰無尺土之居遠在乾侯故以存君書明臣子當憂納之夏六月庚辰晉侯去疾卒秋八月葬晉頃公冬十有二月吳滅徐徐子章禹奔楚至此乃月者所見世始錄夷狄滅小國也不從上州來巢見義者因有出奔可責

三十有一年春王正月公在乾侯季孫隱如會晉荀櫟于適歷時晉侯使荀櫟責季氏不納昭公爲此會也季氏負捶謝過欲納昭公昭公創惡季氏不敢入公出奔在外無君命所以書會而殊外言來者從王魯録諱亟取邑卒大夫者盈孫文夏四月丁巳薛伯穀卒始卒便名日書葬者薛比滕最小迫後定寅皆當略晉侯使荀櫟唁公于乾侯秋葬薛獻公冬黑弓以濫來奔文何以無邾婁据讀言邾婁通濫也通濫爲國故使無所繫曷爲通濫据庶其不通也賢者子孫宜有地也賢者孰謂謂叔術也叔術省邾婁顏公之弟也或曰羣公子何賢乎叔術据叔術不書讓國也其讓國柰何當邾婁顏之時顏公時也邾婁女

有爲魯夫人者則未知其爲武公與懿公與孝公幼（不知孝公者邾婁外孫邪將妾子邪）顔淫九公子于宮中（所與淫公子凡九人）因以納賊則未知其爲魯公子與邾婁公子與臧氏之母養公者也君幼則宜有養者大夫之妾士之妻（禮也）則未知臧氏之母者曷爲者也養公者必以其子入養（不離人母子因以娛公也）臧氏之母聞有賊以其子易公抱公以逃（以身死公則可以其子易公非事夫之義然而於王法當賞以活公爲重也）賊至湊公寢而弒之（弒臧氏子也不知欲弒孝公者納篡邪將利其國也）臣有鮑廣父與梁買子者聞有賊趨而至臧氏

之母曰公不死也在是吾以吾子易公矣於是負孝公之周訴天子天子爲之誅顏而立叔術反孝公于魯顏夫人者嫗盈女也國色也其言曰有能爲我殺殺顏者吾爲其妻（殺顏者鮑廣父梁買子也攖人以身一爲行去爾非也）叔術爲之殺殺顏者而以爲妻（利其色也）有子焉謂之盱夏父者其所爲有於顏者也（爲顏公夫人時所爲顏公生也）盱幼而皆愛之（叔術嫗盈女皆愛盱）食必坐二子於其側而食之有珍怪之食（珍怪猶奇異也）盱必先取足焉夏父曰以來（猶曰以彼物來置我前）人未足（人夏父自謂也）而盱有餘（言盱

所得常多叔術覺焉覺悟也知小爭食長必爭國易曰君子見幾而作矣幾其神乎幾者動之微者事之先見曰嘻此誠爾國也夫起而致國于夏父夏父受而中分之叔術曰不可三分之叔術曰不可四分之叔術曰不可五分之然後受之五分受其一公扈子者邾婁之父兄也當夫子作春秋時於邾婁君爲父兄之行公扈者氏也習乎邾婁之故故事也道所以言也其言曰惡有言人之國賢若此者乎惡有猶何有寧有此之類也言賢者寧有反妻嫂殺殺顏者之行乎誅顏之時天子死叔術起而致國于夏父言叔術本欲讓迫有誅顏天子在爾故天子死則讓無妻嫂感見爭食之事當此之時邾婁人常被兵于周

曰何故死吾天子 猶曰何故死畜吾天子遠生時命而立夏父乎此天子死則讓之效也夫子本所以如上傳賢者惡少功大也猶律一人有數罪以重者論之春秋滅不言入是也案叔術妻嫂雖有過惡當絕身無死刑當以殺殺顏者爲重宋繆公以反國與與夷除馮弒君之罪死乃反國不如生讓之大也馮殺與夷亦不輕于殺殺顏者比其罪不足而功有餘故得爲賢傳復記公扈子言者欲明夫子本以上傳通之故公扈子有是言

通濫則文何以無邾婁 据國未有口繫于人

天下未有濫也 欲見天下實未有濫國春秋新通之爾故口繫于邾婁

天下未有濫則其言以濫來奔何 据上說天下實未有濫者言春秋新通之也春秋新通之君文成矣不言濫黑弓來奔而反與大夫竊邑來奔同文

叔術者賢大夫也絕之則爲叔術不欲絕不絕則世大夫也 此解不言濫黑弓意叔術者賢大夫也如不口繫邾婁文言濫黑弓來奔則爲叔術賢心不欲自絕于國又觸天下實有濫無以起新通之文不可設也如口不絕

邾婁文言濫黑弓來奔則嫌氏邑起本邾婁世大夫春秋曰繫通之文亦不可施大夫之義不得世故於是推而通之也推猶因也因就大夫竊邑奔文通之則大夫不世叔術賢心不欲自絕兩明矣主書者在春秋前見王者起當追有功顯有德興滅國繼絕世

十有二月辛亥朔日有食之是後昭公死外皆大夫專執楚犯中國圍蔡也

三十有二年春王正月公在乾侯取闞闞者何邾婁之邑也曷為不繫乎邾婁諱亟也與取濫為亟

夏吳伐越秋七月冬仲孫何忌會晉韓不信齊高張宋仲幾衛世叔申鄭國參曹人莒人邾婁人薛人杞人小邾婁人城成周書者起時善其脩廢職有尊尊之意也孔子曰謹權量審法度脩廢官四方之政行焉言成周者起

正居實外之

十有二月己未公薨于乾侯

春秋公羊卷第十

經四千九百一十二字
注六千七百五十七字

春秋公羊經傳解詁定公第十一

何休學

元年春王定何以無正月據莊公雖不書即位猶書正月者正即位也本有正月者正諸侯之即位定無正月者即位後也雖書即位於六月實當如莊公有正月今無正月者昭公出奔國當絕定公不得繼體奉正故諱爲微辭使若即位在正月後故不書正月即位何以後据王月正即位昭公在外昭公喪在外得入不得入未可知也曷爲未可知据已稱元年在季氏也今季氏迎昭公喪而事之定公即位不迎而事之則不得即位得定哀多微辭微辭即下傳所言者是也定公有王無正月不務公室喪失國寶哀公有黃池之會獲麟故揔言多主人習其讀而問其傳讀謂經傳謂訓詁主人謂定公言主人者能爲主人皆當

為微辭，非獨定公。則未知己之有罪焉爾。此假設而言之，主人謂定哀也。設使定哀習其經而讀之，問其傳解詁，則一知己之有罪於是。此孔子畏時君，上以諱尊隆恩，下以辟害容身，慎之至也。三月，晉人執宋仲幾于京師。仲幾之罪何？据言于京師，成伯討辭，知有罪。不蓑城也。若今以草衣城是也。禮，諸侯為天子治城，各有分丈尺，宋仲幾不治所主。其言于京師何？据城言成周，執不地。伯討也。大夫不得專執，執無稱名氏見伯討例，故地以京師，明以天子事執之，得伯討之義。伯討則其稱人何？据城稱名氏，諸侯伯執不稱人也。復發此難者，弟子未解嫌大夫稱人相執與諸侯同例。貶。故稱人爾，不以非伯討故。曷為貶？据晉侯伯執稱人以他罪舉。不與大夫專執也。曷為不與？据伯討。實與，言于京師是也。而文不與。文不與者，貶稱人是也。文曷為不與？大夫之義不得專執也。大夫不得專相執，辟諸侯也。不

言歸者諸侯當決於天子犯之惡甚故録所歸大夫當決王獄爾犯之罪從外小惡不復別也無例不在常書又月者善爲天子執之

夏六月癸亥公之喪至自乾侯至自乾侯者非公事齊不專中云之晉竟不見容死于乾侯

戊辰公即位癸亥公之喪至自乾侯則曷爲以戊辰之日然後即位据癸亥得入已可知

正棺於兩楹之間然後即位正棺者象既小斂夷於堂昭公死於外不得以君臣禮治其喪故示盡始死之禮禮始死于北牖下浴於中霤飯含於牖下小斂於戶内夷於兩楹之間大斂於阼階殯於西階之上祖于庭葬於墓奪孝子之恩動以遠也禮天子五日小斂七日大斂諸侯三日小斂五日大斂卿大夫二日小斂三日大斂夷而絰殯而成服故戊辰然後即位凡喪三日授子杖五日授大夫杖七日授士杖童子婦人不杖不能病故也

子沈子曰定君乎國定昭公之喪禮於國然後即位

即位不日此何以日据即位皆不日録乎

內也內事詳錄善得五日變禮成諱危不得以踰年正月即位故月之書者重五始也秋七月

癸巳葬我君昭公九月大雩譏定公得立尤喜而不恤民之應立

煬宮煬宮者何据有二公無煬公煬公之宮也春秋前煬公也立

者何立者不宜〻也立煬宮非禮也不日嫌得禮故

復問立也不日者所見之世諱深使若比武宮惡愈故不日冬十月霣霜殺菽

何以書記異也菽大豆時獨殺菽不殺他物故為異此災菽也曷

為以異書据無麥苗以災書異大乎災也異者所以為人戒也重異不重

災君子所以貴教化而賤刑罰也周十月夏八月微霜用事未可殺菽菽者少類為稼強季氏家也是時定公喜於得位

而不念父黜逐之恥反為淫祀立煬宮故天示以當早誅季氏

二年春王正月夏五月壬辰雉門及兩觀

災其言雉門及兩觀災何据桓宮僖宮災不言及不但問及者方於下及間其文問之故先俱張本於上兩觀微也雉門兩觀皆天子之制門為其主觀為其飾故微也然則曷為不言雉門災及兩觀据下新作雉門及兩觀先言作者主災者兩觀也時災從兩觀起主災者兩觀則曷為後言之据欲使言兩觀災及雉門若言宋督弒其君與夷及其大夫孔父不以微及大也何以書不復言雉門及兩觀災何以書者上已問雉門及兩觀災故但言何以書記災也此本子家駒諫昭公所當先去以自正者昭公不從其言卒為季氏所逐定公繼其後宜去其所以失之者故災亦云爾立雉門兩觀不書者僭天子不可言雖在春秋中猶不書秋楚人伐吳冬十月新作雉門及兩觀其言新作之何据俱一門兩觀如故常脩大也天災之當減損如其舊制而復脩大僭天子之禮故言新以見脩大也脩舊

不書此何以書據西宮災復脩不書譏何譏爾不務乎公室也務勉也不務公室亦可施于久不脩亦可施于不務如公室之禮微辭出月者久也當即脩之如諸侯禮

三年春王正月公如晉至河乃復月者內有彊臣之讎外不見荅於晉故危之三月辛卯邾婁子穿卒夏四月

秋葬邾婁莊公冬仲孫何忌及邾婁子盟于枝後相犯時者諱公使大夫盟又未踰年君薄父子之恩故為易辭使若義結善事

四年春王二月癸巳陳侯吳卒三月公會劉子晉侯宋公蔡侯衛侯陳子鄭伯許男曹伯莒子邾婁子頓子胡子滕子薛伯杞伯小邾婁子齊國夏于召陵侵楚月而不舉重者楚以

一裘之故拘蔡昭公數年然後歸之諸侯雜然侵之會同最盛故善録其行義兵也拘不書者惡蔡侯吝一裘而見拘執故匹夫之執歸不書者從執例 夏四月庚辰蔡公孫歸姓帥師滅沈以沈子嘉歸殺之 為不會召陵故也不舉滅為重書以歸殺之者責不死位也日者定哀滅例日定公承黜君之後有彊臣之儺故有滅則危懼之為定公戒也 五月公及諸侯盟于浩油 再言公者昭公數如晉不見答卒為季氏所逐定公初即位得與諸侯盟故喜録之後楚復圍蔡不故不日者善諸侯能翕然俱有疾楚之心會同最盛故褒與信辭 杞伯戊卒于會 不日與盟同日 六月葬陳惠公許遷于容城

秋七月公至自會 月者為下劉卷卒月者重録恩 劉卷卒劉卷者何天子之大夫也外大夫不卒此何以卒我主之也 劉卷即上會劉子也王之者因上王會文王之張義也卒者明主會者當有恩禮也

〔言劉卷者主起以大夫卒之爲天子也不日者比尹氏以天子所恩録重也此公會輕故不日〕葬杞悼公。楚人圍蔡。〔囊瓦稱人者楚爲無道拘蔡昭公數年而復惡蔡蔡歸有言伐之故貶明罪重於圍〕晉士鞅、衛孔圄帥師伐鮮虞。葬劉文公。外大夫不書葬，此何以書？録我主也。〔其實以主我恩録之故云爾舉采者禮諸侯入爲天子大夫更受采地於京師天子使大夫爲治其國有功而卒者當益封其子時劉卷以功益封故不以故國而以采地書葬起其事因恩以廣義也稱公者明本諸侯也〕冬十有一月庚午，蔡侯以吳子及楚人戰于伯莒，楚師敗績。吳何以稱子？〔據滅徐稱國〕夷狄也，而憂中國。〔言子起憂中國言以明爲蔡故也與桓十四年同〕其憂中國奈何？伍子胥父誅乎楚，挾弓而去楚。〔挾弓者懷挌意也禮天子雕弓諸侯彤弓大夫嬰弓士盧弓〕以干闔廬不待禮見曰干因闔廬以復讎闔廬曰士之甚言其以賢士之甚勇之甚將爲之興師而復讎于楚伍子胥復曰諸侯不爲匹夫興師必須因事者其義可得因公託私而以匹夫興師討諸侯則不免於亂且臣聞之事君猶事父也虧君之義復父之讎臣不爲也於是止蔡昭公朝乎楚有美裘焉囊瓦求之昭公不與爲是拘昭公於南郢數年然後歸之於其歸焉用事乎河時北如晉請伐楚因祭河曰天下諸侯苟有能伐楚者寡人請爲之前列楚人聞之怒見侵後聞蔡有此言而怒爲是興師使囊瓦將而伐蔡

蔡請救于吴伍子胥復曰蔡非有罪也楚人爲無道君如有憂中國之心則若時可矣（猶曰若是時可興師矣激發初欲興師意）於是興師而救蔡（不書與子胥俱者舉君爲重一子胥不見於經得爲善者以吳義文得爲之也雖不舉子胥爲非懷惡而討不義君子不得不與之也）曰事君猶事父也此其爲可以復讎奈何曰父不受誅（不受誅罪不當誅也）子復讎可也（孝經曰資於事父以事君而敬同本取事父之敬以事君而父以無罪爲君所殺諸侯之君與王者異於義得去君臣已絕故可也孝經云資於事父以事母莊公不得報讎文姜者母所生雖輕於父重於君也易曰天地之大德曰生故得絕不得殺）父受誅子復讎推刃之道也（子復讎非當復討其子一往一來曰推刃）復讎不除害（取讎身而已不得兼讎子復將恐害已而殺之時子胥因吳之衆墮平王之墓燒其宗廟而已）

昭王雖可得殺不除去 朋友相衞 同門曰朋同志曰友相衞不使爲讎所勝時子胥因仕於吳爲大夫君臣言朋友者闔廬本以朋友之道爲子胥復讎孔子曰益者三友損者三友友直友諒友多聞益矣友便辟友善柔友便佞損矣 而不相迿 迿出表辭猶先也不當先相擊刺所以伸孝子之恩 古之道也

楚囊瓦出奔鄭庚辰吳入楚吳何以不稱子 據狄人盟于邢有進行稱人 反夷狄也其反夷狄奈何君舍于君室大夫舍于大夫室蓋妻楚王之母也 舍其室因其婦人爲妻日者惡甚無義

五年春王正月辛亥朔日有食之 是後臣恣日甚魯失國寶宋五大夫叛 夏歸粟于蔡孰歸之諸侯歸之曷爲不言諸侯歸之 據齊人來歸衞寶 離至不可得而

序故言我也時爲蔡新被彊楚之兵故歸之粟與上陳同義於越入吳於越者何越者何不言或者嫌兩國於越者未能以其名通也越者能以其名通也越人自名於越君子名之曰越治國有狀能與中國通者以中國之辭言之曰越治國無狀不能與中國通者以其俗辭言之因其俗可以見善惡故云爾赤狄以赤進者狄於北方總名赤者其別與越異也吳新憂中國士卒罷敝而入之疾罪重故謂之於越六月丙申季孫隱如卒仲遂以貶起弒是不貶著其逐君者與君出爲重故從季卒起之懲衞孫

襄秋七月壬子叔孫不敢卒冬晉士鞅帥師圍鮮虞

六年春王正月癸亥鄭游遬帥師滅許以許男斯歸二月公侵鄭月者內有彊臣之讎不能討而外結怨故危之公

至自侵鄭夏季孫斯仲孫何忌如晉秋晉人執宋行人樂祁犂冬城中城季孫斯仲孫忌帥師圍運此仲孫何忌也曷爲謂之仲孫忌譏二名二名非禮也爲其難諱也一字爲名令難言而易諱所以長臣子之敬不逼下也春秋定哀之間文致太平欲見王者治定無所復爲譏唯有二名故譏之此春秋之制也

七年春王正月夏四月秋齊侯鄭伯盟于鹹齊人執衛行人北宮結以侵衛齊侯衛侯盟于沙澤大雩先是公侵鄭城中城季孫斯仲孫忌如晉圍運費重不恤民之應齊國夏帥師伐我西鄙九月大雩承前費重不恤民又重之以齊師伐我我自救之役冬十月

八年春王正月公侵齊公至自侵齊二月公侵齊三月公至自侵齊〔出入月者内有彊臣之讎外犯彊齊再出尤危於侵鄭故知入亦當蒙上月〕曹伯露卒夏齊國夏帥師伐我西鄙公會晉師于瓦公至自瓦〔此晉趙鞅之師也但言晉師者君不會大夫之辭也公會大夫不別得意雖得意不致此致者諱公爲大夫所會故使若得意者〕秋七月戊辰陳侯柳卒晉趙鞅帥師侵鄭遂侵衞葬曹靖公九月葬陳懷公季孫斯仲孫何忌帥師侵衞冬衞侯鄭伯盟于曲濮從祀先公從祀者何順祀也〔復文公之逆祀〕文公逆祀去者三人〔諫不從而去之〕定公順祀叛者五人〔諫不以禮而去曰叛去與〕

叛皆不書者微也不書禘者後祫亦順非獨禘也言祀者無已長久之辭不言僖公者閔公亦得其順盜竊寶玉大弓盜者孰謂微而竊大可怪故問之謂陽虎也易虎者曷爲者也季氏之宰也季氏之陪臣爲政者季氏之宰則微者也惡乎得國寶而竊之陽虎專季氏季氏專魯國陽虎拘季孫季氏逐昭公之後取其寶玉藏於其家陽虎拘季孫奪其寶玉季孫取玉不書者舉逐君爲重孟氏與叔孫氏迭而食之啜而鋟其板以爪刻其鐀斂板曰某月某日將殺我于蒲圃力能救我則於是於是時至乎日若時而出臨南者陽虎之出也御之爲季孫御於其乘焉季孫謂臨南曰以季氏之

世世有子（言我季氏累世有女以爲臣）子可以不免我死乎（以義責之）臨南曰有力不足臣何敢不勉陽越者陽虎之從弟也爲右（爲季孫直右實衞之）諸陽之從者車數十乘至于孟衢（孟氏衢四達可以横夫）臨南投策而墜之（策馬箠也見二家迭食之欲將季孫由孟氏免之恐陽越不聽故詐投策欲使下車）陽越下取策臨南駷馬（捶馬銜走）而由乎孟氏陽虎從而射之矢著于莊門（莊門孟氏所入門名言幾中季孫頰門閉故著門）然而甲起於琴如（甲公斂處父所帥也琴如地名二家知出駕故於是時起兵）弑不成却反舍于郊皆說然息（說解舍然猶如）或曰弑千乘之主（時季氏邑至於千乘）而不克舍此可乎（嫌其近而無所依）

陽虎曰夫孺子得國而已得免專國家而已如丈夫
何如猶奈也丈夫大人稱也睋而曰彼哉彼哉望見公斂處父師而曰彼哉彼
哉再言之者切遠意趣駕使疾駕既駕公斂處父帥師而
至公斂處父孟氏叔孫氏將兵之將僅然後得免自是走之晉寶
者何璋判白判半也半圭曰璋白藏天子青藏諸侯魯得郊天故錫以白不言璋言玉者起珪璧
琮黃五玉盡亡之也得[illegible]言璋者所以郊事天尤重詩云奉璋峨峨髦士攸宜是也猶珪以[illegible]璧以聘琮以發兵璋以發衆
璋以徵召弓繡質質拊也言大者力千斤龜青純純緣也謂緣甲頿也千歲之龜青髯明于
吉凶易曰定天下之吉凶成天下之亹亹者莫善乎著龜經不言龜者以[illegible]知從寶省文謂之寶者世世保用之辭此皆
魯始封之[illegible]言取而言竊者正名也定公從季孫假馬孔子曰君之於[illegible]有取無假而君臣之義立主書者定公失政權移
陪臣將其尊[illegible]喪其五玉無以合信天子交質諸侯當絕之不書拘季孫者與五玉爲重書大弓者使若都以國寶書微辭也

九年春王正月夏四月戊申鄭伯蠆卒得寶玉大弓何以書國寶也喪之書得之書微辭也使若都以重國寶故書不以罪定公者其寶失之當坐得之當除以竊寶不月知得例不蒙上月六月葬鄭獻公秋齊侯衛侯次于五氏欲伐魯也善魯能却難早故書次而去秦伯卒冬葬秦哀公

十年春王三月及齊平月者頰谷之會齊侯欲執定公故不易夏公會齊侯于頰谷公至自頰谷上平為頰谷之會不易故月致地者頰谷之會齊侯作侏儒之樂欲以執定公孔子曰匹夫而熒惑於諸侯者誅於是誅侏儒首足異處齊侯大懼曲節從教得意故致地晉趙鞅帥師圍衛齊人來歸運讙龜陰田齊人曷為來歸運讙龜陰田據齊嘗取魯邑

孔子行乎季孫三月不違〔孔子仕魯政事行乎季孫三月之中不見違過是違之也不言政行乎定公者政在季氏之家〕齊人爲是來歸之〔齊侯自頰谷會歸謂晏子曰寡人獲過於魯侯如之何晏子曰君子謝過以質小人謝過以文齊嘗侵魯四邑請皆還之歸濟西田不言來此其言來者已絶魯不應復得故從外來常文與齊人來歸衛寶同夫子雖欲不受定公貪而受之此違之驗〕叔孫州仇仲孫何忌帥師圍郈秋叔孫州仇仲孫何忌帥師圍費宋樂世心出奔曹宋公子池出奔陳冬齊侯衛侯鄭游遬會于窐叔孫州仇如齊宋公之弟辰暨宋仲佗石彄出奔陳〔稱出宋者惡仲佗悉欲帥國人去故舉國言之公子池樂世心石彄從之皆是也辰言暨者明仲佗强與俱出也三大夫出不月者舉國危亦見矣〕

十有一年春宋公之弟辰及仲佗石彄公子池自陳入于蕭以叛不復言宋仲佗者本舉國已明矣辰言及者後汲汲當坐重夏四月秋宋樂世心自曹入于蕭不言叛者從叛臣叛可知冬及鄭平叔還如鄭莅盟

十有二年春薛伯定卒不日月者子無道當廢之而以爲後未至二年失衆見弒危社稷宗廟禍端在定故略之夏葬薛襄公叔孫州仇帥師墮郈衛公孟彄帥師伐曹季孫斯仲孫何忌帥師墮費曷爲帥師墮郈帥師墮費据城費孔子行乎季孫三月不違曰家不藏甲邑無百雉之城於是帥師墮郈帥師墮費

郈叔孫氏所食邑費季氏所食邑二大夫宰吏數叛患之以問孔子孔子言陪臣執國命采長數叛者坐邑有城池之固家有甲兵之藏故也季氏說其言而墮之故君子時然後言人不厭其言書者善定公任大聖復古制弱臣勢也不書去甲者舉墮城為重雉者何五板而堵八尺曰板堵凡四十尺五堵而雉一百尺百雉而城二萬尺凡周十一里三十三步二尺公侯之制也禮天子千雉蓋受百雉之城十伯七十雉子男五十雉天子周城諸侯軒城軒城者缺南面以受過也秋大雩不能事事信用孔子聖澤廢冬十月癸亥公會晉侯盟于黃十有一月丙寅朔日有食之是後薛弒其君比晉荀寅士吉射入于朝歌以叛公至自黃十有二月公圍成公至自圍成成仲孫氏邑圍成月又致有天子不親征下土諸侯不親征叛邑公親圍成不能服不能以一國為家甚危若從他國來故危錄之

十有三年春齊侯衛侯次于垂瑕夏築蛇

淵囿大蒐于比蒲衛公孟彄帥師伐曹於晉趙鞅入于晉陽以叛冬晉荀寅及士吉射入于朝歌以叛晉趙鞅歸于晉此叛也其言歸何[據叛與出入惡同]以地正國也[軍以井田之數故言以地]其以地正國奈何晉趙鞅取晉陽之甲以逐荀寅與士吉射荀寅與士吉射者曷爲者也君側之惡人也此逐君側之惡人曷爲以叛言之無君命也[無君命者操兵鄉國故初謂之叛後知其意欲逐君側之惡人故録其釋兵書歸赦之君子誅意不誅事晉陽之甲者趙簡子之邑以邑中甲逐之]薛弑其君比

十有四年春衛公叔戍來奔晉趙陽出奔

宋三月辛巳楚公子結陳公子佗人帥師滅頓以頓子牄歸不別以歸何國者明楚陳以滅人爲重頓子以不死位爲重夏衛北宮結來奔五月於越敗吴于醉李月者爲下卒出吴子光卒公會齊侯衛侯于堅公至自會秋齊侯宋公會于洮天王使石尚來歸脤石尚者何天子之士也天子上士以名氏通脤者何俎實也實俎肉也腥曰脤熟曰燔禮諸侯朝天子助祭於宗廟然後受俎實時魯不助祭而歸之故書以譏之衛世子蒯聵出奔宋主書者子雖見逐無去父之義衛公孟彄出奔鄭宋公之弟辰自蕭來奔大蒐于比蒲譏亟也邾婁子來會公書者

非邾婁子會人於都也如入人都當脩朝禮古者諸侯將朝天子必先會閒隙之地考德行一刑法講禮義正文章習事天子之儀尊京師重法度恐過誤言公者不受于廟城莒父及霄去冬者是歲蓋孔子由大司寇攝相事政化大行粥羔肫者不飾男女異路道無拾遺齊懼北面事魯饋女樂以閒之定公聽季孫子受之三日不朝當坐淫故貶之歸女樂不書者本以淫受之故深諱其本又三日不朝孔子行魯人皆知孔子所以去附嫌近害雖可書猶不書或說無冬者坐受女樂令聖人去冬陰臣之象也

十有五年春王正月邾婁子來朝鼷鼠食郊牛牛死改卜牛曷爲不言其所食據食角漫也漫者徧食其身災不敬也不舉牛死爲重復舉食者內災甚矣録內不言火是也二月辛丑楚子滅胡以胡子豹歸夏五月辛亥郊曷爲以夏五月郊據魯郊正當卜春三正也又養牲不過三月三卜之運

也運轉也巳卜春三正不吉復轉卜夏三月周五月得二吉故五月郊也易曰再三瀆瀆則不告不得其事雖吉猶不當爲也不舉卜者從可知壬申公薨于高寢鄭軒達帥師伐宋齊侯衛侯次于籧篨邾婁子來奔喪其言來奔喪何据會葬以禮書歸含且賵不言來奔喪非禮也但解奔喪者明言來者常文不爲早晚施也禮天子崩諸侯奔喪會葬諸侯薨有服者奔喪無服者會葬邾婁與魯無服故以非禮書禮有不弔者三兵死壓死溺死秋七月壬申姒氏卒姒氏者何哀公之母也姒氏杞女哀公者即定公之妾子何以不稱夫人据母以子貴哀未君也未踰年不稱公八月庚辰朔日有食之是後衛蒯聵犯父命盜殺蔡侯申齊陳乞弑其君舍九月滕子來會葬丁巳葬我君定公雨不克葬戊午日下昃乃

克葬昃日西也易曰日中則昃是也下昃蓋晡時辛巳葬定姒定姒何以書
葬据不稱小君子般不書葬未踰年之君也哀未踰年也母以子貴故以子正之有
子則廟廟則書葬如未踰年君之禮稱諡者方當踰年稱夫人曾子問曰並有喪
則如之何何先何後孔子曰葬先輕而後重其奠也其虞也先重而後輕禮也冬城漆

春秋公羊卷第十一經二千四百六十二字注四千二百八十七字

春秋公羊經傳解詁哀公第十二

何休學

元年春王正月公即位楚子陳侯隨侯許男圍蔡隨微國稱侯者本爵俱侯土地見侵削故微爾許男者戎也前許男斯見滅以歸今戎復見者自復斯不死位自復無惡文者從滅以歸可知鼷鼠食郊牛災不敬故改卜牛夏四月辛巳郊秋齊侯衛侯伐晉冬仲孫何忌帥師伐邾婁邾婁子新來奔喪伐之不諱者期外恩殺惡輕明當與根牟有差

二年春王二月季孫斯叔孫州仇仲孫何忌帥師伐邾婁取漷東田及沂西田漷沂皆水名邾

婁子來奔喪取其地不諱者義與上同癸巳叔孫州仇仲孫何忌及邾婁子盟于句繹所以再出大夫名氏者季孫斯不與盟夏四月丙子衛侯元卒滕子來朝晉趙鞅帥師納衛世子蒯聵于戚戚者何衛之邑也曷爲不言入于衛据弗克納未入國文言納于邾婁納者入辭故傳言曷爲不言入于衛父有子子不得有父也明父得有子而廢之子不得有父之所有故奪其國文正其義也不貶蒯聵者下曼姑圍戚無惡文嫌曼姑可爲輒誅其父故明不得也不去國見挈者不言入于衛不可醇無國文輒出奔不書者不責拒父也主書者與頓子同秋八月甲戌晉趙鞅帥師及鄭軒達帥師戰于栗鄭師敗績冬十月葬衛靈公十有一月蔡遷于州來畏楚也州來吳所滅

蔡殺其大夫公子駟稱國以殺者君殺大夫之辭稱公子者惡失親也

三年春齊國夏衛石曼姑帥師圍戚齊國夏曷爲與衛石曼姑帥師圍戚据晉趙鞅以地正國加叛文今此無加文故問之伯討也方伯所當討故使國夏首兵此其爲伯討柰何曼姑受命乎靈公而立輒靈公者蒯聵之父以曼姑之義爲固可以距之也曼姑無惡文者起曼姑得拒之曼姑臣也拒之者上爲靈公命下爲輒故義不可以子誅父故但得拒之而已傳所以曼姑解伯討者推曼姑得拒之則國夏得討之明矣不言圍衛者順上文辟圍輒輒者曷爲者也蒯聵之子也然則曷爲不立蒯聵而立輒据春秋有父死子繼蒯聵爲無道行不中善道靈公逐蒯聵而立輒然則輒之義可以

立乎輒之義不可以拒父故但問可立與不曰可其可柰何不以父命辭王父命不以蒯聵命辭靈公命以王父命辭父命辭猶不從是父之行乎子也是靈公命行乎蒯聵重本尊統之義不以家事辭王事以父見廢故辭讓不立是家私事以王事辭家事聽靈公命立者是王事公法也是上之行乎下也是王法行於諸侯雖得正非義之高者也故冉有曰夫子爲衛君乎子貢曰諾吾將問之入曰伯夷叔齊何人也曰古之賢人也曰怨乎求仁而得仁又何怨出曰夫子不爲也主書者善伯討

夏四月甲午地震此象季氏專政蒯聵犯父命是後蔡大夫專相放盜殺蔡侯申辟伯晉而京師楚黄池之會吳大爲主

五月辛卯桓宮僖宮災此皆毀廟也其言災何據禮親過高祖則毀其廟復立也曷爲不言其復立據立武宮言立春秋見者不復見也

謂內所改作也哀自立之善惡獨在哀故得省文何以不言及據雉門及兩觀敵也親過高祖親疏適等何以書上已問此皆毀廟其言災何故不復連桓宮僖宮記災也災不宜立季孫斯叔孫州仇帥師城開陽宋樂髡帥師伐曹秋七月丙子季孫斯卒蔡人放其大夫公孫獵于吳蔡人皆惡大夫驕蹇作威不可教當誅故貶冬十月癸卯秦伯卒哀公著治大平之終小國卒葬極於哀公者皆卒日葬月叔孫州仇仲孫何忌帥師圍邾婁

四年春王三月庚戌盜弒蔡侯申弒君賤者窮諸人此其稱盜以弒何據宋人弒其君處臼稱人賤乎賤者也賤於稱人者賤乎賤者孰謂據無主名謂罪人也

罪人者未加刑也蔡侯近罪人卒逢其禍故以爲人君深戒不言其君者方當刑放之與刑人義同蔡公孫辰出奔吳葬秦惠公宋人執小邾婁子夏蔡殺其大夫公孫歸姓公孫霍晉人執戎曼子赤歸于楚赤者何欲以爲戎曼子名則晉人據曹伯言畀宋人不言名歸疑言微者則不當書故以不知問也戎曼子之名也其言歸于楚何據執曹伯畀宋人不言歸于宋子北宮子曰辟伯晉而京師楚也此解名而言歸意也前此是比滅頓胡諸侯由是畏其威從而圍蔡蔡遷于州來遂張中國京師自置晉人執戎曼子不歸天子而歸于楚而不名而言歸于楚則與伯執歸京師同文故辟其文而名之使若晉非伯執而赤微者自歸于楚言歸于楚者起伯晉京師楚之書者惡晉背叛當誅之城西郛六月辛丑蒲社災蒲社者何據鼓用牲于社不言蒲亡國之社也

蒲社者先世之亡國在魯竟社者封也〔封土為社〕其言災何〔據封土非火所能燒〕

亡國之社蓋揜之揜其上而柴其下〔故火得燒之揜〕

〔柴之者絕不得使通天地四方以為有國者戒〕蒲社災何以書記災也

〔戒社者先王所以威示教戒諸侯使事上也災者象諸侯背天子是後宋事彊吳齊晉前驅滕薛俠轂魯衛驂乘故〕

〔天去戒社若曰王教滅絕云爾〕秋八月甲寅滕子結卒冬十有

二月葬蔡昭公〔賊已討故書葬也不書討賊者明諸侯得專討士以下也〕葬滕

頃公

五年春城比夏齊侯伐宋晉趙鞅帥師伐

衛秋九月癸酉齊侯處臼卒冬叔還如齊

閏月葬齊景公閏不書此何以書〔據楚子昭卒不書閏〕

喪以閏數也謂喪服大功以下諸喪當以閏月爲數喪曷爲以閏數
据卒不書閏喪數略也略猶殺也以月數恩殺故并閏數
六年春城邾婁葭城者取之也不言取者魯數圍取邾婁邑邾婁未曾亦非於魯而侮奪之
不知足有夷狄之行故諱之明惡甚晉趙鞅帥師伐鮮虞吳伐陳
夏齊國夏及高張來奔叔還會吳于柤
秋七月庚寅楚子軫卒齊陽生入于齊
齊陳乞弒其君舍弒而立者不以當國之
辭言之此其以當國之辭言之何据齊公子商人弒其
君舍而立氏公子爲諼也此其爲諼奈何問其義景公
謂陳乞曰吾欲立舍何如陳乞曰所樂乎

爲君者欲立之則立之不欲立則不立貴自專也君如欲立之則臣請立之陳乞欲拒言不可恐景公殺陽生陽生謂陳乞曰吾聞子蓋將不欲立我也陳乞曰夫千乘之主將廢正而立不正必殺正者晉世子申生是也吾不立子者所以生子者也走矣教陽生走與之玉節而走之節信也析玉與陽生留其半爲後當迎之合以爲信防稱矯也奔不書者未命爲嗣景公死而舍立陳乞使人迎陽生于諸其家于諸寘也齊人語也除景公之喪期而小祥服期者除諸大夫皆在朝陳乞曰常之母常陳乞子重難言其妻故云爾有魚菽之祭齊俗婦人首祭事言魚豆者示薄陋無所有願諸大夫之

十二日四十

化我也言欲以薄陋餘福共宴飲諸大夫皆曰諾於是皆之陳乞之家坐陳乞曰吾有所爲甲甲鎧請以示焉諸大夫皆曰諾於是使力士舉巨囊而至于中霤巨囊大囊中央曰中霤諸大夫見之皆色然而駭色然驚駭貌開之則闖然闖出頭貌公子陽生也陳乞曰此君也已諸大夫不得已皆逡巡北面再拜稽首而君之爾時舍未能得衆而陽生本正當立諸大夫又見力士知陳乞有備故不得已遂君之自是往弑舍陽生先詐致諸大夫立於陳乞家然後往弑舍故先書當國起其事也乞爲陽生弑舍不舉陽生弑者諼成于乞也不日者與卓子同冬仲孫何忌帥師伐邾婁宋向巢帥師伐曹

七年春宋皇瑗帥師侵鄭晉魏曼多帥師侵衛夏公會吳于鄫秋公伐邾婁八月己酉入邾婁以邾婁子益來入不言伐此其言伐何据當舉入爲重內辭也若使他人然諱獲諸侯故不舉重而兩書使若魯公伐而去他人入之以來者辟順他人來文邾婁子益何以名据以隗子歸不名絕曷爲絕之据俱以歸獲也曷爲不言其獲据獲晉侯言獲內大惡諱也故名以起之也日者惡魯侮奪邾婁無已後入獲之入不致者得意可知例宋人圍曹冬鄭駟弘帥師救曹

八年春王正月宋公入曹以曹伯陽歸曹伯陽何以名据以隗子歸不名絕曷爲絕之据俱以歸滅也

曷爲不言其滅據滅隱也諱同姓之滅也故亡以起之何諱乎同姓之滅據衞侯燬滅邢不諱力能救之而不救也以魯上力能獲邾婁而不救曹欲責之不日者從諱之定哀滅例日此不日者諱使若不滅故不日吳伐我不言鄙者起圍魯也不言圍者諱使若伐而去夏齊人取讙及僤外取邑不書此何以書所以賂齊也曷爲賂齊據上無戰伐之文爲以邾婁子益來也邾婁齊與國畏恐齊所怒而執之已甚故諱使若齊自取歸邾婁子益于邾婁從歸不書此書者善魯能悔過歸之嫌絕邾婁子益無罪書故復名之秋七月冬十有二月癸亥杞伯過卒齊人歸讙及僤書者善魯能悔過歸邾婁子益所喪之邑不求自得故不言來使若不從齊來與歸我濟西田同文

九年春王二月葬杞僖公宋皇瑗帥師取鄭師于雍丘其言取之何據詐戰言敗也易也其易柰何詐之也詐謂陷阱奇伏之類兵者爲征不義不爲苟勝而已十三年許夷不月知此不蒙上月疾略之爾夏楚人伐陳秋宋公伐鄭冬十月

十年春王二月邾婁子益來奔月者魯前獲而歸之今來奔明當尤加禮厚遇之公會吳伐齊三月戊戌齊侯陽生卒夏宋人伐鄭晉趙鞅帥師侵齊五月公至自伐齊葬齊悼公衛公孟彄自齊歸于衛薛伯寅卒卒葬略者與杞伯益姑同秋葬薛惠公冬楚公子結帥師伐陳吳救陳救中國不進者陳吳與國救陳欲以備中國故不進

十有一年春齊國書帥師伐我夏陳袁頗出奔鄭五月公會吳伐齊甲戌齊國書帥師及吳戰于艾陵齊師敗績獲齊國書戰不言伐舉伐者魯與伐而不與戰不從內與伐使吳爲主者吳主會故不與夷狄主中國也言獲者能結日偏戰少進也秋七月辛酉滕子虞母卒冬十有一月葬滕隱公衛世叔齊出奔宋

十有二年春用田賦何以書据當賦稅爲何書譏何譏爾譏始用田賦也田謂一井之田賦者斂取其財物也言用田賦者若今漢家斂民錢以田爲率矣不言井者城郭里巷亦有井嫌悉賦之禮稅民公田不過什一軍賦十井不過一乘哀公外慕彊吳空盡國儲故復用田賦過什一夏五月甲辰孟子卒孟子者

何據魯大夫無孟子昭公之夫人也其稱孟子何據不稱夫人氏其諱娶同姓蓋吴女也禮不娶同姓買妾不知其姓則卜之爲同宗共祖亂人倫與禽獸無別昭公既娶諱而謂之吴孟子春秋不繫吴者禮婦人繫姓不繫國雖不諱猶不繫國也不稱夫人不言薨不書葬者深諱之公會吴于橐皋秋公會衛侯宋皇瑗于運宋向巢帥師伐鄭冬十有二月螽何以書記異也何異爾不時也螽者與陰殺俱藏周十二月夏之十月不當見故爲異比年再螽者天不能殺地不能埋自是之後天下大亂莫能相禁宋國以亡齊并於陳氏晉分爲六卿

十有三年春鄭軒達帥師取宋師于嵒其言取之何易也其易柰何詐反也前宋行詐取鄭師今鄭復

行詐取之苟相報償不以君子正道故傳言詐反反猶報也夏許男戌卒比陳蔡不當復卒故卒葬略公會晉侯及吳子于黃池吳何以稱子據救陳稱國吳主會也以言及也時吳彊而無道敗齊臨菑乘勝大會中國齊晉前驅魯衛驂乘滕薛俠轂而趨以諸夏之衆冠帶之國反背天子而事夷狄恥甚不可忍言故深爲諱辭使若吳大以禮義會天下諸侯以尊事天子故進稱子吳主會則曷爲先言晉侯据申之會楚子主會序上不與夷狄之主中國也明其實自以夷狄之彊會諸侯爾不行禮義故序晉於上其言及吳子何据鍾離之會殊會吳不言及僖五年公及齊侯齊侯主會益明矣會兩伯之辭也晉序上者主會文也吳言及者亦人往爲主之文也方不與夷狄主中國而又事實當見不可醇奪故張兩伯辭先晉言及吳子使若晉主會爲伯吳亦主會爲伯半抑半起以奪見其事也語在下不與夷狄之主中國則曷爲以會兩伯之

辭言之括伯主人重吴也其實重在吴故言及舉晉者諱而不盈曷爲重吴括常殊吴吴在是則天下諸侯莫敢不至也以晉大國尚猶汲汲於吴則知諸侯莫敢不至也不書諸侯者爲微辭使若天下盡會之而魯侯蒙俗會之者惡愈齊桓兼舉遠明近此但舉大者非尊天子故不得襃也主書者惡諸侯君事夷狄楚公子中帥師伐陳於越入吴秋公至自會有恥致者順諱文也晉魏多帥師侵衛此晉魏曼多也曷爲謂之晉魏多揺上七年言曼多譏二名二名非禮也復就晉見者明先自正而後正人正人當先正大以帥小葬許元公九月螽先是用田賦又百會吴之費冬十有一月有星孛于東方孛者何彗星也其言于東方何揺北斗言星名見于旦也旦者日方出時宿不復見故言東方知爲旦何

以書記異也周十一月夏九月日在房心房心天子明堂布政之庭於此旦見與日爭明者諸侯代王治典法滅絕之象是後周室遂微諸侯相兼爲秦所滅燔書道絕盜殺陳夏彄夫十有二月螽黃池之會貴重煩之所致

十有四年春西狩獲麟何以書記異也何異爾非中國之獸也然則孰狩之稱西言狩尊卑未分明無薪采者也名主西者據狩言方地類賤人象也金主芟艾而正以春盡木火當然之際舉此爲文知庶人采樵薪者薪采者則微者也曷爲以狩言之据天子諸侯乃言狩天王狩于河陽公狩于郎是也河陽冬言狩獲麟春言狩者蓋狩曾變周之春爲冬去周之正而行夏之時大之也使若天子諸侯曷爲大之据略微爲獲麟大之也曷爲爲獲麟大之据鸛鵒俱非中國之禽無加文麟者仁

獸也狀如麕一角而戴肉設武備而不為害所以為仁也詩云麟之角振振公族是也有王者則至上有聖帝明王天下太平然後乃至尚書曰簫韶九成鳳皇來儀擊石拊石百獸率舞援神契曰德至鳥獸則鳳皇翔麒麟臻無王者則不至時害遠也嘗春秋時天下散亂一丨當至而至故為異有以告者曰有麕而角者孔子曰孰為來哉孰為來哉見時無聖帝明王怪為誰來反袂拭面涕沾袍袍衣前襟也夫子素案圖錄知庶聖劉季當代周見薪采者獲麟知為其出何者麟者木精薪采者庶人燃火之意此赤帝將代周居其位故麟為薪采者所執西狩獲之者從東方王於西也東卯西金象也言獲者兵戈文也言漢姓卯金刀以兵得天下不地者天下異也又先是螽蟲冬踊彗金精埽旦置新之象夫子知其將有六國爭彊從讙相滅之敗秦項驅除積骨流血之虐然後劉氏乃帝深閔民之離害甚久故豫泣也顏淵死子曰噫噫咄嗟貌天喪予予我子路死子曰噫天祝予

祝斷也天生顏淵子路爲夫子輔佐皆死者天將亡夫子之證西狩獲麟孔子曰吾道窮矣加姓者重終也麟有太平之符聖人之類時得麟而死此亦天告夫子將歿之徵故云爾春秋何以始乎隱据得麟乃作祖之所逮聞也託記高祖以來事可及問聞知者猶曰我但記先人所聞辟制作之害所見異辭所聞異辭所傳聞異辭所以復發傳者益師以臣見恩此以君見恩嫌義異於所見之世臣子恩其君父厚故多微辭也所聞之世恩王父少殺故立煬宮不日武宮日是也所傳聞之世恩高祖曾祖又殺故子赤卒不日子般卒日是也何以終乎哀十四年据哀公未終也曰備矣人道浹王道備必止於麟者欲見撥亂功成於麟猶堯舜之隆鳳皇來儀故麟於周爲異春秋記以爲瑞明大平以瑞應爲效也絕筆於春不書下三時者起木絕火王制作道備當授漢也又春者歲之始能常法其始則無不終竟君子曷爲爲春秋据以定作五經撥亂世撥猶治也反諸正莫近諸春

秋

得麟之後天下血書魯端門曰趨作法孔聖沒周姬亡彗東出秦政起胡破術書記散孔不絕子夏明日往視之血書飛爲赤烏化爲白書署曰演孔圖中有作圖制法之狀孔子仰推天命俯察時變却觀未來豫解無窮知漢當繼大亂之後故作撥亂之法以授之

則未知其爲是與其諸君子樂道堯舜之道與

作傳者謙不敢斥夫子所爲作意也堯舜當古歷象日月星辰百獸率舞鳳皇來儀春秋亦以王次春上法天文四時具然後爲年以敬授民時崇德致麟乃得稱太平道同者相稱德合者相友故曰樂道堯舜之道

末不亦樂乎堯舜之知君子也

末不亦樂後有聖漢受命而王德如堯舜之知孔子爲制作

制春秋之義以俟後聖

待聖漢之王以爲法

以君子之爲亦有樂乎此也

樂其貫於百王而不滅名與日月並行而不息

春秋公羊第十二 經二千四十二字 注三千三百八十二字

凡一十二萬七百五十七字

經四萬四千八百四十四字

注七萬五千九百一十三字

春秋公羊釋文

唐國子博士兼太子中允贈齊州刺史吳縣開國男陸德明撰

春秋公羊序

掾弋絹反 治世直吏反 之論盧困反下持論同 譏嘲陟交反 胡毋音無 隱括古奪反結也

春秋公羊經傳解詁佳買反下音古訓也 隱公第一

何休學學者言爲此經之學即注述之意

元年正月音征又音政後放此 開辟婢亦反本亦作闢 之稱尺證反下之稱甲稱同 徽號許韋反 器械戶戒反 夏以戶雅反後放此以意求之 物見賢徧反下並見同 之治直吏反 夫不音扶 而去起呂反下去同 刺欲七賜反後皆同更不

音隱長丁丈反注及下皆同　已冠工亂反下同　適子丁歷反下同　醮於子笑反
俱媵以證反又繩證反　以上時掌反他皆放此　扳隱普顔反又必顔反引也舊敷間反　能
相息亮反　背正步内反下同　爲桓于僞反注同　繆公音穆　玃且
俱縛反下子餘反　姪娣大結反下大計反　愛爭爭鬭之爭下同　邾音誅　婁
力俱反邾人語聲後曰婁故曰邾婁禮記同左氏穀梁無婁字　儀父音甫本亦作甫人名字放此　于眛
亡結反穀梁同左氏作蔑　及暨其器反下皆同　曷爲如字或于僞反後皆同此　褒之
保刀反　不見賢徧反下皆同　爲其于僞反注爲其獨爲皆同　歃血所洽反又所甲反
詛命莊慮反　約束並如字一音上於妙反下音戍　故復扶又反下復爲同　王
魯于況反下而王同一音如字後王魯皆放此　倡始尺亮反　造次七報反
其處昌慮反　惡之烏路反下惡不惡其皆同　大甚音泰或敕賀反　近正

附近之近柯之音歌克段徒亂反于鄢音偃郤缺去逆反下起悅反
忍戾力計反讞于魚列反宥之音又赦也內難乃旦反下此難同州吁況于反
宰咺況阮反一音況元反之賵芳仲反稱禰乃禮反稱妣必履反
乘馬繩證反注乘馬同玄纁許云反以共音恭曰賻音附曰禭音遂
猶遺唯季反隱爲于僞反下注爲其年未注同告于古毒反一音古報反歸唅
本又作含胡暗反下同一使所吏反別公彼列反上僭子念反而治直吏反下
皆同所傳直專反下文所傳并注同來被皮寄反于宿音夙國名者說
音悅而逮音代又大計反故省所景反後省文皆同祭伯側界反下注放此選
舉息戀一不肖音笑采邑七代反不日人實反注傳皆以日月爲例後
放此見恩賢徧反下見恩治皆同一殺所介反麤觕才古反又七奴反說文大也請

夏戶雅反凡諸夏皆放此濆函扶云反下音咸大平音泰朞期音基齊襄音咨本亦作齎下七西反自盡津忍反

二年惡其烏路反不好呼報反非剌七賜反凡此字不音者皆同踰竟音境本多即作境字更不音所傳直專反下年相傳同莒人音舉入向舒亮反國名更相音庚報償時亮反擅興市戰反無駭戶楷反貶彼檢反損也昉於甫往反適也滅郜古報反復見扶又反下不復同見音賢徧反當爲于僞反下爲後背隱同背隱音佩履緰音須左氏作裂繻遠別彼列反猶譴遣戰反親迎魚敬反注及下同先女悉薦反妃匹音配又芳非反下治直吏反未離力智反下同將取七住反紀子伯左氏作子帛遠害于萬反將燔扶元反胡毋音無姒氏音似巳

去起吕反卑下遐嫁反

三年殺其申志反下殺其君同子翬許韋反諂諛勑檢反懦弱

乃亂反又乃臥反越紼音弗以別彼列反下同恩殺所界反爲天

于僞反下故爲主爲傳所爲同丹氏亦作冉氏子州如字劉卷音權貶

去起吕反見譏賢徧反下同[illegible]七報反覆問芳服反下孫順

音遜宋繆公音穆左氏作穆凡此後放此北肖[illegible]反解綬古邂反又古賣反

當時丁浪反又如字下同與夷如字又音餘凡人名字及地名之類皆放此[illegible]假字則時復重出

愛女音汝下文注同盡終子忍反年傳同公馮皮冰反生母音無下同

傳與直專反[illegible]音與馮弑音試注同不爭爭鬭之爭

四年年宴武侯反見疾賢徧反年末見衆同差爲初賣反弑

其弒申志反弒字從式殺省從殳下同也君父言弒積漸之名也臣子云弒甲賊之意也宗冬爲故時復音之可知則不重出也 君完音丸 要之一遙反注同 慢易以豉反 與弒音預下及注同 說子音悅 斲辟音辟令本多即作辟從不更音 可復扶又反 本爲于僞反下自爲行德吾爲音同 難乃旦反下同 擣解丁老反或丁幹反下古賣反又古買反 曰覡戶狄反 于濮音卜 一石磧七略反一音七洛反 篡初患反 五年 觀魚左氏作棠魚 浚思俊反 洙常朱反 登來依注登音得 郜古報反 鄣谷之尚反又音章 未澥戶買反或佳買反 欲復扶又反下不得復同 濟上子禮反注同濟水之上 入盛音成氏作郕 將尊子匠反注及下皆同 咎如音羔 分別彼列反 亢率所類反本又作帥 隱爲于僞反下注同 下傚戶教反 八佾音逸列也 之相息亮反注及下同 自陝失冉反云弘農陝

縣也一云當作郟古洽反王城郟鄏邵公上照反又作召音同絀陟勑律反夫樂音扶

發句之端放此朝廷徒佞反好義呼報反下同聞徵張里反好施式豉反不敢爭爭鬬之爭離也力智反下同姦邪似嗟反未曾在能

反下同淫辟匹亦反繹縣音亦洽定直吏反箾開韶常照反夏曰户雅反下大護户故反伐紂直久反螟亡丁反食苗心蟲設苛音河彊

卒苦佞反始見賢遍反彊渠羗反下同惡其烏路反六年輸平式朱反隋也本作渝平猶墮許規反狐壤如丈反見隱

賢遍反獨惡烏路反一死難乃旦反于艾五蓋反編年必連反字林聲一類皆本干反一音專連反昊天户老反更年音庚暴師步卜反

七年從適丁歷反本亦作嫡下同賢行下孟反下異行同以鄅户圭反

號稱天證反　美惡烏路反又如字注同　所傳直專反　見其賢徧反
故復扶又反　至令力呈反　崩弛尸爾反又式氏反　分别彼列反　大廟
音泰下同　其難乃旦反　惡凡烏路反
八年　要宋一遥反　爲事于僞反下欲爲魯爲小國爲桓弃年末注皆同　使宛
於阮反人名也一音烏卯反又烏勳反　歸祊彼命反又音丙鄭邑左氏作祊　皆從才用反　巡
守手又反本亦又作狩下除猶守守視以外同　絜齊側皆反本多即作齋字後放此更不音　而
共音恭下同　其費芳味反　廣四古曠反　袤四音茂　稾穀古老反
甚惡烏路反下同　背叛步內反　録使所吏反　循行下孟反　度
量音亮　贄音至　至嵩夙忠反　歸格本又作假同古百反　于禰乃禮
反本又作藝　復書扶又反下故復同　難也乃旦反一音如字注及下同　見重賢徧

反下同包來左氏作浮來高傒音兮公行戶孟反死難乃旦反令

犨力呈反僅能其靳反之應應對之應

九年震電徒練反雉雊古豆反可見賢徧反雨雪于付反

俶甚尺叔反始也大甚音泰俠卒音協穀梁云所俠少略詩照反于

邴左氏作防

十年復稱扶又反又音服明為于僞反下先為同公敗必邁反凡臨佗曰敗

皆同此音于菅古顏反取郜古報反取闞苦暫反取濼火流反又音郭

及沂魚依反數動所角反因見賢徧反下同易也以豉反下及注同

屬為音燭適也入盛左氏作郕後皆放此

十一年別外彼列反見法賢徧反年本注同復出扶又反下文不復注

故復同祁黎祁音巨之反又上之反黎音力兮反又力私反左氏作時來爲弟于僞反年

末注同數行所角反之釁許靳反弑也申志反注及下並同冠氏古亂反下

同僵尸居良反之處昌慮反去王起呂反

桓公第二　何休學

元年繼弑申志反注皆同二年放此爲下于僞反下爲告同去王起呂反

以見賢編反故復扶又反下同恭孫音遜朝朝上如字下直遥反莫

夕音暮別治直吏反背叛音佩凡背叛之類皆放此近許附近之近分別

彼列反于越本亦作粵音同以上時掌反凡言以上皆放此蓄積勑六反

二年舍此音捨下同見先賢遍反下形見目見亦見見恩並同下悉薦反殤公

式羊反死焉於虔反注同致難乃旦反儼然魚檢反本又作儼重道

直用反 故爲于僞反傳爲隱諱下注不爲諱爲後同 傳聞直專反注傳聞及下注傳之皆同 以復扶又反下反復同 少殺所介反下同 煬宮餘亮反舊始郭反 子般音班 令宋力呈反 相長丁丈反下同 有帥所類反下同 爲卒子忽反下皆同 封疆居良反 末解解音蟹 妻媚音眉妹也 大廟音泰下及注同 所嗜市志反 僾音愛又烏改反 慨然苦愛反 與會音預

三年 于嬴音盈 以見賢徧反下并注末以見同 以復扶又反下同 去之起呂反 不歃本又作㰱所洽反又所甲反 近正附近之近下及注同 相背音佩 于盛音成 于讙呼官反 親迎魚敬反下同 爲夫于僞反下同 汾別彼列反 僅有其靳反劣也 之行下孟反 耗減呼報反下佳斬反 國喪息浪反

四年 公狩手又反冬獵也 曰廋本又作搜

亦作蒐所求反簡擇也長大丁丈反年末同未離力智反兆圉音又左膘

匹小反又扶了反三蒼云小腹兩邊肉說文云脅後髀前肉射之食亦反下同右髃本又

作腢魚俱反又五苟反說文云肩前也字林云肩前兩[illegible]骨也五口反中心丁仲反下同如鐙都鄧

反又音登遠心于萬反之庖步苞反左髀方爾反又步啓反股外也本又作膘右

[illegible]羊紹反字林子小反一本作胘音賢洿泡普交反又百交反囮以捕音步本又

作摶音傳又音付共承音恭爲囮于僞反下皆同伯糾居黝反氏

采七代反後放此益弟大計反五更音庚食音嗣於辟必亦反親

袒音但而饋其愧反而酳以刃反又士刃反其近附近之近下同王札

側八反叔肸許乙反下去起呂反見其賢徧反

五年怴呼述反狂也齊人語不與音預著治直吏反見意賢徧反下

丈注並同　以別彼列反　縣車音玄　從王如字又才用反下及注同　撮要

七活反　不爲于僞反下所爲與爲六年同　一與音餘下同　苞苴子餘反　應

應對之應下同　𧒂音終本亦作螽說文螽或𧕎字　過我古禾反又古臥反

六年　寔來市力反　慢易以豉反　見其賢徧反下見無正同　大

閼音恍　任用音壬　陳佗大阿反　侯般音班　括戕在良反　鄖子

才陵反　惡乎音烏烏乎猶何也注同　而去起呂反　嚴公音莊本亦作莊案後

漢諱莊改爲嚴　栢與音餘　正稱尺證反　疾惡烏路反　射天食亦反

徧告音遍　七年　樵之似遙反薪也　火攻音貢又如字下

同　可復扶又反　郱步丁反　鄑子斯反一音晉　郚音吾　其難乃旦反　不

愉他侯反本又作偷　下去起呂反　見不賢徧反

八年烝之承反冬祭也曰祠嗣絲反韭卯力管反猶食音飼下同以

別彼列反曰礿予若反本又作禴同於祊必庚反少牢詩照反索所百反

識亟去冀反數也注及下同數也所角反屬十音燭下同令復扶又反下同

則黷徒木反渫黷息列反敬養餘亮反散齊素旦反下側皆反

相君息亮反下同洞洞大董反弗勝音升濟濟子禮反又似兮反

愉愉羊朱反勿勿如字䟽音踈下注同怠解古賣反折

中之設反下丁仲反御寒魚呂反又如字不與音預雨雪于付反沶血

古流字祭公側介反後祭仲祭叔放此下應應對之應成使所吏反注及下成使

同爲媒亡盃反請期音情又七井反親迎魚敬反妃匹音配絶句

九年治自直吏反射姑音亦齊與音餘絶句下同重惡如字或烏

路反
十年見要一遥反注同惡乎音烏明近附近之近
幾與音祈不復扶又反下同戮力音六又力彫反字亦作勠
十一年公行下孟反屬上音燭今復扶又反下故復同故爲
于僞反寤生吾故反鄭相息亮反欲見賢徧反下同防難乃旦
反下同稱也尺證反以別彼列反鄶公古外反爲我于僞反下注爲
突非能爲突爲賂爲突歸爲承同令自力呈反下同乘便婢面反大甲音泰
反覆芳服反出使所吏反挈乎苦結反提挈也質省所景反于
折之設反又時設反一本作析思歷反夫童音扶下音鐘又如字左氏作夫鐘于闞口暫反
十二年歐蛇丘于反又音曲俟反蛇音移又音池左氏作尚池燕人音烟躍卒
子若反佗子大何反故復扶又反下同去躍起呂反于郯音談二傳作虛

武父音甫惡乎音烏十三年傳同

十三年鞌音安以勝詩證反不蔽必婢反于菅古顏反其

處昌慮反行伍戶郎反背殯音佩後背殯皆放此爲龍于僞反

十四年淫泆音逸陽行下孟反涖盟音利又音類下同御

廩力甚反粢盛音咨下音成委之于鬼反注同積也子賜反以共

音恭天應應對之應難曰乃旦反背恩音佩分別彼列反見輕

賢徧反十五年共費音恭下芳味反桓行下孟反下行惡同今復

扶又反下注故復及傳文復入幷注下不復皆同別之彼列反于鄗戶老反又火各反左氏作

艾穀梁作蒿于櫟力狄反一音匹沃反易得以豉反于侈昌示反二傳作豙

爲桓于僞反下同十六年復加扶又反城向式亮反屬

負茲音燭注同屬託也諸侯有疾稱負茲言朔託有疾十七年干雝翠癸反去夏起呂反下同國幾音祁幷於必政反又如字桓行下孟反深爲于僞反

十八年于濼郎沃反又音洛說文云匹沃反內爲于僞反譖公側鴆反下同乘使婢而反以別彼列反之稱尺證反懲惡直升反遣使所吏反

莊公第三

何休學

元年君殺申志反下皆同孫于音遜下及注皆同孫猶遁也遁也徒困反與殺音預下同譖公側鴆反加誣曰譖將上時掌反下同搚幹路合反本

又作擠亦作拉皆同折聲也幹音古旦反脇也背本音佩蒯聵苦怪反下五怪反見王

賢徧反下同爲内于僞反下爲甲爲皆同逐去起呂反單伯音善後放此

逆王姬左氏作送王姬共治直吏反之好呼報反風曰如字又方鳳反

陽倡昌亮反陰和户卧反惡天烏路反齊衰音咨下七雷反爲

解古賣反必爲于僞反下必爲爲襄公幷注同遠別彼列反大甲音泰一音

他賀反來錫星歷反令有力呈反虎賁音奔鈇鉞音甫又方于反

下音越秬音巨黑黍也鬯勑亮反香酒善行下孟反下同復加扶又反尤

悖補内反郱步丁反鄑子斯反又音晉郚音吾

二年幼少詩照反于郜古報反二傳作禚四年亦爾則近附近之近亦如

字三年溺乃歷反不見賢徧反下皆同以酅户圭反共祭

音恭 難辭乃旦反下皆同 惡公烏路反

四年曰犒苦報反勞也 絶期音基 絶緦音絲 爲襄于僞反下

爲賢注爲諱及下注爲諱爲襄同 亨乎普庚反注同煑殺也 祖禰乃禮反 師喪

息浪反注同 蓍曰音尸 筮市制反 幾世居豈反 菘高息忠反本亦作嵩

怒與音餘 無說音悅注同 說懌音亦 將去起呂反下及注同 若

行下孟反注同 於治直吏反 閔其苦鵙反 大斂力驗反 夾之古洽反

以見賢徧反下同 以共音恭 可勝音升 不復扶又反

五年倪五兮反二傳皆作郳 黎來力兮反 小邾婁力居反二傳亦無婁字

得見賢徧反 爲僖于僞反一文注同

六年之稱尺證反 一使所吏反 令交力呈反 爲王于僞反下因爲

不爲危錄皆同不復扶又反下皆同殺而申志反下皆同屬託音燭螟亡丁反

衞寶左氏經作衞俘極惡烏路反

七年辛卯夜一本無夜字穀梁作昔不見賢徧反注及傳皆同雨星

于付反一音如字下注雨星同常宿音秀下同參伐所林反下同狼注張又反與咮同

朱鳥口星也一音之住反斬艾魚廢反未墜直類反齊分扶問反螟螽

音終數出所角反淫泆音逸

八年屈宁居勿反本爲于僞反傳及注爲久皆同屬與音燭祠

兵音辭祭也左氏作治兵下文注同士卒子忽反振訊音信又音峻本亦作迅

相見賢徧反下同難在乃旦反長幼丁丈反圍成如字二傳作郕降于

戶江反傳及下注皆同慰勞力報反下同其罷音皮下同諸兒如字一音五兮反

從弟才用反

九年于暨其器反左氏作蔇爲其于僞反注爲君及下注實爲曾爲同歃血

所洽反又所甲反之難乃旦反納糾左氏經亦作納子糾去國起呂反下故去同別

嫌彼列反見臣賢遍反自誇苦瓜反本又作夸下同夏徵戶雅反邵

忽本又作召上照反惶恐丘勇反當坐才卧反後當坐之類皆放此浚思俊反深也

洙音殊水名

十年長勺時灼反犓者七奴反又才古反有數所主反屬比

音燭不復扶又反乘丘繩證反齊與音預下及注同折衝之設反下昌容

反于莘所巾反梁雍於用反以見賢遍反孫順音遜惡

惡並如字一讀上烏路反其傳直專反而近附近之近卒暴七忽反

滅譚人南反　別於彼列反　惡不烏路反

十一年于鄑子斯反　漷移火虢反又音郭　不見賢徧反下同　不

省所景反　報應應對之應　過我古禾反

十二年君接左氏作捷　仇牧音求下音牧　舍此音捨下孔父同　下舍

復扶又反年末同　反覆芳服反　驕樂音洛下宴樂同　彊禦魚呂反　數

月所主反　公博如字戲名也字書作簙　慢易以豉反　故訐九列反九謁反

一音九列反又一本作揭其例其列二反　妬其丁故反　爾女音汝下同　稱譽音餘又音預

惡乎音烏注同　搏閔音博　其脰音豆頸也　而叱昌實反　萬臂

必賜反本又作辟婢亦反　搬素葛反又素結反側手擊也　齒著直略反　門闔力臘

反門扇也　乳犬如住反　攫虎俱縛反又九碧反一本作摶又音付　伏雞扶又反　搏

貍力之反復見賢徧反

十三年信鄉許亮反年末同卑下遐嫁反于柯音歌易也以豉反注及下同循佼古卯反能復扶又反下同外壇大丹反以長丁丈反上壇時掌反造栢七報反下同公卒七忽反愕五各反能應應對之應爲此言于僞反下爲殺同壓境於甲反又於輒反齊數所角反圖與音餘摽劒普交反辟也辟地劉兆云辟拊也劒置辟也婢亦反下同去離力智反要盟一遥反注同強見其丈反

十四年分別彼列反于鄄本亦作甄規面反

十五年伐兒音郳

十六年滑于八反爲慕于僞反如瑣息果反

十七年鄭瞻二傳作詹為甚于偽反惡之烏路反下惡之皆同遠
佞于万反下同孅于子廉反二傳作殲積也本又作漬齊強其丈反將
帥子匠反下所類反重言直用反明行下孟反多麋亡悲反
十八年濟西子禮反為中于偽反注及下皆同有蜮音或短狐也或
謂之射工音食　十九年媵陳以證反又繩證反娣從才用反下
注同嫉妬音疾又音自為其于偽反注及下注同專矯居表反之難乃旦反
後背音佩　二十年大瘠在亦反病也本或作膌才細反一本作漬才賜
反鄭注曲禮引此同㾐力世反疾疫也疾疫音役邪亂似嗟反
二十一年鄭伯突徒沒反厲公也
二十二年肆音四本或作佚大省所景反除自省皆同二傳作眚跌也大結

太過度也 此行下孟反 之思息嗣反 猶爲于僞反 無適丁歷反下

同 高傒音兮 玄纁許云反 儷皮力計反本又作麗

二十三年 陳佗大何反 祭叔側界反 惡公烏路反下同 宮楹

音盈柱也下傳及注同 爲將下僞反 斲而丁角反下同 礱之力工反 射姑

音亦 不復扶又反 于邑音於 有汗汗疹寺之汗一音烏旦反後放此 之行

下孟反 二十四年 宮桷音角榱也 親迎魚命反 見

宗賢徧反下傳文見也見用幣及注同 難也乃旦反下及同 不僂力主反疾也注同 約

遠于萬反 要公一遙反 縱弃所買反又所綺反 惻初力反隱 覿用

大歷反見也 爲贄音至 斷脩一亂反注同本又作腶音同鍛脯加薑桂曰腶 耿介

古幸反下音界 行列戶郎反 不號戶刀反 必跪其委反 而醇音純

粹雖遂反 爲調于僞反下化爲同 令力呈反 昭穆上遥反凡昭穆之例
皆同 復水扶又反 曹羈居宜反下同 則守手又反又如字下同 成隗
普向反 素餐七干反 諷讀方鳳反 自墮許規反 爭諫爭鬬
之爭 贛諫陟降反又呼弄反又丑用反 赤歸于曹郭公此連爲句郭音
虢亦如字連讀郭公爲一句 二十五年 女叔音汝 故去起呂反年末同
營社一傾反又如字本亦作禜同 爲閭于僞反注爲閭爲亡光同 大廟音泰 應變應對之應
不復扶又反 二十六年 子髮悲反 門爲曹于僞反下同 避
難乃旦反 爲去于僞反下起呂反 二十七年 于洮他刀反 惡公
烏路反下惡莊同 不別彼列反 告糴音狄下同 使乎所吏反 內難
乃旦反注及下皆同 之治直吏反下之治同 得與音預 嘗更音庚 不背音佩

喪婦息浪反長女丁丈反悖德補內反夏後戶雅反城濮音卜

二十八年伐者為客何云讀伐長言之伐人者也伐者為主何云讀伐短言之見伐者也蓋為于偽反見直賢遍反

頊卒素果反藻左氏作繅之委於偽反之儲直魚反之畜勑六反不匱其位反

二十九年延廄九又反功費芳味反差輕初賣反有蜚扶味反臭蟲也之行下孟反別君彼列反

三十年降鄣戶江反下注同鄣音章為桓于偽反注同而復扶又反惡其烏路反下同比殺申志反魯濟子禮反以操七刀反也沈同迫已蹙子六反故去起呂反貶見賢遍反

三十一年漱素口反浣戶管反無垢古口反去垢起呂反為濆

于僞反下為衆同栢殺申志反之觀工喚反恐怖丘勇反下普故反軍

幟音志又申志反又尺志反本又作熾同忌難乃旦反因見賢徧反不施

申豉反三十二年叔肸許乙反為季于僞反下為季而為

注故為同之遏於葛反止也以別彼列反將焉於虔反般也音班

夫何音扶下反注同反覆芳服反思難乃旦反俄而五多反牙

殺申志反注下親弒同械戒戶戒反而飲於鴆反下同酖毒本亦作鴆

直蔭反下文同無傫亡本又作巫傫音力委反又力追反王堺丁方反無將如字閔公

本將不誅將而肯同或子匹反非也之與音餘不去起呂反見隱賢徧反

邑樂音洛不暴步卜反

閔公第四

何休學

元年繼弑申志反復發扶又反下同不見賢遍反不探他南反之辟婢亦反首匿女力反惡乎音烏扈樂音洛或如字冐淫才能反盍殺戶臘反故令力呈反主爲于僞反下文注皆同子女乎音汝仲孫與音餘

二年不爲于僞反下爲淫同吉禘大計反大廟音泰下同君數所主反下同則祫音洽取期音基下同而禫大感反弑音試下及注同當復扶又反下同見賢遍反下文復見同別尊彼列反故絶去起呂反下欲去同甲革更百反皆鎧苦愛反冑直又反鹿門魯南城東門也其使所吏反惡其烏路反下同及注將也子匠反下同趙盾徒本反

僖公第五

何休學

元年繼弑申志反 斬衰七雷反 聶北女涉反 爲柏于僞反下爲柏曷爲并下注爲諱爲柏爲内爲僖皆同 夏陽戶雅反 大平音泰 陳儀左氏作夷儀 復言扶又反下同 鄟子似陵反 而縊一賜反一本作搤於革反 因見賢徧反 淫泆音逸 于朾敕貞反又他丁反左氏作檉 惡之烏路反下同 于纓左氏作偃 于犂力知反又力兮反左氏作酈 莒挐女居反一音女加反一本作茹音同 内難乃旦反下同 南涘音俟 曰嘻許其反 抗輈竹由反車轅也 外購古豆反 去氏起呂反 與殺音預又如字下申志反 差輕初賣反又初佳反 別逆彼列反

二年為桓于偽反下為桓深為同見桓賢遍反下傳注同復發扶又反舍卒子忽反夏陽左氏作下陽宍與音餘下者與見與同不應應對之應虞郭音虢注及下同又如字屈產具物反之乘繩證反又注及下同垂棘一本作蕀音同內藏才浪反注同內嬖[illegible]反又何喪息浪反知則音智下及注同而好呼報反牽馬本又作擊音同已長丁丈反注同又惡烏路反戲謔許略反之別彼列反賈澤古亂反二傳無澤字徧至音遍下同

三年大平音泰飭過音勅下同理寃於元反澍雨之樹反其應應對之應後災祥之應皆放此易也以政反注同不為于偽反無障之亮反一音章注同障斷丁管反曰溪苦兮反無貯中呂反莅盟

音利又音類注同 以見賢遍反下同 遺使所吏反

四年 蔡潰戶內反下及注同 重出直用反 惡蔡烏路反下惡其專并六年

注同 于陘音刑 召陵上照反下文同 巫完居危反 卒暴寸忽反 爲

下于偽反下爲陳公同 去月起呂反 方見賢遍反 袁僑其驕反一本作驕音

同 之重直用反又直容反 之復扶又反下及末復同又音福 而亟去冀反 數

侵音朔 若綫思賤反 而攘如羊反卻也 卒怗他協反一本作貼服也劉兆同

廣雅云靜也玉篇又丁篳反一本作拈或音𢯱取反 濤塗徒刀反 辟軍匹亦反又音避下同 濱

海音賓 涯也五佳反 近海附近之近 所便婢面反 沛澤音貝又普

貝反草棘曰沛漸洳曰澤 漸子廉反 洳人庶反 故令力呈反 所傳丈專反

公孫慈左氏作茲 患誑九況反 五年 令舍音捨 爲

下于偽反 初冠古亂反 如年莫侯反 首戴左氏作首止 別彼列反 再見賢遍反 省文所景反下同 不與音預 爲于偽反

比殺申志反 知去起呂反下同 戮力音六又勠力彫反

六年彊也其良反 七年子款苦管反 母音無或音某

八年于洮他刀反 遣使所吏反下錄使同 大廟音泰 始見賢遍反下同 以省所景反 篡嫡初患反下音的下同

九年衞禦說音悅 爲襄于偽反下注爲天爲桓皆同 惡不烏路反 勝其共音恭 而筭古亂反 不泄息列反 遠別彼列反 簪也莊林反

猶俠音脇 不預音預 詭諸九委反 殺其音試下及注放此 冠子古亂反 見矣賢遍反 十年君卓子勅角反又丁角反左氏經無子字

五〇三

舍此（音捨下同）驪姬（力知反）少傅（詩照反）大傅（音泰）之選（息戀反）

欲爲（于僞反下文爲文爲故爲皆同）廢長（丁丈反注同）辟評（音信上閒評下同）

不肯（音[illegible]）鄉生（許亮反）所復（扶又反下同）欲難（乃旦反）殺

夫（音扶）二孺（如注反）踊爲（[illegible]）言渾（戶昆反又戶本反下同）美

見（賢徧反下同）較然（音角下同）大雨（于付反）雹（步角反）

十一年丕鄭父（普悲反）

十二年陳侯𣪠曰（左氏作杵臼）

十三年于鹹（音咸）不復（扶又反下同）

十四年見恐（丘勇反）愒（火葛反）爲桓（于僞反下爲桓天下并注皆爲桓同）

使要（一遥反）遮（諸奢反）淫泆（音逸）甚惡（烏路反）侯胼（[illegible]反注同）

其背音佩

十五年別管彼列反伐厲如字舊音賴激揚古歷反解古賣反

隋也徒臥反蠑之戎反久暴步卜反冥也亡丁反又亡定反注同當去

起呂反爲滅于僞反据溢烏弘反以惡烏路反

十六年本或從此下別爲卷案七志七錄何注上下一卷公羊以閔附莊故也後人以僖卷大輒分之爾

霣石于敏反是月如字或一音徒兮反六鷁五歷反水鳥磌然之人反又

大年反聲響也一音芳君反本或作砰八耕反僅其靳反少也逮音代又大計反及也幾盡

音祈卓僨[illegible]委趡盟翠軌反不復扶又反下同所治直吏反

爲王于僞反注同耿介音戒之行下孟反隳功許規反

十七年滅項戶講反國名爲桓于僞反下及注同惡惡並如字一

讀上烏路反 其行下孟反 于下戶嫁反

十八年 于甗魚輦反又音言 與伐音預下與同 堅刀音彫 爲

是于僞反注同 十九年 爲襄于僞反下於爲起爲爲襄公深爲若

不爲皆同 見其賢遍反 惡乎音烏 恚無烏避反 用處昌慮反

二十年 惡奢烏路反 郜子古報反姬姓之國下同 爲適丁歷反又作嫡

二十一年 爲犯中于僞反下文爲襄下文爲執皆同 會于霍左氏作盂

湨梁古闃反 復出扶又反下同 獻捷在接反 乘車繩證反下同

墮之許規反 譙讓譙本亦作誚讓音許元反誚也又音樵 守械手又反又如字

應之應對之應 國爲于僞反下爲襄爲公子注爲沒故爲皆同 惡乎音烏 幾

亡音祈 遭難乃旦反 二十二年 須朐其俱反左氏作句 外陘

音刑　不殺所戒反注同　殺省所景反　喪國息浪反注同　幾爲音祈

畢陳直近反下及注同　王德于況反又如字下王佐同　醇粹音純下雖遂反

二十三年　圍緡亡巾反　重故直用反又直龍反注同　故創初良反下同　屬爲音燭　雜然七合反又如字　以惡烏路反　慈父左氏作茲父　故復扶又反　不去起呂反　始見賢徧反

二十四年　謂與音餘　不復扶又反　供養九用反下餘亮反

二十五年　侯燬況委反　爲魯于僞反下同　見姑賢徧反　絶去起呂反　惡國烏路反　不別彼列反

二十六年　寗遬音速　于向舒亮反　至嶲戶圭反又似兖反　侈也昌爾反又昌者反大也　士卒子忽反　自爲于僞反下深爲同　當復

扶又反下同　別外彼列反下同　滅隗五罪反二傳作夔　惡不烏路反下同　所傳直專反　見治賢偏反下直吏反　二十七年　屬脩音燭　爲執于僞反　有難乃旦反　今復扶又反　以見賢偏反　得與音預　二十八年　衞雍於勇反下同又作壅同　遏於葛反　起爲于僞反下爲下卒爲晉深爲不爲同　畀宋必二反與也下同　師斷丁亂反下當斷同　數侵所角反下數　城濮音卜　据邲皮必反　數道音導　譎也古穴反　卒致七忽反下倉卒同　以見賢偏反下不見當見見其同　當復扶又反　令殺力呈反下令　元咺況阮反　所惡烏路反下惡衞同　此難乃旦反下方難同　分別彼列反　爲叔武于僞反下爲賢爲叔武及注而爲故爲深爲皆同　爲去起呂反　篡我初患反　大深音泰下同　放乎甫往反　屬己音燭　爭

也爭鬬之爭下爭亦同 悖君必內反 能降戶江反
二十九年 介葛盧音盧國名 故復扶又反年末同 惡霸烏路反
大雨于付反 雹步角反 不中丁仲反
三十年 不復扶又反 別聲彼列反 以見賢遍反下同 爲殺
于僞反 惡夫烏路反 撟君居表反本又作矯
三十一年 惡乎音烏 惡差初賣反下同 布徧音遍下文同
奇者居宜反 幼少詩照反 大平音泰 王功于況反 惡之烏路
反下皆同 稾席古老反 陶匏白交反 不瑑大轉反 不和戶卧反 爲
天于僞反下則爲本爲主爲皆同 復爲扶又反下同 見免賢徧反下以見同 大
音泰本亦作泰下同 繭栗古典反 天燎力召反 地瘞於例反 山縣

音玄 風磔 陟百反 膚寸 方于反側手爲膚按指爲寸 崇朝 如字注同 雨
乎 于付反又如字 崇重 直龍反下同
三十二年 鄭伯接 二傳作捷 別有 彼列反下同 可去 起呂反 復
出 扶又反 重耳 直龍反 三十三年 于殽 本又作肴戶交反或戶高
反 輕行 遣政反 蹇叔 居輦反 拱矣 九勇反以手對抱 嶔 苦銜反鄒湛牛諳詮
之音上林賦並同徐音欽韋昭漢書音義去瞻反又本或作歔同 巖 五銜反韋音嚴 其處 昌慮反
阻隘 於賣反 可要 一遙反傳要之同 介胄 直又反 爲其 于僞反 如
蹲 音存 賈人 音古 矯以 居表反 而槁 苦報反枯也 勞也 力報反下同
虜掠 音亮 隻輪 如字一本又作易輪並同[illegible]云車皆不還故[illegible] 隻 注同 也
居宜反一本作易蹄 惡不 烏路反下同 詐卒 七忽反 取敗 [illegible]工反二傳作敗[illegible]

霣霜于敏反　復榮扶又反　列索息各反

文公第六

何休學

元年歸含本又作唅户暗反五年經同　且瞷苦鳳反　不爲于僞反下不爲同　長幼丁丈反　稱也尺證反　來錫思歷反　復發扶又反　惡天烏路反　無恙餘亮反　于戚千寂反　君髡苦門反左氏作頵

二年彭衙音牙本或作牙　惡烏路反　其將子匠反　今復扶又反下不復皆同　重師直用反　爲僖公廟于僞反下蓋爲以爲爲下欲爲同　下壙苦晃反又音曠　麤觕才古反又七奴反　期年音基三年同　人正音征下同　别昭彼列反下同　去氏起吕反　士縠户木反　垂斂左氏作垂隴　大廟音太下大

祖皆同隮僖子兮反外也本又作躋同大祫音洽大祭禘數大帝反下所主反室

笇測旦反欬沐昌垂反下音木東鄉許亮反下同猶諦音帝不礿羊略

反先禰乃禮反喪取七住反本亦作娶同之好呼報反傳之直專反慟

杜貢反三年伐沈音審國名沈潰戶內反新使所吏反雨

螽于付反下及注同一音如字螽音終而隊直類反注同隋地大果反地上時掌反

醇音純爲王于僞反貴近附近之近重出直用反爲讙許元反

四年不爲于僞反録使所吏反見與賢徧反甯俞乃定反下音餘

五年加飯扶晚反宰咺況阮反去天起呂反下同任宿音壬

顓臾音專下音揄入鄀音弱

六年侯讙好官反數如所角反射姑音亦又音夜穀梁作夜君溺

力豆反泄也言泄息列反又以制反姑將子匠反下同不說音悅下同刺陽七亦反又一音七賜反大祖音泰比時必利反朝朝上如字下直遥反敢渫息列反

七年須朐其俱反并爲于僞反年末注同城郚音吾令狐力丁反

先眛音蔑左氏作蔑其咎其九反眣晉音舜本又作眣丑乙反又大結反以目通指曰眣本又作眹音同字書云眹瞋也以忍反故復扶又反

八年衡雍於用反雒戎音洛于暴步報反本又作曝一音甫沃反冉見賢徧反壅塞於勇反復還扶又反蠉音終

九年信恩音中涼音亮又音良闇如字又音陰者與音餘惡文烏路反陽行下孟反星孛音佩使椒子遥反一本作萩子小反見升賢徧反卒備七忽反襚音遂贈衣之衣服一使所吏反以別彼列反下同欲上時掌

反又如字　少繫詩召反　共公音恭

十年女栗音汝本亦作汝　屈貉居勿反又音厥下麥又戶各反二傳作厥貉

十一年伐圈求阮反一音卷說文作圈字林曰万反二傳作麇　于鹹音咸　復扶又

反　丁犂力知反又力字反　狄行下孟反

十二年而笄古兮反　遠別彼列反　使遂二傳作術　賢繆音穆

諓諓徐在淺反又子淺反又音餞尚書作截淺薄貌也賈逵注外傳云巧言也　善竫在井反撰

也本或作論皮勉反又必淺反本作譔七全反又仕勉反　俾君必爾反注同使也　易怠以豉反注同

輕隋大卧反　一介古拜反一介猶一槩也尚書音古賀反　斷斷丁亂反專一也注同

佗技其綺反　一槩古愛反　奇巧其宜反本又作琦同　休休許虯反美大貌

曲折之設反　數興所角反　不別彼列反下同　及運二傳作鄆後皆爾

十三年盈為于僞反下文盈為為周公皆同故復扶又反籧篨其居反下直居反世室二傳作太室屋壞大廟音泰下同以養餘亮反注皆同供養九用反下同死以為如字注死以為周公主同千乘繩證反有王于況反趣鄉許亮反辟息營反惆音剛詩作剛騂惆赤脊也為盛成政反又音成粢盛也在器曰盛公壽徒報反一本作濤音同冒也亡報反公稟力甚反財令力呈反下同于沓徒合反于斐本又作棐芳尾反之鄭乃旦反十四年為臣于僞反下為後故為同侯潘普干反更相音庚下吳楚更同篡殺申志反下同趙盾徒本反星孛步內反扶憒反徐並爭爭鬭之爭捷菑在妾反又如字下側其反二傳作貜菑百乘繩證反沛若普貝反有餘兒貜且俱縛反下子餘反厭之於甲反又於[illegible]反非也齊復扶又反下同也

長丁丈反注同見挈賢徧反下音苦結反惡商烏路反卓子勑角反分
別彼列反惡乎音烏十五年華孫戶化反見宋
賢徧反惡二烏路反下皆同筍將息允反竹箯也將送也竹箯婢緜反一音步賢反
服虔音編韋昭音如頻編必緜反一音篇郭璞音步典反與音餘爲叔于僞反下父爲子爲若爲
賓爲同傳遄直專反令受力呈反下同解也戶買反不省所景反
其郛芳夫反郭也恢郭苦回反大也鄉者許亮反下同幾亦音祈
十六年爲叔于僞反乃復扶又反下同犀丘音西左氏作郪丘穀梁作師丘
漱素候反浣戶管反令自力呈反暴揚步卜反巴人[illegible]反[illegible]
曰二傳作許曰以別彼列反梟古堯反斬要一遥反刎亡粉反頭如字
本又作服音巨十七年聖姜二傳作聲姜

十八年伯罃乙耕反何云穆公也左氏穀梁云康公　復見扶又反下同下賢徧反

弒也音試下及注同

宣公第七

何休學

元年差輕初賣反　摘巢吐狄反　刳胎口孤反　復屬音燭

叢才工反轉　冔況甫反　要經一遙反　又孫音遜　濟子禮反　遺

齊唯季反　兼將子匠反　斐林芳尾反　閒音閑　貿音茂

二年華元戶化反　夷獋戶刀反又古刀反二傳作夷皐

三年則扳普顏反又普姦反　于滌大歷反注宮名　迭生大結反　更

王音庚一于況反　賁渾舊音六域音奔下戶門反一傳作陸渾　鄭繆音穆

四年公爲于僞反　五年爲重直用反下同

六年見何賢徧反　升餕音俊　已趨音促　是樂音洛　有人

何本又作荷胡可反又音河　畚音本　爲解古賣反又如字　摮五羔反又苦交反獥擊也

毄手擊也弔反　愬所革反又許路反　怍在洛反　魚飧音孫　祁彌

上斗反　頸古郢反　自斷音短　重門直容反　擊柝他洛反　而食

音嗣下同　仡然魚乙反　躇丑略反與踱同一本作走音同　劇不其據反本亦作遽　比

周[illegible]志反　之獒五刀反　而踆音存以足逆蹋之　逆蹋徒臘反　其頷

戶感反　蚤色音早　不說音悅　黑臀徒門反　剽匹妙反

七年爲伐于僞反　八年難辭乃旦反　編必連反　屬

音燭　日形戶丁反　請揗食允反　人扞戶旦反　頃熊音傾　無詡音羽

莫者音暮 九年 諱亟去冀反 未期音基

十年 及僤本又作闡昌善反 取蘱類又力對欺類二反 贍振常豔反

十一年 公孫甯乃定反音寧 十二年 斷曰音短 藉

疾夜反 沛焉普蓋反 墝埆上苦交反下音确 多索所白反舊本作策音索

屢往力住反又作數音朔 數千所主反 邑養餘亮反 艾草魚廢反

杅不音于 喪費芳味反 可掬九六反注同 扳普顏反又必顏反 造舟

七報反 而佚音逸注同 欲壞音怪 十三年秋 螽音終

十四年 者惡烏路反 十五年 得與音預 僨興

皮誠反 柑馬其廉反以木銜馬口 大貊亡百反 之費芳味反 數萬所主反

以食音嗣 伉健苦浪反一音苦杏反 塾音叔 莫音暮 蝝與專反

十六年宣謝災左氏作宣榭火

十七年錫我思歷反于搴音安斷道音短又大短反

十八年節斷音短賢行下孟反墠帷音善掃地張帷之殺所戒

反怨懟直類反

成公第八

何休學

元年舒恒如字緩也尚書作豫奧若本又作燠於六反煖也幼少詩召反

甲鎧苦代反辟土婢亦反粥貨羊六反貿貝戎音茂一音茅左氏作茅戎

二年新筑音竹公子手一本作午左氏作首搴華音安以見賢遍

反年末注同惡內烏路反不使所吏反下及注使乎大夫同佚獲音逸下同一本

作失不去起呂反師還音環注同逡巡七巡反頃公音傾驂乘

繩證反道尚時亮反公操七刀反持也法斮莊略反又仕略反斬也死

難乃旦反姪子大結反又丈乙反踊于音勇上也棓普口反又步侯反高下有絕加

躡板曰棓而闚去規反本又作窺上也時掌反加躡女輒反或跛布可

反或眇亡小反逆跛布火反又作訝五嫁反迎也致飧音孫腍而審反踦

閭居倚反踦足也又音於綺反又初義反何云閉一扇開一扇一人在外一人在內曰踦閭芻初俱反

蕘如遙反之甗音言又魚輦反又音彥邑也為質音致下注同眹

晉音舜又丑乙反又達結反之使所吏反為之于偽反注皆同公鮑白卯反侯

遫音遬汶陽音問一䖏昌慮反數道所角反下音導三年衛

繆音穆素縞古老反幼少詩召反下同大重音泰一音他賀反去疾

起呂反爲內于僞反將咎如咎音古刃反左氏作廧咎如尋繹音亦惡之烏路反下同屢盟力住反用長下丈反復扶又反數侵所角反下同比周毗志反

四年伯臤苦刃反本或作堅

五年荀秀左氏作荀首壅河於勇反不沂音流爲天于僞反通道音導湨古闃反徧音遍刺又重直用反

蟲牢直弓反下力刃反

六年得復扶又反而好呼報反鄟市轉反又音專諱亟去冀反注同魯背音佩屬相音燭伯貴音祕爲中于僞反故去起呂反

七年鼷鼠音兮重有直用反下同伐郯音談見者賢徧反下同

八年曰嘻許其反所喪息浪反語之魚據反屨繡音須趙

括(古活反) 以見(賢徧反) 瑞應(應對之應) 爵稱(尺證反) 爲王(于僞反，下爲丁同) 爲魯 幼少(詩召反) 勞來(力報反，下力代反) 來勝(以證反，又繩證) 九年 悖義(布內反) 朝見(賢徧反，下同) 操禮(七刀反) 以别(彼列反) 且爲(于僞反) 復發(扶又反) 莒潰(戶內反) 十年 重難(乃旦反) 數卜(所角反) 怨懟(直類反) 侈(昌氏反，大也) 妬(丁故反) 取十(七住反，本或作娶) 侯孺(乃侯反) 去今(起呂反) 惡 忒(烏路反) 令復(扶又反) 十一年 郤州(之亦作犨，尺由反) 十二年 沙澤(素禾反，下如字。二傳作瑣澤，下七年同) 十三年 郤錡(魚綺反) 鑿行(在洛反，造意也) 復出(扶又反) 伯廬(力呉反，本亦作盧) 十四年 凡取(本又作娶)

十五年未見賢徧反下同未及注並同　復氏扶又反年內同　使于所吏反及下使乎同　有長丁丈反　相之息亮反下同　殺子音試　皆雜七合反又如字　世子戌音恤本或作戍　為篡于偽反　宋共音恭　士燮悉協反　無咎其九反　子鰌音秋　所傳直專反　之行下孟反　差醇初賣反下音純　葉公舒涉反下文同　者說音悅

十六年少陽詩召反　復食扶又反　欒力官反　黶於斬也　冥也亡定反又亡丁反　其治直吏反　鄢陵於晚反又於建反　于泓烏宏反　王痍音夷傷也　所中丁仲反　為重于偽反下為代公同　恚一睡反　易也以豉反注及下同　復舉扶又反下而復同　喜時左傳作欣時　令專力呈反　舍是音捨注同下傳舍是放此　無難乃旦反注同　招丘章謠反又上饒反二傳作韶丘

俙矣音希悲也 別嬰彼列反 出使所吏反

十七年 河陵古河反 因見賢遍反下同 惡如字又火吴反 池如字

又大河反 蜚林芳尾反又音肥 泮宮音判本又作郊 告牷音全 苟罃

乙耕反 貍力之反 軫之忍反左氏作脹穀梁作蜃 以爲于偽反下文爲公同 以激

古狄反 貜且俱縛反下子餘反 十八年 復入扶又反注同 楚

爲于偽反下爲宋同 士匄古害反 鹿囿音又 士彭二傳作士魴襄十二年同

崔杼直呂反 虚朾起魚反下勑丁反

襄公第九

何休學

元年 甯殖市力反 爲宋于偽反下爲宋楚爲彭并注同 于合二傳作鄟

鄭背音佩孫剽匹妙反　二年伯腀古困反繆姜

音穆人與音餘下同爲中于僞反下及注并下文鄭爲皆同

三年長樗敕呂反不別彼列反袁僑其驕反爲其

于僞反注同不復扶又反下同不重直用反

四年弋氏以職反莒女也左氏作姒氏定弋左氏作定姒

五年子巫亡扶反爲叔于僞反疑讞魚竭反善稻左氏作善

道通好呼報反數用所角反賦斂力驗反惡鄫烏路反不

見賢徧反雜然七合反又如字十年注同乃解古賣反

六年曷爲于僞反爲重直用反

七年郯子音談城費音祕螽音終一音鍾于鄬于委反字林凡

吹反髡原苦門反左氏作髡頑于操七報反一音七南反左氏作鄵殺也音試下文
注皆同爲中下僞反下及注皆同楚屬音燭[illegible]由音襡舍止處
昌慮反見辜賢徧反當背音佩八年以殺音試爲
中丁僞反當去起呂反子燮素協反易不以豉反禦難
乃旦反候伺音司又息嗣反邢丘音刑九年宋火二傳作災
離本力智反見火賢徧反爲王于僞反浸䟽子鳩反于戲
許宜反惡公烏路反十年于柤莊加反偪陽音福又彼力反
惡諸烏路反開道音導連蔓音万公輿音預下同子斐
芳尾反左氏作騑爲蕃方元反諸侯莫之主有絕句見其
賢徧反下同十一年爲軍于僞反年末同故復扶又

事省（所景反）想上（息亮反下同）爲治（直吏反）不共（音恭）怨懟（直類反）京城北（左氏作亳城北）常難（乃旦反）鄭與（音預）良霄（音消）十二年園台（他來反又音臺）所背（音佩）亟作（去冀反）最難（乃旦反）務長（丁丈反）迭爲（大結反）

十三年取詩（二傳作郭）諱亟（去冀反注同）諱背（音佩）

十四年公孫囆（勑邁反二傳作蠆）于向（舒亮反）綴流（知鋭反又作丁悅反一本作綴與旒）復納（扶又反）華閱（音悅）

十五年向戌（音恤）劉夏（戶雅反）釆邑（七代反下謂釆同）租稅（子奴反下舒鋭反）見義（賢徧反下同）大夫稱（尺證反）貶去（起呂反）過我（古禾反）共（音恭）至攜（戶圭反又因兗反）爲不（于僞反）成郭（芳夫反）

侯周一本作雕　十六年昊梁本又作湨古闃反　徧剌音遍
下及下注同　若贅章銳反本又作綴丁衛反又丁劣反繫屬也　旒然音留本又作流旌旗之步
繫屬音燭　見惡賢徧反　最難乃旦反　肯復扶又反　不重
直用反　甚惡烏路反　十七年邾婁子瞯音閑或下斳反左氏
作樫　圍洮他刀反左氏作桃　十八年言朝直遥反下同
十九年祝阿二傳作祝柯　爲其于偽反下同　亟伐去冀反注同
僑蹇紀橋反本又作驕下紀輦反　并數必政反下所主反下數年同　瀰水火犠
反徐音郭　取濟子禮反下同　侯瑗于眷反一音環二傳作環　有難乃旦反　故
見賢徧反　公子喜二傳作嘉　于柯古河反
二十年孫遬音速　澶淵市然反　弟光左氏傳作弟黃

二十一年以漆音七閭丘力於反据快苦夬反惡受烏路反

商任音壬庚子孔子生傳文上有十月庚辰此亦十月也一本作十一月庚子又本無此句

二十二年今與音預得復見賢徧反

二十三年伯匄古害反鼻我二傳作畀我以治直吏反下見治治之漸同

近升平附近之近下近升同所傳直專反見治賢徧反下同所譖側鴆反復入扶又反注同雍渝羊朱反左氏作揄聶北女輒反惡其烏路反孫紇恨發反

二十四年仲孫偈本又作褐亦作羯同居謁反陳儀二傳作夷儀二十五年同咸本又作鍼其廉反宜咎其九反

二十五年鄭背音佩故爲于僞反重丘直龍反入櫟力狄反諼君況元反以弑音試注同後年放此伺便音司下婢面反惡

之烏路反 屈建居勿反 子謁左氏作遏 卒暴七忽反 而射
食亦反 復見扶又反 二十六年 君剽匹妙反 喜爲
于僞反下文爲惡具爲同 惡剽烏路反注及下惡剽以惡并上注故惡反惡惡輕以惡皆同 有
說音悅注同 以見賢徧反下出見同 復納扶又反 子痤在禾反 男甯
乃定反 二十七年 孔瑗二傳作孔奐 專 鱄市轉反又音專一音直轉反
射姑音亦又音夜 爲殺于僞反下爲殺爲我爲衛注深爲皆同 黶公勑律反下
文注同 共能音汝 羈縶本又作馽下陟立反馬絆也 焉絆音半 鈇音甫
又方于反 鑕之實反 從君才用反又如字注同 庶孽魚列反又五割反注及下同 敢
與音預 令必力呈反 背約音佩下同 挈其苦結反 懟恚一睡
反 眛雉舊音刎又扮反一音末又音蔑劉音妲 見獻賢徧反下見此同 雖復扶又

反小介音界闇殺音蔭下音試二十九年同餘祭側界反

二十八年閏數所主反下同期月居其反又作朞

二十九年而復扶又反下同惡懷烏路反下惡以同爲臣于僞反下

故爲爲季子寧凡爲同墨劓魚器反臏毗忍反大辟婢亦反畫象

音獲應世應對之應黠巧閑八反不近附近之近下同士鞅於丈反使札

側八反迮而子各反[illegible]倉卒七忽反迭爲大結反更也更也音庚必

祝之又反又之六反注同疏食音嗣季子使所吏反下同僚者力彫反

長庶丁丈反下注同闔戶臘反廬力吾反命與音餘下命與同僚焉

於虔反本又作惡音烏刺僚七賜反又七亦反注同僚耆市志反爾殺吾

君申志反注殺僚同篡也初患反則遠于万反以見賢徧反北燕

音烟

三十年薳(于委反)頗(音皮又音彼一音普何反又一本作跛者音同二傳作薳罷)公數(所角反)子般(音班)深爲(于僞反下爲伯姬不爲爲中國同)極思(息吏反)年夫(音扶又如字二傳作侯夫)惡失(烏路反下皆同)不去(起呂反)子行(下孟反下子行其行同)壹失(直用反又直勇反)共姬(音恭)傅母(如字又武候反本又作姆同)加殺(音試下同)凡爲(于僞反下及注所爲同)更宋(音庚又古孟反復也償也)所喪(息浪反下注同)解浣(戶管反)復生(扶又反)共償(常亮反)

三十一年好其(呼報反)見晉(賢徧反下同)

昭公第十

何休學

元年國酌(一傳作國弱)子招(上遙反)軒虎(軒依字許言反舊音罕二傳作

罕虎　于漷音郭又音虢左氏作虢穀梁作郭　爲殺于僞反下注爲內爲仕皆同　難

八乃旦反二年注同　誤令力呈反　見者賢遍反下同　復貶之扶又反　弟

鍼其廉反　上乘繩證反注同　大原音泰下同　大鹵力古反　曰陽

音習　分別彼列反　去疾起呂反　疆運居良反下同　子卷音權左氏作褰

二年　乃難奴旦反下有難同

三年　大雨于付反　雹步角反　爲季于僞反　著治直吏反　大

平音泰　四年　大雨雪于付反左氏作大雨雹　爲季于僞反下

文及注爲齊誅並同　不復扶又反下同　去吳起呂反　滅厲如字又音賴左氏作賴

五年　舍中音捨下及注同　爲難乃旦反下同　爲其于僞反　將復

扶又　漬泉扶粉反漬泉踊泉也左氏作蚡泉穀梁作賁泉　戰處昌慮反　報應

應對之應嫡之丁歷反注及下同六年復卒扶又反內行下孟反下同可勝音外見其賢徧反合比如字又毗志反賦斂力驗反或無此字七年暨齊其器反叔孫舍二傳作姑當時丁浪反又如字鮮不息淺反八年故重直用反年末同僂溺乃狄反廋所留反本亦作蒐公子過音戈費多芳味反詐諼況元反復書扶又反下同列見賢徧反九年復見扶又反下同下賢徧反陳火左氏作災悕矣音希悲也辟門婢亦反開也本爲于僞反孫貜俱縛反又居碧反郎囿音又十年晉欒施左氏作齊欒施季孫隱如左氏作意如僂彪彼虯反宋戌讀左傳者音成何云向成與君同名則宜音恤去冬起呂反十一年戎曼音萬爲其于僞反

文譎古穴反　以好呼報反　比蒲音毗　侵羊二傳作禓祥　宮佗大河
屈銀並如字二傳作厥慭　嫡夫丁歷反　惡乎音烏　惡不烏路反
十二年　斷三丁管反又丁亂反　生刊苦干反　奈女音汝　可強
其丈反　欲令力呈反下令楚同　妄億於力反　錯也七故反或七各反字或作措　惡
納烏路反　成然左氏作成熊　公子整之領反或作慭魚覲反
十三年　圍費音祕　乾谿苦兮反　衆罷音皮　惡靈
烏路反　子朝如字　不與音預注二不肯與及下文不與焉注公不與不宜與皆同　不
復扶又反　爲公于僞反　侯廬力吳反　十四年　去疾起呂
反　意恢苦回反　十五年　夷昧音末本亦作末　籥入羊略
反　去樂起呂反注去籥及下文去樂同　爲辛于僞反　昭吳左氏作朝吳

十六年戎曼音蠻又音万二傳作戎蠻哀四年同見王賢偏反數如音朔
十七年賁渾音六下戶門反星孛音佩彗星息遂反又囚歲反參
伐所林反以別彼列反邪亂似嗟反檇李音醉本或作醉
十八年爲天于僞反不忒他得反天應應對之應入鄅音禹
又音矩十九年于殺音試下于殺加殺皆同復加扶又反一
飯扶晚反下同二十年自鄸音蒙又亡忠反又亡貢反一音亡增反者
此舊於此下有比者非復出扶又反爲公子于僞反下爲賢爲會爲之諱同從
與才用反下音餘下從與同絮從女居反說文云絮緼也一曰敝絮也逡巡七旬反
惡惡並如字一讀上烏路反下同通濫力甘反又力暫反兄輒左氏作縶立
嫡丁歷反以長丁丈反瘖於今反聾路工反癘力世反又力大反禿

吐木反跛布可反傴於矩反惡衛烏路反至令力呈反向甯二傳作向寧

二十一年重舉直用反叔痤在禾反左氏作叔輒惡背烏路反下音佩

二十二年復録扶又反別從彼列反下同大度所求反本亦作蒐昌姦二傳作昌間邪庶似嗟反見當賢徧反下同

二十三年閒田音閑惡背烏路反下同背音佩不共音恭舉錯七故反雞父音甫子髡苦門反子楹音盈左氏作逞穀梁作盈夏齧戶雅反下五結反艾陵五蓋反別客彼列反下及傳同之行下孟反下同于莘所巾反庶孽魚列反其難乃旦反子朝如字更起音庚數年所主反地爲于僞反

二十四年民被皮寄反鬱釐音來又力之反本亦作釐二傳作郁釐

二十五年叔倪音詣又五兮反

左氏作詣樂世心世如字又以制反左氏作大心黃父音甫鸛音權左氏作鸜音鴝鵒

音欲下孫音遜下文同去辰起呂反爲下于僞反下而爲同揚州左氏

作陽州唁公音彥將殺音試下及注同兩觀工亂反注同于楯食尹反又

音尹玉戚千寂反以玉飾斧大夏戶雅反注同株離音誅曰禁音金又居

鴆反八佾音逸且夫音扶下有夫并注同維婁力主反委己于僞反注同己

音紀委食音嗣下同熱紼音弗曰繞音問喪息浪反下同亡也嗛自

音謙本亦作謙再拜顙息黨反拜而稽顙也大難乃旦反下同鈇音甫又方于反

鑕之實反要斬一遙反執箪音丹葦器食音嗣注同葦器于鬼反

曰筒思嗣反糗也丘九反又昌紹反四脡他頂反又大頂反曰朐其俱反餕

音俊于從才用反注及下皆同糒音備以衽而甚反又而鴆反襜裳際也求索

所白反大畢音泰下大學同不腆他典反厚也所著丁略反裨冕婢支反

黻衣音弗欲令力呈反故稱尺證反噭然古弔反一音古狄反

爲菑側其反又側吏反埒垣力悅反下音劣分別彼列反辟雍音壁

以辟巾立歷反車轚也一音呼闃反覆笭力丁反以搴音安爲公

于僞反注同　二十六年不復扶又反下同惡公烏路反鄟

陵音專本亦作專爲天于僞反渠率所類反或作帥

二十七年爲季于僞反下同一反直見賢徧反郤宛去逆反下紆阮反

祁犁力兮反又力私反郳婁快本又作噲苦夬反

二十八年爲下于僞反伯甯乃定反下同左氏并下滕子名並作寧

二十九年

三十年去疾（起呂反）頃公（音傾）見義（賢編反）

三十一年荀櫟（本又作躒又作濼亦滴濼也皆同力狄反一音與灼反）適歷（丁歷反一音狄）負篚（章蘂反本又作棰）創惡（烏路反）亟取（去冀反）盈

孫（音遜）黑弓（二傳作黑肱）以濫（力甘反又力暫反）武公與（音餘下及注皆同）

湊公（七豆反）周愬（音素本亦作訴）爲之（于僞反下爲爲我爲之則爲並同）

嫗盈（紆具反一音紆羽反）爲行（下孟反下殺顔者之行同）盱（許于反又許孤反本或作盻一音夸）夏父（戶雅反盱及夏父鄅顔公之二子）而食（音嗣）長必（丁丈反）先見（賢偏反下欲見見王者同）曰嘻（許其反）也夫（音扶）父兄之行（戶郎反）

惡有（音烏注同）有數（所主反）傳復（扶又反）

三十二年取闞（口暫反）諱亟（去冀反注同）權量（音亮）

定公第十一何以定公爲昭公子與左氏異

何休學

元年喪息浪反失國　仲幾本或作機　不衰素戈反一或作蓑一或音初危反　草衣于既反　爲天于僞反下善爲同　見伯賢徧反　復發扶又反下皆同　此難乃旦反　未解音蟹　復別彼列反　小歛力驗反下皆同　北墉音容本又作牅　中霤力又反　飯扶晚反　含於戶暗反　阼階才故反　立煬餘亮反　霣霜于敏反

二年兩觀工喚反下及注皆同　不復扶又反下同　先去起呂反下同　以見賢徧反

三年于枝二傳作拔　易辭以豉反

四年國夏戶雅反　邵陵上照反本或作召音同　數年所主反下數年

皆同　雜然七合反又如字　惡蔡烏路反年末同　吝一力刃反　公孫歸姓二傳無歸字姓音生又音性　爲不于僞反下爲季爲下爲治爲蔡同　浩油户老反又古老反下音由一音羊又反二傳作皐鼬　數如所主反　楚復扶又反下而復復討同　翕然許及反　伯戌音茂又音恤二傳作成　劉卷音權　孔圉魚呂反左氏作圍

鮮虞本或作吴音虞　舉采七代反下采地同　伯莒左氏作伯舉　挾弓音協又子協反　雕弓丁遼反　彤弓大冬反　嬰弓於耕反見司馬法　盧弓力吴反　禮見賢徧反下不見同　將爲于僞反下不爲也不爲匹爲是注爲子胥同　囊瓦乃郎反　南郢以井反又以政反　瓦將子匠反　激發古狄反　非當丁浪反　隳平許規反　除夫起呂反　便辟婢亦反　辯佞如字本又作便佞　相迿音峻又音巡又玄徧反先也　擊刺七亦反　進行下孟反

五年時爲于僞反以見賢徧反士卒子忽反罷弊音皮弊亦作敝音同起弑音試六年爲其于僞反令難力呈反而易以豉反以長丁丈反大平音泰欲見賢徧反治定直吏反所復扶又反七年于鹹音咸費重芳味反下同重之直用反

八年不別彼列反曹竫才井反本亦作靖曲濮音卜惡乎音烏迭而大結反注同食之音嗣下注佚食同䞍而五多反下同鋟其本又作鑯七廉反又且審反以爪刻鑽歛极也本或作鈒誤滿圍本又作甫同布古反又音布其乘繩證反下皆同有女音汝從弟才用反下同數十所主反而隊直類反馬捶章蘂反騬馬本又作[illegible]字書無此字相承用之素動反而射食亦反

矢著直略反注同 莊門本或作嚴亦音莊 言幾音祈 中季丁仲反 殺不音試下同 卻反去略反本又作却 說然本又作稅始銳反又他會反注同說解舍也然猶如也 稱也尺證反 切遽其慮反 趣駕七欲反一音七住反 慬然其靳反 璋判音章 琮在宗反 璜音黃 峨峨五多反本又作娥 髦士音毛 質柎芳甫反又方于反 青純之閏反緣也注同 純緣悅絹反下同 甲顛而占反 疊疊主匪反 平耆音尸 喪其息浪反 九年 伯蠆敕邁反左氏作蠆 喪之息浪反 郤難起略反下乃旦反郤亦作却 十年 不易以豉反下同 頰谷古協反左氏作夾谷 熒惑音螢一音于瓊反 異處昌慮反 爲是于僞反 復得扶又反年末及十一年同 圍郈音后 公子池左氏作地 于安輦左氏作安甫 暨宋其器反 仲佗

大多反石彄苦侯反惡仲烏路反強與其丈反亦見賢徧反
十一年不復扶又反叔還音旋
十二年見殺音試墮郈許規反下同吏數所角反下同采長七代反下丁丈反說其音悅不厭於豔反去甲起呂反而堵丁古反吉射食亦反又食夜反朝歌如字
十三年垂瑕如字又音加二傳作垂葭大廋所求反本又作蒐比蒲音毗操兵七曹反鄉國許亮反
十四年晉趙陽左氏作衞趙陽公子佗人大河反二傳作公孫佗人子牄七良反二傳作牂不別彼列反醉李本又作檇音同爲下于僞反于堅如字本又作掔音牽左氏作牽于洮他刀反歸脤市軫反曰燔本亦作膰又作繙音煩蒯聵苦怪反下

五徑反 譏亟（去冀反） 閒隙（音閑下去逆反） 莒父（音甫） 去冬（起呂反）

攝相（息亮反） 粥羔（羊六反） 以閒（閒廁之閒） 近害（附近之近）

十五年 鼷鼠（音兮） 漫也（亡半反猶徧也） 徧食（音遍） 復舉

（扶又反下同） 軒達（左氏作罕達） 籧篨（其居反下直居反） 歸含（戶暗反） 且

賵（芳鳳反） 不爲（于僞反） 厭死（於甲反） 下昃（音側） 晡時（布吳反）

反 城漆（音七）

哀公第十二

何氏學

元年 復見（扶又反下賢徧反） 恩殺（所戒反）

二年 漷東（火虢反徐音郭） 及沂（魚依反） 句繹（古侯反下音亦） 不

與音預 可爲于僞反 不去起呂反 見挈賢徧反下去結反 于粟一本作鉄二傳作鐵 惡失烏路反

三年 上爲于僞反下爲輒爲衛不爲同 不中丁仲反 復立扶又反下及注同 見者賢徧反下同 兩觀工喚反 開陽左氏作啓陽開者爲漢景帝諱也 樂髡苦昆反 惡大烏路反 治直吏反 大平音泰

四年 盜殺音試下同 近罪附近之近 戎曼音蠻 畀宋必利反下同 西郛芳夫反 蒲社左氏作亳社 揜之意冉反 肯天音佩 俠轂古治反下古木反十三年同 驂乘繩證反十三年同 夫去起呂反 滕頃音傾

五年 城比本又作庇亦作庀同音毗左氏作毗 閏數所主反下及注同 月數閏數同

六年 邾婁葭音加又音遐左氏作邾瑕 魯數所角

反未曾才能反狄之行下孟反于祖莊加反君舍左傳
作荼音舒爲讒況元反千乘繩證反析玉思歷反爲後于僞反下
乞爲同矯也居兆反期而音基下同難言乃旦反鎧苦代反巨
囊乃郎反又音託中霤力又反色然如字本又作垝居委反驚駭皃本或作危闖
然丑鴆反又丑甚反一音丑今反見皃字林云馬出門皃丑禁反逡巡七旬反
七年皇瑗于眷反于鄫似陵反隗子五罪反惡魯
烏路反復入扶又反八年侯燬況委反及僤昌善反一音昌然反
字林作鄲左氏作闡爲以于僞反故復扶又反伯過古禾反所喪
息浪反九年雍丘於用反易也以豉反下同陷阱才性反
反爲征于僞反十年薛伯寅二傳作伯夷同音以尸反

十一年袁頗破多反艾陵五蓋反與伐音預下不與伐同

十二年爲河于僞反下爲同宗同爲率音律又音類一乘繩證反

故復扶又反櫜皐章夜反一音託干運左氏作鄆螺音終本亦作螽注同

當見賢徧反十三年于嵒五咸反一音魚及反易也以豉反下

同鄭復扶又反秋以下注同報償時亮反男戌本亦作成反背音佩

當見賢徧反年內皆同惡諸烏路反魏多左氏作魏曼多之費芳味

反下同孛于音佩彗星因歲反又息遂反主治直吏反燔書扶元

反陳夏戶雅反一本作廉彄夫苦侯反又古侯反一本作嫗音同二傳作夏區夫

十四年西狩手又反獲麟力人反薪采音新主芟所銜

反艾魚廢反采樵在焦反去周起呂反行夏戶雅反下子夏

同爲獲于僞反下爲獲孰爲注爲誰知爲皆同鸛音權鵒音欲振振之人

反大平音泰下大平皆同拊石芳甫反援神音袁麒麟音其有

麕本又作麇亦作麏皆九倫反麞也反袂彌世反衣袖也涕他禮反沾袍步刀

反又步報反衣前襟也襟也音金王於于況反下火王而王之王同從橫子容反

驅除並如字又上丘具反下直據反曰噫於其反咄嗟丁忽反天喪息浪反

予羊汝反我也祝斷丁管反所傳直專反注傳聞同以復扶又反臣

見賢徧反下欲見同少殺所戒反下同子般音班道浹子協反一

本作耑币王應應對之應撥亂卜末反理也莫近附近之近又如字

演孔以善反其爲于僞反注所爲同是與音餘下及注同

春秋公羊釋文

經五千六百三字

注一万二千三百一十八字